USAGES

ET

RÈGLEMENTS LOCAUX

DE L'ARRONDISSEMENT

DE CHERBOURG

Selon l'ordre des articles du Code civil,

PAR M. LOYSEL,

Docteur en droit, ancien Bâtonnier de l'ordre des Avocats, et Avocat à Cherbourg.

CHERBOURG

Typ et Lith. Ch. Feuardent, rue Tour-Carrée, 3 et 9.

USAGES

ET

RÈGLEMENTS LOCAUX

DE L'ARRONDISSEMENT

DE CHERBOURG

Selon l'ordre des articles du Code civil,

PAR M. LOYSEL,

Docteur en droit, ancien Bâtonnier de l'ordre des Avocats, et Avocat à Cherbourg.

CHERBOURG

Typ et Lith. Ch. Feuardent, rue Tour-Carrée, 3 et 9,

PRÉFACE.

Ce fut une belle et large conception que celle de régir par des lois uniformes les populations d'un grand empire habituées depuis des siècles à vivre sous des lois et des coutumes différentes selon les localités. Cette grande pensée était digne de Napoléon 1er, et son génie, vaste comme une encyclopédie, la fit jaillir du code immortel qui porte son nom.

Quelque complète que fût cette œuvre, il était des détails dans lesquels elle ne pouvait pas entrer : les besoins particuliers de chaque lieu, la nature du sol, la variété des climats étaient autant d'obstacles à l'application uniforme de la loi à toutes les parties de la France. De là, la nécessité d'une législation variable non écrite, appelée *Usage*, marchant à côté de la législation écrite avec le double pouvoir de l'interpréter, et d'y suppléer dans une foule de cas.

En 1855, son excellence le Ministre de l'agriculture, désirant réunir en un seul corps tous ces usages locaux, fit nommer dans chaque arrondissement une commission chargée de les recueillir. Celle de Cherbourg, composée des hommes les plus recommandables sous le rapport de la science et de la spécialité, s'acquitta de sa tâche à la haute satisfaction de l'administration. Malheureusement, ce travail était restreint à quelques articles indiqués dans la circulaire ministérielle, et laissait des lacunes pour beaucoup de cas où l'usage fait loi.

C'est cette lacune que j'ai essayé de combler, tout en faisant rentrer dans mon plan une foule de questions fréquentes et usuelles qui, comme les usages, occasionnent souvent de l'embarras par la difficulté des recherches dans les auteurs.

J'avais amassé des matériaux susceptibles de composer un gros volume in-8°; mais craignant d'être soupçonné de courir après le titre d'auteur, je les ai condensés sous un format modeste et publiés sous un titre exempt d'ambition. Mon unique intention a été d'éviter aux magistrats, aux hommes de loi, aux juges de paix surtout, la peine des recherches, et de leur épargner des ennuis et des pertes de temps.

En un mot, *être utile* ! Tel est le but que je me suis proposé : Puissé-je l'avoir atteint selon le désir du lecteur.

USAGES

ET

RÈGLEMENTS LOCAUX

DE L'ARRONDISSEMENT

DE CHERBOURG

Selon l'ordre des articles du Code civil.

ART. 520.

« Les récoltes pendantes par les racines et
» les fruits des arbres non encore recueillis
» sont pareillement immeubles. Dès que les
» grains sont coupés et les fruits détachés,
» quoique non enlevés, ils sont meubles.
» Si une partie seulement de la récolte est
» coupée, cette partie seule est meuble. »

1. — Les fruits pendants par branches ou par
racines ne sont pas distincts du sol ; ils forment avec
lui une seule et même chose ; ils ne sont ni meubles
ni immeubles, dit Dumoulin, ils sont l'immeuble
même, *fundum et fructus qui terræ cohærent unam*

quamdum rem esse. L. 25. ff § 8. Quæ in fraud. Cred.

2. Les fruits pendants n'ayant pas d'existence individuelle, le fonds les absorbe dans sa propre substance; un même propriétaire peut seul exister pour le tout pendant l'adhérence; mais lors de la séparation du sol, le fonds et les fruits forment deux choses distinctes, l'une immeuble, l'autre meuble, susceptibles d'avoir deux maîtres séparés.

Ainsi quand un propriétaire vend une récolte sur pied, ce n'est pas assurément la récolte dans son état actuel d'immeuble qui est vendue, puisque formant une unité avec le fonds, elle ne peut avoir ni un autre maître, ni une autre nature que ce fonds. Qu'y a-t-il donc de vendu? Une chose mobilière qui n'existe pas encore, une chose future, contrat autorisé par l'art. 1130 et par la L. 8 ff de contrah empt. Dans ce cas, l'effet immédiat de la vente est de transférer à l'acheteur la propriété d'un droit; mais la récolte, objet de ce droit, n'existant pas encore comme chose distincte, la propriété n'en sera transférée à l'acheteur qu'au moment où elle sera séparée du sol.

3. — Les mêmes principes s'appliquent au louage. Le propriétaire prend par ce contrat, l'obligation de faire jouir le fermier et de lui laisser percevoir les fruits. En attendant le moment de la perception, la récolte sur pied fait partie du fonds, *fructus pendentes fundi sunt.* Le fermier a seulement un droit acquis à une chose mobilière à venir dont il aura la proprié té quand il l'aura séparée du sol pour en faire un être distinct du sol et mobilier.

4. — Il n'en est pas ainsi dans la constitution d'usufruit. Le droit qu'a le propriétaire d'acquérir et percevoir tous les fruits qui naissent de la chose est détaché de la propriété et transféré à l'usufruitier qui fait les fruits siens comme étant aux droits du pro-

priétaire relativement à cette fraction du domaine qui lui a été concédée. Les fruits lui sont acquis par droit d'accession comme étant *loco domini* relativement à la jouissance de la chose.

5. — Au titre des privilèges, le paragraphe deux porte : « *Des privilèges sur certains meubles.* » Comme ce privilège frappe aussi bien les récoltes séparées du sol que celles qui sont sur pied, comment expliquer que ces dernières, qui sont immeubles d'après l'art. 520, soient frappées par un privilège s'appliquant aux meubles.

M. Troplong tranche aisément la difficulté en disant, art. 2102. N° 158, que la qualification d'immeubles qu'on donne aux fruits pendans, *doit être restreinte* en général aux cas de successions et autres. Cette réponse, tirée mot à mot des notes de Remy sur Domat, T. 1. page, 117, ne nous semble pas exacte. Les fruits adhérens au sol, sont immeubles par accession sans aucune restriction de même que les bâtiments ainsi que nous l'expliquons sous l'art. 555, n° 12. Seulement ce n'est pas pendant leur adhérence que le privilège les frappe ; car dans cet état ils font partie du sol, ils ont le même propriétaire que le fonds, lequel ne peut avoir de privilège sur sa propre chose. Mais de même qu'il y a des hypothèques qui frappent les immeubles présents et les immeubles à venir ; de même, il y a des privilèges qui frappent certains meubles présents, et certains meubles à venir du fermier. Les fruits pendants n'ont point d'existence individuelle ; la séparation du sol leur donne l'être en les rendant meubles : c'est dans ce moment où, devenant la chose du fermier, que le privilège les frappe. De sorte qu'il est vrai de dire que c'est là un privilège sur certains meubles.

6. — Dans l'ancien droit, une foule de coutumes, notamment celle de Normandie, réputaient meubles les fruits pendants à partir d'une certaine époque. Cet ameublissement avait l'avantage de les rendre saisissables d'une manière rationnelle. Sous le code civil, l'art. 520, les déclare immeubles et l'art. 626 du code de procédure permet de les saisir mobilièrement dans les six semaines qui précèdent leur maturité. Cela est peu logique; car à l'égard du propriétaire, du possesseur qui lui est assimilé, de l'usufruitier qui jouit comme le propriétaire, elles sont immeubles par accession et confondues dans la substance du fonds; à l'égard du fermier, de l'acheteur, elles sont à la vérité chose mobilière future; mais en attendant leur séparation du sol, elles n'existent pas pour eux, elles n'existeront peut-être jamais, par exemple si elles périssent sur pied par incendie, ou par innondation.

Quoiqu'il en soit, l'art. 626, c. procéd. existe et tout ce que l'on peut dire, non pour faire disparaître l'anomalie de cette disposition, mais pour la colorer, c'est que le législateur a pensé que des récoltes destinées à être coupées à une époque peu éloignée pouvaient, par exception et par fiction, être considérées comme meubles et saisies comme telles.

7. — Pourrait-on saisir brandonner avant les six semaines qui précèdent la maturité? Dans l'ancien droit, les coutumes qui ameublissaient les fruits pendants à une époque déterminée ne permettaient pas de les saisir avant. Celles qui les déclaraient immeubles durant tout le temps de leur adhérence au sol ne contenaient aucune disposition concernant le droit de les saisir dans cet état; mais l'usage en avait admis la saisie à des époques variables selon les localités. Avant ces époques d'usage, on ne

pouvait pas les saisir brandonner. C'est cette ancienne pratique que le code de procédure a reproduite en fixant un délai uniforme de six semaines pour toute la France. Le texte de l'art. 626, c. procéd. est formel sur ce point : « La saisie *ne pourra être faite que* » dans les six semaines qui précèdent l'époque ordi- » naire de la maturité des fruits. » En dehors de cette disposition exceptionnelle, on rentre dans le droit commun qui ne peut admettre une saisie mobi- lière à l'égard de fruits considérés comme immeu- bles tant qu'ils ne sont pas détachés du sol. *Bourges 24 janvier 1863.*

Carré, art. 635, n° 2114, n'est point de notre avis ; il nous oppose le rapport du tribun Favard et le silence du code qui ne prononce pas la nullité d'une saisie pratiquée avant les six semaines.

Le rapport du tribun Favard ne peut prévaloir contre le texte formellement prohibitif de la loi ; le code a adopté l'ancien usage qui ne permettait pas de saisir avant l'époque déterminée par la pra- tique ; et puis enfin, l'art. 626 qui autorise de saisir mobilièrement des immeubles et une exception qui ne doit pas être étendue au-delà des limites fixées par le texte.

Quant au silence du code, relativement à la nullité d'une saisie faite avant le délai fixé, cette objection n'est pas sérieuse. Etait-il besoin de formuler expressément la nullité d'une procédure contraire au texte précis de la loi, et aux principes de droit commun en matière de saisie. *Colmet-Daage, art. 626.*

8. — Existe-il dans chaque localité une règle fixe pour déterminer les six semaines dans lesquelles les fruits peuvent être saisis ? Non; l'appréciation en est laissée aux tribunaux. Toutefois, l'ancienne jurispru-

dence est dans ce cas un guide généralement sûr, et dans notre arrondissement, les dispositions de la coutume sont encore suivies dans la pratique. *Bourges, 24 janvier* 1863.

Voici ces dispositions :

Art. 505. « Les fruits, grains et foins sont réputés
» meubles, et par conséquent saisissables, après
» le jour de la St-Jean-Baptiste ; les pommes et les
» raisins, après le 1ᵉʳ jour de septembre. »

L'art. 488 de la coutume est rédigé dans le même sens.

Comme il arrivait souvent que les débiteurs de mauvaise foi vendaient leurs récoltes dès la pointe du jour du lendemain de la St-Jean, avant que les créanciers les plus diligents n'eussent pu saisir, un arrêt du réglement du 6 janvier 1682, obvia à cet inconvénient en autorisant les créanciers à saisir les fruits et récoltes ameublis après le jour St-Jean, la veille de ce jour.

Quant aux fruits ameublis après le 1ᵉʳ jour de septembre, l'arrêt n'en parla pas, de sorte qu'ils continuèrent à ne pouvoir être saisis que le lendemain du 1ᵉʳ septembre et non la veille de ce jour. *Flaust, T. 1. p, 796. Houard, Vᵒ immeubles.*

Il est des récoltes, telles que les sarrasins qui sont à peine sorties de terre à la St-Jean, et qui se récoltent dans la fin de septembre et en octobre. On décidait qu'elles étaient réputées meubles après le 1ᵉʳ septembre. Il en est d'autres, tels que les lins et les chanvres, qui se récoltent avant le 1ᵉʳ septembre. On les considérait comme meubles, la veille St-Jean. En un mot, on s'était fait cette règle : que les fruits après le 1ᵉʳ septembre étaient saisissables après ce jour. *Flaust. Houard. Lᶜᵒ 1. Cit.*

9. — Les anciennes ordonnances défendaient la vente des blés en vert. Une loi du 6 messidor, an 3 a renouvelé cette prohibition. Ces dispositions sont encore applicables, et il a été jugé que cette vente constitue un délit même lorsque l'époque fixée pour la livraison est postérieure à celle de la maturité et à celle de la récolte. *Tribunal de Marennes, 20 juillet 1853. Dalloz, 1854. 3. 66.*

10. — Une autre loi du 23 messidor an 3, a excepté de la prohibition les ventes de grains en vert par suite de tutelle, curatelle, changement de fermier, saisie de fruits, baux judiciaires et autres de cette nature. Elle déclare aussi la loi du 6 messidor inapplicable aux ventes de fruits et productions autres que les grains. *Toullier. T. 6. N° 118.*

11. Les abeilles placées sur un fonds par le propriétaire, ou ce qui est la même chose par son mandataire, étant immeubles par destination, ne peuvent être saisies mobilièrement. *Art. 524. C. civ. 592. C. proc. Loi du 16 thermidor, an 8. Art. 52.*

Mais si un autre que le propriétaire, un fermier par exemple, les a mises sur le fonds, elles sont chose mobilière et susceptibles de saisie ; seulement d'après les lois du 6 octobre 1791, sect. 3, les ruches ne pourraient être déplacées que dans les mois de décembre, janvier et février.

ART. 555. « Lorsque les plantations, cons
» tructions et ouvrages, ont été faits par un
» tiers et avec ses matériaux, le propriétaire

» du fonds a droit ou de les retenir, ou d'obli-
» ger ce tiers à les enlever. Si le propriétaire
» du fonds demande la suppression des
» plantations et constructions, elle est aux
» frais de celui qui les a faites, sans aucune
» indemnité pour lui ; il peut même être
» condamné à des dommages intérêts, s'il y
» a lieu, pour le préjudice que peut avoir
» éprouvé le propriétaire du fonds. Si le
» propriétaire préfère conserver ces planta-
» tions et constructions, il doit le rembourse-
» ment de la valeur des matériaux et du
» prix de la main d'œuvre sans égard à la
» plus ou moins grande augmentation de
» valeur que le fonds a pu recevoir.

» Néanmoins, si les plantations, construc-
» tions et ouvrages ont été faits par un tiers
» évincé, qui n'aurait pas été condamné à la
» restitution des fruits, attendu sa bonne foi,
» le propriétaire ne pourra demander la
» suppression desdits ouvrages, plantations
» et constructions ; mais il aura le choix ou
» de rembourser la valeur des matériaux et
» du prix de la main d'œuvre, ou de rem-
» bourser une somme égale à celle dont le
» fonds a augmenté de valeur. »

4. — Le code a reproduit, art. 522, le principe du
droit romain : « La propriété du sol emporte la pro-
» priété du dessus et du dessous. » Cette disposi-

tion, vraie au point de vue doctrinal, produisait chez les Romains des actions et des exceptions très compliquées, et conduisait dans certains cas, à des résultats contraires à la maxime : que nul ne doit s'enrichir aux dépens d'autrui.

Dans notre ancien droit français, le sort des ouvrages faits par une personne et avec ses matériaux sur un fonds qui ne lui appartenait pas, était assez mal défini, et le plus souvent abandonné à l'appréciation du juge. *Denisart, V° accessoire.*

Les rédacteurs du code ont voulu remédier à ces inconvéniens des précédentes législations. Sans doute ils n'ont pas été heureux, puisque l'art. 555 a fait naître les interprétations les plus diverses. Néanmoins, en suivant attentivement les modifications de sa rédaction, il nous semble facile de saisir la pensée du législateur.

Les personnes qui font avec leurs matériaux des ouvrages sur le fonds d'autrui se divisent en deux classes bien tranchées : 1° celles dont les rapports avec le propriétaire relativement à leurs ouvrages sont réglés par un lien de droit dérivant, soit d'un contrat, soit d'un quasi-contrat, soit d'une disposition particulière de la loi ; 2° celles qu'aucune des sources des obligations ne rattache au propriétaire du fonds.

Inutile de s'occuper des premières ; leurs ouvrages, étant régis par les droits et obligations dérivant du contrat, du quasi-contrat, de la disposition de loi qui les régit. Il n'en était pas de même des constructeurs de la seconde classe ; aucun lien de droit, n'existant entre eux et le propriétaire, il était nécessaire de déterminer leurs droits et obligations respectives.

Dans ce but, l'art 555 les a rationnellement appelés *des tiers.* Puis sous cette dénomination générale, il les a soumis à la faculté pour le propriétaire de conserver les ouvrages ou de forcer à les enlever. Ensuite, selon l'option, les droits et obligations du propriétaire et du tiers constructeur ont été nettement précisés.

Ainsi tous les tiers constructeurs sans distinction, possesseurs ou non possesseurs, de bonne ou de mauvaise foi, tous furent frappés du droit d'option du propriétaire par le premier paragraphe de l'art. 555.

Mais le tribunat fit des observations.... des réminiscences de droit romain se réveillèrent..... Bref, on voulut à l'exemple du § 30, inst. de rer. div, faire du possesseur de bonne foi, un tiers plus digne d'intérêt, un tiers à part.

C'est alors que le Conseil d'Etat rédigea le dernier paragraphe où le possesseur de bonne foi fut désigné sous le nom de *tiers évincé* pour lui accorder la faveur d'être exempté du droit d'option du propriétaire.

Cette addition, comme on le voit, n'avait nullement la prétention de bouleverser l'idée mère de la rédaction primitive. Le dernier paragraphe avait uniquement pour but de favoriser une classe spéciale de tiers, les possesseurs de bonne foi. Cela une fois exprimé, le paragraphe premier restait ce qu'il était avant l'addition, applicable à tous les tiers sans distinction excepté aux tiers possesseurs de bonne foi, que le paragraphe dernier exemptait du droit d'option du propriétaire.

2. — Faute de bien se pénétrer de cette idée, les auteurs se sont livrés à leurs propres inspirations, ils ont mis leurs vues personnelles à la place de la loi.

Beaucoup d'entre-eux, s'emparant des mots *tiers évincé*, ont fait le raisonnement suivant? *L'éviction* est la privation de la *possession*; un tiers évincé ne peut donc être qu'un tiers possesseur. Cela posé, ils ont dit: Si la dernière partie de l'art. 555 s'applique aux tiers possesseurs de bonne foi, la première partie doit, par antithèse, s'appliquer aux tiers possesseurs de mauvaise foi. *Ducaurroy, Bonnier et Roustaing, T. 2, art. 555. N° 110.*

Ce raisonnement est contraire au texte de la loi. En effet, de ce que la seconde disposition de l'art. 555 s'applique aux tiers possesseurs de bonne foi, il ne s'en suit pas nécessairement que la première ne soit applicable qu'à des tiers possesseurs de mauvaise foi; car cette première partie ne parle pas uniquement *d'un tiers évincé de mauvaise foi*, mais d'un tiers sans épithète, expression qui, dans sa généralité, s'étend aux tiers possesseurs de mauvaise foi comme aux tiers non possesseurs de bonne ou de mauvaise foi; en un mot à tous les tiers, autres que ceux dont la seconde partie de l'article a fixé le sort.

3. — M. Demolombe, T. 9. N°s 691, 692, enseigne, comme les auteurs précédents, que régulièrement l'art. 555 ne s'applique qu'aux tiers possesseurs; et cette règle lui sert à mettre le *negotiorum gestor* et autres non possesseurs qui bâtissent sur un fonds qui ne leur appartient pas hors de l'application de l'art. 555. Mais voulant comprendre le fermier qui ne possède pas dans le premier paragraphe, il s'est trouvé embarrassé. Alors, impatienté de la résistance de la règle, il la brisée : « Finalement, s'écrie-t-il, » la première partie de l'art. 555 est conçue dans les » termes les plus généraux et les plus absolus ; elle » ne s'occupe pas uniquement d'un possesseur de » mauvaise foi; elle met en scène d'une part le » *propriétaire du fonds*, et d'autre part les tiers en

» général, c'est-à-dire ceux qui n'étant pas *proprié-*
» *taires du fonds* y ont fait des constructions et des
» plantations. »

Il est évident qu'en limitant l'application de la
première partie de l'art. 555 aux tiers possesseurs de
mauvaise foi, on lui donnait un sens trop restreint.
Mais en considérant comme tiers tout individu qui,
n'étant pas propriétaire d'un fonds, y fait des constructions, c'est attribuer à cette expression une signification trop étendue. Ainsi le *negotiorum gestor* qui
bâtit sur le fonds de celui pour lequel il gère construit sur un fonds dont il n'est pas propriétaire ;
cependant ce n'est pas un tiers, M. Demolombe
enseigne lui même que l'art. 555 ne lui est pas
applicable.

La saine interprétation de cet article repose donc
sur le point de savoir quelle est la vraie signification
du mot tiers : nous allons essayer de l'établir, telle
que nous la comprenons.

4. — Précédemment, nous avons vu que ceux qui
font des ouvrages sur le fonds d'autrui se divisent en
deux classes, ceux qu'un lien de droit garantit contre
les effets de la règle : *quod solo inœdificatur solo cedit,*
et ceux qu'aucune des sources des obligations ne
protège contre les conséquences de l'accession, conséquences souvent iniques si elles n'étaient corrigées
par la loi.

Le code est donc venu au secours de cette seconde
classe de constructeurs qu'il a désignés sous le nom
de tiers. Dans le langage du droit, ce mot a toujours
été appliqué aux personnes entre lesquelles il n'existe
aucun lien de droit, aucune obligation ; il a toujours
signifié des personnes juridiquement étrangères les
unes aux autres. Aussi, Dumoulin, art. 5. antiq.

consued. Paris. N° 10, appelle-t-il les tiers des *étrangers*, *extranei*.

Dans le sens de l'art. 555, un tiers est donc celui qui fait des ouvrages sur le fonds d'un propriétaire qui lui est étranger, qui n'est en rien obligé envers lui au sujet des ouvrages qui se sont confondus et engloutis dans le fonds par la puissance de l'accession. Primitivement, l'art 555 donnait au propriétaire le choix de conserver les ouvrages de tous les tiers sans distinction moyennant une indemnité, ou de les forcer à les enlever. Sur les observations du tribunat, le tiers possesseur de bonne foi fut exceptionnellement soustrait à ce droit d'option du propriétaire par un second paragraphe qui fut ajouté à l'art. 555.

6.— Ces principes une fois posés, l'application de cet article nous semble facile.

7. — Il ne sera pas applicable au *negotiorum gastor* qui a construit sur le fonds qu'il gère ; car ce n'est pas un *tiers* à l'égard du propriétaire, il y a entre-eux le quasi-contrat de gestion d'affaires dont les effets sont réglés par l'art. 1375.

8. — Le mari qui, sous le régime de la communauté, bâtit sur un héritage appartenant à sa femme, n'est pas non plus un *tiers* ; les deux époux sont liés par le quasi-contrat de communauté qui oblige la femme à tenir compte à son mari de ses dépenses, art. 1437.

9. — L'usufruitier est propriétaire de deux des élémens du *domaine*, l'usage et la jouissance ; mais il n'a aucun droit sur la nue-propriété, c'est-à-dire sur le fonds nu ; à cet égard, il est simple détenteur et l'instrument de la possession du nu-propriétaire.

S'il construit, les constructions, comme accessoires du fonds, appartiennent en vertu des lois de l'accession au maître du fonds, c'est-à-dire au nu-propriétaire. Et comme entre eux, il n'y a aucune obligation dérivant d'un contrat, d'un quasi-contrat ou de la loi, au sujet des constructions, l'usufruitier, par rapport au nu-propriétaire, est un *tiers* qui peut invoquer l'art. 555.

Des auteurs soutiennent, il est vrai, que le mot *améliorations* de l'art. 599 comprend dans sa généralité les constructions et les plantations. Aux yeux de ceux qui adoptent cette signification, l'usufruitier n'est plus un tiers, puis qu'entre lui et le propriétaire il y a les *obligations* résultant de l'art. 599. Alors, l'art. 555 deviendrait inapplicable à l'usufruitier.

Pour nous, nous pensons avec M. Demolombe, **T. 9. N° 696**, que le mot amélioration signifie seulement dans l'art. 599 les ouvrages qui rendent la chose meilleure sans la métamorphoser, sans la changer de forme. Par conséquent, nous ne voyons, à l'égard des constructions et des plantations, aucun lien de droit entre l'usufruitier et le propriétaire; l'usufruitier est donc un véritable tiers qui peut invoquer à ce titre l'art. 555.

Mais dans quelle partie de l'art. 555 faut-il le classer? Ce ne peut pas être dans la dernière : d'abord, il n'est pas de bonne foi; ensuite, il n'est pas possesseur. On doit donc le classer dans la première partie comme tiers de mauvaise foi non possesseur.

10. — Quid du preneur? est-il soumis à l'art. 555? ou bien peut-il, malgré le propriétaire qui lui offre une indemnité, enlever les ouvrages par lui faits en rétablissant les lieux dans leur état primitif.

Nous ne voulons point nous occuper ici des objets mobiliers dont parle l'article 525, et que le preneur a placés sur le fonds loué ; nous nous en expliquerons sous l'art. 1732, N° 2.

Il s'agit ici uniquement des constructions et des plantations prévues par l'art. 555, et susceptibles d'enlèvement.

Dans notre ancien droit, Pothier du Louage, N° 131 décidait en s'autorisant du droit Romain qu'il était permis au preneur d'enlever les constructions en rétablissant à ses dépens les choses dans l'état où elles étaient lors du bail. Un arrêt du parlement de Rennes, du 17 octobre 1575, avait jugé dans le même sens que les arbres plantés par un fermier n'appartenaient pas à l'acheteur du fonds et que le fermier pouvait les arracher et emporter.

Chopin, liv. 1. N° 16 cout. de Paris, n'admet pas la doctrine absolue de cet arrêt : « Toutefois, dit-il, » l'acheteur du fonds peut retenir les arbres, offrant » payer au fermier le prix diceux » Denisart, V° arbres, N° 17, dit aussi que si c'est un fermier qui a planté, le propriétaire qui veut conserver les arbres doit en payer la valeur. Quant aux constructions, Denisart. collect. jurisp. V° accessoire, s'exprime ainsi: « L'édifice bâti sur le fonds d'autrui appar- » tient au propriétaire du fonds dont il ne peut être » qu'accessoire. Les circonstances peuvent néanmoins ɛ déterminer les juges à ordonner le remboursement » de la valeur de cet édifice, en tout ou en partie en » faveur de celui qui l'a fait construire, *surtout si* » *c'est un fermier ou locataire*; mais jamais on ne » peut le détruire par voie de fait ni l'enlever » malgré le propriétaire. »

Il résulte de ces citations contradictoires que dans notre ancienne législation la position du constructeur ordinaire était très précaire, et que celle du fermier, quoique plus favorable, était néanmoins bien mal définie.

Depuis le code, on n'est pas plus d'accord qu'autrefois, la rédaction vicieuse de la dernière partie de l'art. 555 a égaré les auteurs. Les uns ont dit : il s'agit uniquement dans cette article de possesseurs de bonne foi et de possesseurs de mauvaise foi ; or, le fermier n'est point possesseur ; donc on ne peut lui en faire l'application, et ses constructions appartiennent au propriétaire sans indemnité en vertu du droit d'accession. *Ducaurroy, Bonnier, Roustaing. T. 2. Art. 555, N° 110.*

Assurément, le fermier n'est pas possesseur et cela importe peu, puisque si dans la dernière partie de l'art. 555, les mots tiers *évincé* ne peuvent s'appliquer qu'à des tiers possesseurs de bonne foi, il faut reconnaître que la première partie, ne renfermant pas le mot *évincé*, doit s'étendre à tous les autres tiers, possesseurs ou non possesseurs qui construisent ou plantent sur le fond d'autrui. La solution de la question n'est donc pas de savoir si le fermier est un possesseur, mais s'il est un tiers par rapport au propriétaire du fonds.

D'autres auteurs, et la jurisprudence est de leur avis, ont soutenu que le fermier est un possesseur de mauvaise foi, et que cette qualité le rend passible de l'application de la première disposition de l'art. 555.

Cette opinion prend sa source dans l'intention bien louable de repousser les conséquences de la théorie précédente qui permet au propriétaire de s'enrichir aux dépens du preneur. Mais elle a le grave inconvénient d'être en opposition avec les principes les plus élémentaires du droit, et avec le texte de l'art. 555. En effet, le fermier n'est pas possesseur. Et puis, en admettant qu'il fût possesseur, cela ne rendrait pas la solution conforme à l'art. 555 dont l'application du premier paragraphe ne dépend pas de la qualité de possesseur, mais uniquement de la qualité de tiers constructeur ou planteur vis-à-vis du propriétaire du sol.

M. Demolombe, T. 9, N° 692 nous semble dépouiller le mot tiers de sa signification naturelle pour lui en substituer une toute de circonstance. Selon lui, dans la première partie de l'art. 555, cette expression signifie par rapport au propriétaire du sol, *ceux qui n'étant pas propriétaires du fonds*, y ont fait des constructions et des plantations: d'où il conclut que le fermier n'étant pas propriétaire du fonds sur lequel il a bâti ou planté, il doit être soumis à l'application de la première disposition de l'art. 555. Si ce raisonnement était vrai, il faudrait, pour être conséquent, admettre que le *negotiorum gestor* qui a fait des constructions sur le fonds qu'il administre ; que le mari, sous le régime de la communauté, qui construit sur l'héritage de sa femme, doivent être compris dans la première partie de l'art. 555 ; car ce sont des constructeurs qui, n'étant pas propriétaires du sol, y ont fait des constructions. Eh bien un pareil résultat est repoussé par M. Demolombe lui-même. n° 694.

Il faut donc restituer au mot tiers sa signification ordinaire, et reconnaître qu'en présence du propriétaire du fonds, cette dénomination ne peut représenter que les constructeurs ou planteurs qui lui sont étrangers, c'est-à-dire qui ne sont liés envers lui par aucune des causes des obligations relativement aux constructions ou plantations. Dans ce sens, le preneur n'est pas un tiers, il existe entre lui et le propriétaire du sol un contrat appelé louage. Ce contrat a pour objet la jouissance de la chose louée, et tout ce qui concerne cette jouissance directement ou indirectement rentre dans sa sphère d'activité. Les constructions ou les plantations faites par le preneur ont évidemment pour but de rendre sa jouissance plus utile ou plus agréable; ce sont donc les droits et obligations de chacun des contractans au sujet de la jouissance qui sont en jeu quand il y a entre eux contestation à l'égard des constructions ou plantations C'est pour cette raison que le droit Romain, bien plus rigoureux que le notre en matière d'accession, donnait en pareil cas au conducteur l'action ex conducto, c'est-à-dire une action naissant du contrat de louage pour contraindre le propriétaire à lui laisser séparer les matériaux ou plantations du sol pour les enlever. On arriverait à des conséquences étranges si l'on considérait le fermier comme un tiers. Il faudrait reconnaître au propriétaire du fonds le droit de conserver les récoltes moyennant une indemnité. En effet, les constructions représentant tous les corps inogarniques incorporés au fonds ; les plantations tous les corps organiques, les uns comme les autres sont placés sur la même ligne dans le chapitre de l'accession. Quand les constructions ont été faites par un tiers, le propriétaire peut les retenir moyennant une indemnité; de même, quand les plantations (arbres, pépinières, récoltes, choux, salades,) peu importe, ont été faites par un tiers, le propriétaire peut les conserver sous la condition d'une indemnité. Pourrait-il agir ainsi à l'égard du fermier? Si on accorde au propriétaire le droit de conserver les constructions en l'indemnisant, il faudra lui accorder aussi le droit de conserver les plantations, c'est-à-dire les récoltes sous la même condition ; car les unes comme les autres sont immeubles par nature, les unes comme les autres se confondent avec le fonds

par la puissance de l'accession. Ce résultat, certainement inadmissible, démontre l'impossibilité d'appliquer l'art. 555 au fermier ou locataire. Il y a entre
ces derniers et le tiers une immense différence. Le
tiers ne peut réclamer l'enlèvement de ces constructions, parce que étant étranger au propriétaire, il n'a
contre lui aucune action, excepté celle que lui donne
l'art. 555. Le fermier, au contraire, n'est pas un
étranger pour le propriétaire, c'est un contractant ;
et il trouve dans son contrat une action directe pour
faire cesser l'accession et reprendre ses matériaux
ou ses plantations.

Si donc, il est certain, comme le dit Toullier, T. 3.
Nº 130, que l'art. 555 ne peut s'appliquer au fermier
qui a fait des plantations, constructions et autres
impenses sans consulter le propriétaire, il n'est pas
exact de dire, avec le même auteur, que le code ne
nous donne point de règles pour décider les questions
qui peuvent s'élever dans ce cas. La nature du contrat de louage et les règles qui en découlent suffisent
amplement à cette tâche.

D'après l'art. 1728, le preneur ne peut de sa propre
autorité changer l'état des lieux, lors même que
ces changements seraient des améliorations. Le propriétaire a conséquemment le droit incontestable de
répudier les constructions faites sans son aveu et de
contraindre par l'action *ex locato* le preneur à les
enlever. Sur ce point, tout le monde est d'accord.

Mais le propriétaire pourrait-il, en invoquant l'art.
555, prétendre les conserver moyennant indemnité
malgré le preneur qui voudrait les enlever ? Non.

La grande objection contre cette solution négative
est tirée de ce principe de l'accession, que tout ce qui
s'unit et s'incorpore à la chose appartient au propriétaire, art. 552.

Sans doute, les constructions, les plantations, les récoltes, qu'elles aient été faites par un tiers ou un fermier, ne peuvent avoir d'autre propriétaire que le maître du fonds tant que l'accession dure, puisque ce fait anéantit leur existence individuelle au profit du sol.

Mais si ces choses, maintenant unies, prenaient une existence particulière par leur séparation du sol, elles seraient évidemment susceptibles de propriété distincte et individuelle. Le point essentiel est donc de rechercher par quel moyen il est possible d'atteindre ce résultat.

Quand il s'agit d'un tiers qui a construit ou planté, il ne peut demander ni obtenir la cessation de l'accession. Etranger au propriétaire, il n'a aucune action pour cela. Les effets de l'accession qui rendent le propriétaire du sol maître des choses qui y sont incorporées continuent donc d'exister. Toutefois, comme il est inique de s'enrichir aux dépens d'autrui, l'art. 555 l'oblige à une indemnité, s'il veut conserver les objets incorporés.

La thèse n'est plus la même entre le fermier et le propriétaire, le contrat de louage les unit et règle tout ce qui concerne directement ou indirectement la jouissance. Si donc, dans l'intérêt de sa jouissance, le preneur a bâti ou planté, il tiendra au propriétaire le langage suivant, s'il veut reprendre ses matériaux ou ses arbres : les principes du louage m'obligent à vous rendre la chose louée telle que vous me l'avez livrée, art. 1730. Votre droit est de l'exiger telle, votre obligation corrélative est de ne me demander rien de plus. Or, pour vous restituer la chose dans son état primitif, il faut de toute nécessité que j'enlève ce que j'y ai incorporé. Si vous vous y opposez en alléguant l'accession qui anéantit momentanément l'existence individuelle de mes matériaux ou de mes arbres, j'invoque contre vous mon contrat d'où d'écoule l'action *ex conducto* en vertu de laquelle je conclus à la cessation de l'accession qui soppose à ce que je vous rende la chose dans l'état où vous me l'avez livrée. Ces conclusions une fois accordées, rien ne fait plus obstacle à la séparation des matériaux et des arbres qui, reprenant leur nature première et individuelle, forment des objets distincts susceptibles d'appartenir à un propriétaire autre que celui du fonds.

Cette action est analogue à celle qui appartient au fermier pour acquérir les récoltes. Par l'effet de l'accession, elles sont la propriété du maître du fonds tant qu'elles sont pendantes par racines; et un tiers, faute d'action pour cela, ne pourrait les détacher du sol malgré sa volonté, encore bien qu'il les ait plantées et cultivées. Il n'en est pas de même du fermier. Il a le droit de demander, en vertu de son contrat, la cessation de l'accession pour les séparer du sol et les faire siennes. Si le propriétaire prétendait s'y opposer en lui offrant une indemnité, il le repousserait par l'action *ex conducto* qui s'étend à tout ce qui touche la jouissance de près où de loin.

C'est ainsi que les choses se passaient dans le droit romain qui faisait une application bien plus rigoureuse que le nôtre de la règle, *quod solo inœdificatur solo cedit*. Le jurisconsulte Paul s'exprime ainsi : *si inquilinus ostium vel quædam alia œdificio adjecerit, quæ actio locum habeat? Et est verius quod labeo scripsit, competere ex conducto actionem, ut ei tollere liceat; sic tamen ut damni infecti caveat, ne in aliquo dùm aufert, deteriorem causam œdium faciat, sed et ut pristinam faciem reddat. L. 19. § 4 ff Loc. conduct.*

« Si un fermier a ajouté une porte ou quelques autres choses à la maison louée, quelle action aura lieu ? il est plus vrai de dire, selon Labeon, qu'il aura l'action *ex conducto* pour se faire autoriser à enlever ce qu'il aura ajouté, sous la condition toutefois, qu'il donnera caution de ne pas occasionner de détérioration par l'enlèvement, et de rendre la maison dans son ancien état. »

Le même jurisconsulte est encore plus explicite dans la loi 55 au même titre. Dans la précédente, il ne s'occupe que d'adjonctions faites à la chose; mais dans celle que nous allons citer, il est question de grandes augmentations, de constructions, d'œuvres nouvelles. *In conducto fundo, si conductor sua opera aliquid necessario vel utiliter auxerit, vel ædificaverit, vel instituerit, cùm id non cenvenisset, ad recipienda ex quæ impendit ea conducto cùm domino fundi experiri potest.*

« Si le conducteur d'un fonds y a, par utilité ou par nécessité, fait des augmentations, des constructions, sans qu'il n'y eût aucune convention à cet égard, il pourra agir par l'action *ex conducto* contre le maître du fonds, pour reprendre les choses qu'il y a mises. »

Pothier, ad pandect. Loc, conduct. N° 66, craignant qu'on ne traduise les mots : *ad recipienda ea quæ impendit,* par la valeur des choses incorporées, les interprète en ce sens : *non ut impensa conductori restituantur, sed ut ipsa impensa tollere possit.*

Le code n'avait aucune raison pour changer ces principes si intimement liés au contrat de louage, les articles 1730 et 1731 les ont reproduits. D'après ces textes, le droit du propriétaire est d'exiger la chose louée telle qu'il l'a livrée, l'obligation du preneur de la rendre telle qu'il l'a reçue. D'où il suit que du moment où la chose revient au propriétaire dans l'état où elle était au moment du bail, son droit est épuisé, et l'obligation du preneur accomplie.

Quelle plainte peut élever le propriétaire à qui l'on rend ce qu'il a livré ! quel préjudice éprouve-t-il par l'effet du rétablissement de la chose dans la forme qu'elle avait au moment de la convention. Le louage est le contrat de bonne foi par excellence; or, ne serait-il pas contraire à la bonne foi qu'il pût s'approprier, même moyennant indemnité, d'œuvres qui ne sont pas le produit de son activité pour en frustrer celui qui les a produites et qui désire les conserver. Nous reconnaissons volontiers que dans la plupart des cas, l'intérêt bien entendu du preneur lui conseillera de préférer une indemnité à l'enlèvement; mais là n'est pas la question : il s'agit de son droit, et il se peut faire que des raisons dont il est seul juge, le porte à vouloir reprendre ses matériaux ou ses arbres en nature. Alors nous ne connaissons aucune loi qui autorise le propriétaire à repousser cette prétention du conducteur qui offre, conformément au droit Romain, de donner caution pour le dommage que pourrait occasionner l'enlèvement, et pour le rétablissement des lieux dans l'état où ils étaient au moment du contrat de bail. Duvergier, N° 460.

11. — Nous avons établi, ce nous semble, que le preneur a l'action *ex conducto* pour faire cesser [l'accession et reprendre les matériaux ou les arbres qu'il a mis sur le fonds. Voyons maintenant quelle est la nature de son droit sur les constructions et sur les plantations faites sur le fonds loué.

S'il a été stipulé dans le bail que les constructions appartiendraient au propriétaire et que le locataire ne pourrait les enlever à l'expiration du bail, les bâtimens sont la propriété du maître du sol dont le preneur n'a été à vrai dire que l'entrepreneur de construction. Dans ce cas, le droit du conducteur étant de jouir du bâtiment par lui construit pendant le temps convenu par le bail est purement mobilier.

Mais s'il n'a été rien stipulé au sujet des constructions, ou s'il a été stipulé dans le bail que le preneur renlèverait ses constructions, son droit, dans l'un et l'autre cas, tendant à reprendre des matériaux qui sont chose mobilière, est également mobilier.

Cependant la cour de cassation décide que le droit du preneur est immobilier, et elle se fonde sur ce que « l'art. 518 déclare les bâtiments immeubles » par leur nature comme le fonds, sans distinguer » par qui ils ont été construits, et qu'aucune dispo- » sition de loi ne fait perdre aux bâtiments le carac- » tère d'immeubles et ne leur attribue la qualité de » meubles lorsqu'ils ont été construits par un autre » que le propriétaire. Cass. 13 avril 1848.

Ces raisons ne nous paraissent pas concluantes.

Par origine et par nature, les fonds seuls sont immeubles: le caractère immobilier des bâtiments n'est pas primitif, il est secondaire ; c'est la conséquence d'un fait qu'on appelle *accession*.

L'accession est l'anéantissement d'une chose accessoire dans une chose principale ; ce n'est pas un moyen d'acquérir comme le dit à tort l'art. 702 ; car le propriétaire qui bâtit sur son fonds avec ses matériaux n'acquiert rien, il change seulement la forme de son fonds ; l'accession produit la destruction de la chose accessoire pour former une seule unité avec la chose principale. C'est en ce sens que le code a compris l'accession dans l'art. 518, c'est en ce sens que la comprend M. Demolombe qui l'exprime avec une admirable clarté dans son T. 9, N° 102.

Les matériaux avant d'être employés sur le fonds

sont meubles; au fur et à mesure de leur emploi dans le bâtiment, ils s'anéantissent. Aux yeux du jurisconsulte, il n'y a pas de bâtiment, fût-il aussi élevé que le ciel; il n'y a que le fonds qui a englouti les matériaux. Dès lors, selon les exigences de la logique la plus rigoureuse, il est vrai de dire que le fonds étant immeuble par nature, le bâtiment qui en est un des élémens est également immeuble par nature. Et il importe peu qui ait bâti, propriétaire, possesseur, fermier, le bâtiment sera immeuble par nature, puisqu'il ne forme qu'une seule et même chose avec le fonds.

A l'égard du conducteur, tant que dure l'accession, les bâtiments qu'il a construits ne sont ni meubles, ni immeubles, ils n'ont pas d'existence à part du sol, ils sont le fonds lui-même et la propriété du propriétaire. Le droit du locataire à l'égard des bâtiments consiste uniquement dans l'action personnelle *ex conducto*, si rien n'a été stipulé dans le bail ; ou par l'action ex stipulatu, s'il a été convenu qu'il renlèverait les bâtiments, pour faire condamner le propriétaire à consentir à la cessation de l'accession, et à l'enlèvement des matériaux qni reprennent par la séparation leur nature distincte et mobilière. Ainsi le preneur ne prétend pas et ne peut pas prétendre avoir un droit réel sur les constructions, il prétend les séparer du sol pour s'approprier les matériaux qui sont mobiliers; son droit est donc mobilier.

Mais, dira-t-on, pendant le cours du bail et pendant l'accession, le preneur jouit des constructions qu'il a faites. Sans doute il en jouit, mais c'est moins du bâtimeut qu'il jouit que du fonds dont il est une partie: et puis ce droit de jouissance, qu'est-il lui-même, si ce n'est un droit mobilier! *Pothier, des Pers. et des choses,* 2ᵉ *partie,* § 2.

D'après l'art. 520, les récoltes pendantes par racines

sont *pareillement* immeubles, c'est-à-dire qu'elles sont immeubles par leur nature et par accession comme les bâtiments. Aucune disposition ne fait perdre aux récoltes non séparées du sol, le caractère d'immeubles lorsqu'elles ont été faites par un autre que le propriétaire. Le fermier qui ensemence fait avec son grain un immeuble par nature appelé récolte, de même que le locataire fait avec sa pierre un immeuble par nature appelé bâtiment. Le droit du fermier est de jouir de la récolte, de la séparer du fonds pour se l'approprier en la mobilisant ; le droit du locataire est également de jouir du bâtiment, de séparer les matériaux du sol pour les renlever en leur rendant leur nature mobilère. En un mot, le fermier à l'égard de sa récolte, et le locataire à l'égard de son bâtiment se trouvent dans des positions absolument identiques ; eh bien, la cour de cassation décide que la vente d'une récolte sur pied consentie par le fermier, constitue une vente de chose mobilière, tandis que la vente d'un bâtiment par le locataire est une vente de chose immobilière Cela ne nous paraît pas conséquent. *Duranton, T. 21, N° 6. Demolombe, T. 9, N° 167.*

12.— Persistant dans sa jurisprudence, la cour de cassation a décidé, le 7 avril 1862, que les bâtiments construits par un locataire qui avait stipulé le droit de les renlever à l'expiration du bail, avaient pu être l'objet d'une saisie immobilière.

Cette décision est ainsi motivée : « attendu que si » aux termes des art. 546, 551, 553, 555, les cons- » tructions édifiées sur le terrain d'autrui sont » réputées appartenir au propriétaire de ce terrain, » alors même qu'il est prouvé qu'elles ont été faites » par un tiers et à ses frais, cette exception qui n'est » que l'application de la maxime, œdificia solo

» cedunt, n'est pas absolue ; qu'elle cède à la preuve
» contraire, et que toutes les fois que par suite de
» conventions intervenues entre les parties, il est
» démontré que le maître du sol a entendu renoncer
» au bénéfice du droit d'accession sur ces construc-
» tions, le tiers qui les a élevés avec ses matériaux
» en reste propriétaire jusqu'à l'époque fixée pour
» leur démolition ; attendu que ce qui est vrai du
» tiers constructeur, en général, l'est aussi et à plus
» forte raison du locataire qui, conformément aux
» clauses de son bail, bâtit sur le terrain, objet de la
» location. » Ces motifs sont loin d'être concluans.

La maxime œdificia solo cedunt n'est pas, comme
le dit la cour, une *exception* ; c'est une *règle* générale,
fondamentale, qui ne cède à aucune preuve contraire.
Nous ne connaisons pas un seul cas où un constructeur, n'ayant aucun droit réel dans le sol, puisse
être propriétaire de son bâtiment; un pareil fait
serait même contraire à la nature des choses; car il
est impossible de concevoir un édifice sans droit dans
le sol, *œdes ex duobus rebus constant : ex solo et
superficie.* L. 53. ff de usurp.

Lorsque l'art. 553 dit que toute construction sur un
terrain est présumée faite par le propriétaire à ses
frais et lui appartenir, si le contraire n'est prouvé;
il suppose, il est vrai, que le propriétaire du sol peut
n'être pas propriétaire de la maison construite sur ce
sol, et cela peut arriver, non par exception à la
maxime œdificia solo cedunt, mais conformément à
cette règle. Expliquons cela.

La propriété du sol emporte la propriété du dessus
et du dessous, art. 552. Mais le dessus et le dessous
sont susceptibles de fractions. Le propriétaire peut se
réserver le sol et aliéner la superficie; par exemple,
je puis vous céder le droit de faire bâtir une maison

dont vous serez propriétaire sur un terrain dont je conserve la propriété, et dont je reprendrai la jouissance à la destruction de cette maison.

Dans notre ancien droit, Loyseau, du *Déguerpissement*, considérait comme un démembrement de la propriété le bail d'une place pour bâtir à condition que le preneur jouirait de la maison tant qu'elle durerait, et étant ruinée et démolie, retournerait franchement à son maître, qui cependant en demeurait toujours seigneur direct.

Le droit Romain ff, de superf. envisageait sous le même point de vue le bail d'un emplacement pour bâtir, lorsque la convention était consentie à longues années.

Dans ces contrats, les anciens jurisconsultes voyaient moins un bail qu'une véritable aliénation de la superficie; le preneur, qu'on appelait *Domanier*, acquérait un démembrement de la propriété, une fraction du *Domaine*.

Les constructions élevées en pareil cas devenaient la propriété du constructeur, non par dérogation à la maxime ædificia solo cedunt, mais par la puissance même de cette maxime. En effet, le propriétaire du sol s'était dépouillé de la fraction du domaine nécessaire à la construction ; le preneur se trouvait en son lieu et place pour ce démembrement de propriété; ses matériaux s'anéantissaient dans ce démembrement qui lui avait été transféré, et sa construction se confondait avec cette fraction du domaine; l'accession se produisait à son bénéfice et non au profit du propriétaire du sol qui avait cédé son droit de superficie.

Ainsi, quand l'art. 553 admet à prouver que les constructions appartiennent à un autre qu'au propriétaire du fonds, cette preuve doit établir que le propriétaire, en se réservant le sol, s'est dépouillé de son droit de superficie au profit de celui qui a fait les bâtiments. Les constructions ne peuvent être la propriété de qui que ce soit, qu'en vertu de l'accession ; or, comme l'accession elle-même ne peut se produire qu'au profit de la propriété complète ou d'un démembrement de cette propriété, il s'en suit que le simple fermier ou locataire qui n'ont sur la chose louée aucun droit de cette nature ne peuvent pas être propriétaires de leurs constructions.

C'est pourquoi il ne suffirait pas, comme le dit la cour de cassation, qu'il résultât de la convention que le maître du sol eût entendu renoncer au bénéfice du droit d'accession sur les constructions du locataire pour que celui-ci en fût propriétaire ; il faudrait de plus qu'il lui transférât un démembrement de la propriété auquel pût se rattacher l'accession dont il se serait dépouillé. Sans doute, il n'est pas besoin pour cela de termes sacramentels ; mais il faut au moins qu'il résulte de la convention que l'intention des parties a été, de la part du maître du sol, de transférer un droit de superficie ; de la part du constructeur, d'acquérir ce droit au bénéfice duquel se produira l'accession. Or, dans l'espèce soumise à la cour, cela ne résultait ni explicitement ni implicitement du contrat ; il s'agissait tout simplement d'un bail ordinaire en vertu duquel le locataire s'était réservé de faire des constructions avec faculté de les enlever à l'expiration du bail. Le propriétaire n'avait point aliéné son droit de superficie ; de sorte que les constructions du locataire pendant le bail s'étaient confondues avec le fonds par la force de l'accession au profit du propriétaire ; seulement à l'expiration du bail, le preneur avait, en vertu du contrat de louage, l'action *ex conducto*, et de plus en vertu de la stipulation, l'action *ex stipulatu*, le droit de renlever les matériaux, droit éminemment mobilier, puisqu'il tendait à obtenir des matériaux.

ART. 590. — « Si l'usufruit comprend
» des bois taillis, l'usufruitier est tenu
» d'observer l'ordre et la quotité des coupes,
» conformément à l'aménagement ou à l'u-
» sage constant des propriétaires ; sans in-
» demnité toutefois en faveur de l'usufrui-
» tier ou de ses héritiers, pour les coupes
» ordinaires, soit de taillis, soit de baliveaux
» soit de futaie, qu'il n'aurait pas faites
» pendant sa jouissance.

« Les arbres qu'on peut tirer d'une pépi-
» nière sans la dégrader ne font aussi partie
» de l'usufruit, qu'à la charge par l'usufrui-
» tier de se conformer aux usages des lieux
» pour le remplacement. »

1. — On appelle taillis toute plantation forestière faite, non en pépinière, mais à demeure, que l'on coupe, que l'on *taille* à des époques périodiques, et qui recèle en elle un principe de reproduction. *Sylva cœdua est quœ succisa, rursùs ex stirpibus, aut radicibus renascitur.* L. 30 ff, de Verb. signif.

2. — Jusqu'à l'âge de 30 ans, les bois sont appelés taillis. Les baliveaux sont des arbres de l'âge du taillis qui ont été conservés lors de la coupe, soit pour servir de semis qui doivent repeupler le bois, soit pour obtenir de beaux arbres. Après une première coupe du taillis, les baliveaux s'appellent *modernes* ; après une seconde, ils se nomment *jeunes*

futaies ; après une troisième, ils prennent la dénomination de *haute futaie.*

3. — Lorsqu'un usufruit comprend des taillis, la règle générale est que l'usufruitier est tenu d'observer l'ordre et la quotité des coupes.

4. — Si le propriétaire n'avait aucun aménagement ou aucun usage constant,qu'elle règle faudrait-il suivre dans la coupe?

Des auteurs conseillent à l'usufruitier de se pourvoir devant le juge qui déterminera l'ordre et l'étendue des coupes. D'autres pensent qu'il doit suivre la pratique,soit des propriétaires auxquels le bois appartenait plus anciennement, soit de ceux qui possèdent des biens de même nature dans le voisinage, soit l'usage du pays.

La première opinion à l'avantage d'être expéditive ; mais elle a le grave inconvénient d'occasionner des frais et d'aigrir des personnes dont la bonne intelligence et les bons rapports sont très désirables. Aussi, la seconde opinion nous paraît-elle préférable? Elle est conforme au texte de l'art. 590 qui ne prescrit pas de suivre l'usage du dernier propriétaire, mais *des propriétaires;* de sorte qu'en l'absence de tout usage constant du dernier, il est rationnel de rechercher et de suivre l'usage d'un propriétaire précédent.

Si l'on ne peut découvrir l'usage des propriétaires antérieurs, l'usufruitier doit se conformer à l'usage de la localité sans recourir à la justice qui le lui imposerait.

5.—Quand un bois est jeune et n'a pas été encore coupé depuis son semis, l'usufruitier peut-il en faire la coupe? Il doit d'abord rechercher l'intention du propriétaire. S'il apparaît que celui-ci ait semé dans le but de laisser croître le bois en futaie, ce bois ne poura être coupé. En l'absence de toute manifestation d'intention et de circonstances qui puissent la révéler, il faut faire une distinction. Si, au moment de l'ouverture de l'usufruit, le bois n'excède pas l'âge auquel on coupe les taillis pour la première fois (25 à 30 ans) l'usufruitier à le droit de le couper; si au contraire, il passe 30 ans, âge auquel un bois est reputé futaie, l'usufruitier ne peut y toucher. Cette distinction est fondée sur l'intention présumée du propriétaire. L'homme dont la vie est courte est naturellement enclin à jouir de ses œuvres, à profiter des fruits de sa propriété dès qu'ils sont arrivés à maturité; le taillis, qui produit vite et se reproduit promptement, doit être la règle; la futaie, qui ne rapporte qu'une fois et dans un temps très éloigné, doit être l'exception.

6. — Suivant l'art. 590, l'usufruitier est tenu d'observer l'ordre et la quotité des coupes, conformément à l'aménagement ou à l'usage constant des propriétaires. Est-ce à dire que si le dernier propriétaire, par besoin, par fantaisie, par incurie, a réglé d'une manière désastreuse pour l'avenir la coupe de ses taillis, l'usufruitier pourra prétendre à la continuation d'un pareil état de chose? Evidemment non. L'usufruitier, par la nature de son droit, est tenu de conserver la substance de la chose, de jouir en bon père de famille ; il doit par conséquent s'abstenir de toute jouissance dommageable. Pothier, ad pandec, tit. 7. de usuf. N° 7, explique cela très clairement. *Quod dicitur fructuarium uti debere arbitrio boni viri, ad id referendum est ut utatur quemadmodum bonus pater familias uteretur, non verò qualiter ipse pater familias utebatur.*

7. Dans notre arrondissement, l'usage est de couper les taillis pour la première fois à l'âge de 25 à 30 ans; les coupes ultérieures se font lorsque le

bois a atteint l'âge de 12 à 15 ans.

8. — La coupe des taillis et des autres bois en général ne doit pas se pratiquer pendant que les bois sont en sève. Dans l'usage, elle se fait depuis février jusqu'à la première quinzaine d'avril. Voir art. 592, N° 11.

Les bois taillis doivent être coupés à la cognée et non à la scie, à fleur de terre sans les rompre, ni éclater, en sorte que les brins de cépées n'excèdent pas la terre s'il est possible. Ordon. de 1669, tit. 15, art. 42. Voir notre art. 592, N° 10

Les coupes doivent être franches, en biseau et bien parées. Lorsqu'elles sont hachées, couvertes d'asperités, les eaux y séjournent et font pourrir les souches.

9. Les chataigneraies destinées à la fabrication des cercles se coupent pour la première fois de 10 à 15 ans; les coupes suivantes ont lieu tous les 7 ou 8 ans.

10. — Les épines se coupent tous les 20 à 25 ans; ordinairement, l'émondage des gros arbres des haies se fait deux fois contre une coupe d'épines.

11. — Les saules, les aulnes se coupent tous les 3 ou 4 ans; les oseraies tous les ans.

12. — Les ajoncs sur les haies et les jannières se coupent tous les 3 à 4 ans; ceux destinés à la nourriture des chevaux se coupent tous les ans.

13. Les coudriers plantés sur les rejets se coupent tous les 10 à 12 ans, à charge de réparer ces rejets et de laisser des jeunes branches en quantité suffisante pour remplacer par un marcotage en courbure les coudriers qui seraient détruits. *Commission des usages locaux.*

14. Les ronces et autres morts-bois peuvent être enlevés tous les ans en peignant les haies.

15. Les joncs, les roseaux se coupent chaque année.

16. — Nous ferons observer que les arbres forestiers, épars sur la propriété ou plantés en haies sur les rejets ou à pied, ne sont point considérés comme taillis. L'usufruitier ne peut les couper quelque soit leur âge; il a seulement le droit de les émonder suivant les règles que nous établirons infra. art. 592, Nos 6 et 12.

17. — Les droits de l'usufruitier sur les pépinières varient selon qu'elles ont été créées par le propriétaire avec l'intention d'entretenir d'arbres sa propriété, ou dans le but d'une exploitation commerciale par la vente des produits. Dans le premier cas, l'usufruitier peut seulement y prendre des arbres pour l'entretien des plantations du domaine; dans le second, il a le droit de jouir du plant lorsqu'il est arrivé à l'âge d'être replanté à demeure.

Quand l'intention du propriétaire sur la destination de la pépinière est douteuse, l'importance du semis devra être prise en considération pour décider s'il a été planté en vue d'être vendu ou de servir à l'entretien de la ferme.

18. — La commission des usages locaux du canton de Valognes où les pépinières sont très nombreuses décide que l'usufruitier n'est pas tenu au remplacement; cet usage nous parait devoir être suivi dans notre arrondissement qui a emprunté à son voisin la culture des pépinières.

19. — Les plantes ne doivent pas être arrachées avant l'âge ordinaire de leur transplantation. Autrement, l'usufruitier jouirait d'une chose qui ne ferait pas encore partie des fruits et qui pourrait même ne jamais entrer dans l'usufruit, par exemple s'il mourrait avant que les arbres eussent atteints le dévelop-

pement convenable pour être enlevés. Art. 516. Cout. de Normand.

20. — L'âge auquel les arbres sont bons à enlever, varie en raison de leur essence, de la qualité du terrain dans lequel ils sont plantés et des soins qui leur sont donnés. En supposant la terre, ni de la première, ni de la dernière classe, et des soins ordinaires, voici l'âge auquel les différents arbres peuvent être enlevés des pépinières.

ARBRES FORESTIERS.

Les sapins et autres arbres verts sont susceptibles d'être transplantés de.	2 à 4 ans.
Les peupliers de toute espèce à. . .	4
Les marronniers d'inde à. . .	5 ou 6
Les hêtres à.	6 ou 7
Les frênes à.	6 ou 7
Les bouleaux à.	7 ou 8
Les chênes à.	8 ou 9
Les châtaigniers à.	4 ou 5

ARBRES FRUITIERS.

On peut planter :

Les arbres en espalier à.	3 ans.
Les pommiers nains à.	3
Les pommiers en quenouille à. . .	4
Les cérisiers à.	4 ou 5
Les noyers à.	4 ou 5
Les abricotiers tiges à.	5
Les pêchers tiges à.	5
Les néfliers à.	5 ou 6
Les poiriers haute tige à. . . .	6
Les pommiers id. à. . . .	6

ARBRES D'ORNEMENT.

Le vernis du Japon à. . . . . . .   4 ans.
L'accacia à.   4
Les sorbiers à.   4
Les tulipiers à.   5
L'érable à . . . .   5 ou 6 ans.
Le tilleul à.   6

ART. 591. — « L'usufruitier profite encore
» toujours, en se conformant aux époques et
» à l'usage des anciens propriétaires, des
» parties de bois de haute futaie qui ont été
» mises en coupes réglées, soit que ces cou-
» pes se fassent périodiquement sur une
» certaine étendue de terrain, soit qu'elles
» se fassent d'une certaine quantité d'arbres
» pris indistinctement sur toute la surface du
» domaine. »

1. — D'après la loi du 3 frimaire an 7, les bois
au-dessous de 30 ans sont réputés taillis : passé cet
âge, ils deviennent futaie. On appelle *jeunes futaies*
ou *futaies sur taillis*, les baliveaux anciens et modernes ; *haute futaie*, le bois qui a 75 ans et d'avantage.

2. — L'usufruitier ne peut toucher aux futaies
à moins qu'elles n'aient été mises *en coupes réglées*.
Voilà le principe général, ce n'est qu'autant qu'elles
ont été aménagées par les anciens propriétaires que
l'usufruitier peut y faire des coupes ; car la règle est
que les bois de futaie ne sont pas des fruits ; ce n'est
que par exception qu'ils deviennent tels ; et cette
exception ne peut résulter que de la volonté du pro-

priétaire, manifestée par le fait de l'aménagement.

3. — Et ce qui caractérise l'aménagement, dit M. Demolombe, T. 10, N° 309 « c'est la périodicité des coupes, sous le double rapport de l'intervalle de temps qui les sépare, et de l'étendue de terrain qu'elles embrassent, ou de la quotité d'arbres auxquelles elles s'appliquent. »

« Il ne suffirait donc pas que le propriétaire fût dans l'usage d'abattre des arbres tous les ans sans ordre, sans suite, sans méthode, tantôt d'un côté, tantôt de l'autre, pour satisfaire des fantaisies ou des besoins extraordinaires, ou empêcher certains arbres de dépérir, des coupes de ce genre ne constitueraient pas un aménagement.

Art. 592. — Dans tous les autres cas,
» l'usufruitier ne peut toucher aux arbres de
» haute futaie ; il peut seulement employer,
» pour faire les réparations dont il est tenu,
» les arbres arrachés ou brisés par accident ;
» il peut même pour cet objet, en faire
» abattre, s'il est nécessaire, mais à la charge
» d'en faire constater la nécessité avec le
» propriétaire. »

1. — L'article précédent règle les droits de l'usufruitier sur les futaies en coupes réglées, celui-ci règle ses droits sur les futaies non aménagées.

2. — Les arbres morts ou brisés par le vent ne sont à la disposition de l'usufruitier qu'autant qu'il les emploie aux réparations ; si la chose soumise à l'usufruit n'en a pas besoin, ces arbres appartiennent au propriétaire à la charge de les faire enlever et de déblayer le terrain.

3. — L'usufruitier pourrait-il abattre des arbres

de haute futaie pour son chauffage? Non. Hors le cas de futaies mises en coupes réglées, l'usufruitier *ne peut y toucher*, si ce n'est pour les réparations et dans les circonstances prévues par l'art. 593. Lors même que l'ancien propriétaire aurait eu l'habitude de couper des arbres futaies annuellement pour se chauffer, l'usufruitier ne pourrait en faire autant ; car des arbres abattus par-ci par-là pour l'entretien du foyer domestique ne constituent pas un aménagement.

4. — Pourrait-il prendre son chauffage dans les bois de haute futaie morts ou brisés par le vent ou tout autre accident? Pothier, du Douaire, N° 197, lui accordait cette faculté en se fondant sur la loi 12 ff de usurf. Aujourd'hui, quelque soit la faveur attachée au but, l'usufruitier n'aurait pas ce droit; l'art. 592 lui défend de toucher aux arbres de haute futaie hors les cas prévus par les art. 591, 592, 593. Proudhon, N° 1194.

5. — Pourrait-il élaguer les futaies non aménagées? Non, répond Marcadé. T. 2, N° 491, parce que l'art. 592, dit qu'il ne peut y toucher. Cette décision, vraie en principe, demande quelques explications. Il est hors de doute que les arbres de haute futaie plantés en bois, en bosquets, en avenue, les arbres d'agrément, ne peuvent être émondés par l'usufruitier, à moins que ce ne fût l'usage du propriétaire.

6. — Mais il est des arbres que tout propriétaire soucieux de ses intérêts doit émonder, ce sont les arbres épars sur la propriété ou plantés sur les rejets eu talus appelés communément *fossés*. Notre pays étant excessivement divisé, et les champs généralement clos par des rejets plantés d'ormes, de chênes, de hêtres, de frênes, etc., une grande partie du sol

serait enlevé à la culture, si le propriétaire n'avait pas soin démonder ces sortes de plantations tous les 12 à 15 ans. L'usufruitier qui doit jouir comme un bon père de famille a le droit d'émonder les arbres dont nous parlons en se conformant à l'usage de l'émondage.

7.— Si, à l'ouverture de l'usufruit, un rejet planté, n'a pas encore été émondé, l'usufruitier pourra-t-il pratiquer l'émondage? Il faut distinguer. Si la plantation n'a pas encore passé l'âge auquel il est d'usage de commencer à émonder, l'usufruitier pourra la faire émonder; mais si la plantation a passé cet âge, il devra s'abstenir de l'émondage, parce qu'il est à présumer que le propriétaire a voulu réserver cette plantation pour croître sans entrave.

8. — Maintenant que nous connaissons les arbres émondables, voyons comment ils doivent être émondés.

Les branches du chêne, du sapin, ne se coupent pas près du tronc, mais à une certaine distance selon la grosseur; autrement le tronc pourrirait d'autant plus profondément que la branche serait coupée près.

9. — A l'exception du saule et de l'orme quand il est vieux, on ne doit jamais écouronner un arbre. Il ne suffit pas non plus de laisser à la cime quelques branches chétives, il faut conserver les branches en rapport avec le tronc pour former le couronnement et activer l'ascension de la sève.

Les branches formant le couronnement ne doivent pas être coupées à la coupe suivante et remplacées par d'autres, on doit les conserver intactes de coupe en coupe.

10. - De même que pour les taillis (art. 590, N° 10) on ne peut employer la scie, mais la hache. Les coupes

doivent être franches, en biseau et bien parées. Voir notre art. 590, N° 8.

11. L'usage est d'émonder en février, mars et dans la première quinzaine d'avril. On ne le fait pas plus tôt à cause des gelées qui rendent les bois *gélifs*: on ne le fait pas plus tard à cause de la sève qui commence à monter. Supr. art. 590, N° 8.

12. — L'usufruit, profitant des émondes, est tenu de réparer les talus ou rejets.

L'émondage des grosses essences se pratique tous les 12 à 15 ans; les épines se coupent tous les 20 à 25 ans. (V. l'art. 590, N° 10.

Art. 593. — « Il peut prendre dans les
» bois des échalas pour les vignes ; il peut
» aussi prendre sur les arbres des produits
» annuels ou périodiques : le tout suivant
» l'usage du pays ou la coutume des pro-
» priétaires. »

1. Par assimilation aux échalas, l'usufruitier peut prendre dans les bois non aménagés ou sur les arbres des rejets, des gaules et des tuteurs pour les arbres fruitiers des jardins et vergers. Mais ce bois ne lui appartient pas, il ne peut en disposer à sa fantaisie, il doit l'employer selon sa destination sur le fonds soumis à l'usufruit.

2. — Il n'en est pas de même des produits annuels ou périodiques, il lui est loisible d'en disposer comme bon lui semble.

Les fruits annuels sont ceux qui se reproduisent chaque année, comme les pommes, les noix, les nèfles, les faines, les glands, les châtaignes, les feuilles des muriers, la tonte des oseraies.

Les fruits périodiques sont ceux qui ne produisent

qu'à des périodes plus ou moins éloignées, comme
les émondes des arbres qu'on est dans l'usage d'é-
monder, la coupe des bois courants et piquants,
tels que joncs, sureaux, pruniers sauvages, etc.

Art. 594. — « Les arbres fruitiers qui
» meurent, ceux même qui sont arrachés
» ou brisés par accident, appartiennent à
» l'usufruitier, à la charge de les remplacer
» par d'autres. »

I. — Que doit-on entendre par *arbres fruitiers?*
M. Taulier, T. 2, p. 307, semble ranger dans cette
catégorie tout arbre qui donne un produit annuel ou
périodique, puisqu'il met au rang des *arbres fruitiers* les peupliers, les saules soumis à un ébranche-
ment périodique.

Dans ce sens, tous les arbres de notre localité
arrachés ou brisés par accident, seraient la propriété
de l'usufruitier ; car il n'en est aucun qui ne pro-
duise quelque fruit dans le sens étendu et juridique
du mot.

Le chêne produit des glands ; le hêtre, des faines ;
l'orme, des feuilles pour la nourriture des bestiaux ;
le tilleul, des fleurs ; les arbres placés sur les talus
donnent périodiquement des émondes ; ceux de la
forêt produisent du bois mort, etc. alors l'art. 592
qui accorde, en principe, au propriétaire les arbres
de haute futaie arrachés ou brisés, n'aurait plus aucune signification. En effet, supposons que le vent
ait renversé un chêne, le propriétaire dira : cet arbre
est à moi, c'est un arbre de haute futaie que l'art.
592 m'attribue s'il n'y a pas de réparations à faire à
l'immeuble.

L'usufruitier répondra : il est à moi, car c'est un

arbre fruitier ; il produit des glands ou des émondes s'il est planté sur un rejet.

Reconnaissons donc que l'expression *arbres fruitiers* ne doit pas être entendue dans un sens aussi large ; elle a selon nous la signification que lui donnent les jardiniers qui appellent *arbres fruitiers* ceux qui portent des fruits charnus et qu'on cultive habituellement dans les jardins et dans les vergers ; tels sont, les poiriers, les pommiers, les pêchers, les pruniers, les cerisiers, les nèfliers, les figuiers, etc.

Un mûrier est-il un arbre fruitier ? Oui, pas à cause des feuilles qu'on récolte pour la nourriture des vers à soie (car jamais, dans le langage de l'horticulture, on a donné le nom de fruit à des feuilles), mais parce que le mûrier porte de véritables fruits appelés mûres.

Quid du noyer ? Nous pensons avec M. Duranton que c'est un arbre fruitier. Dans notre localité, on le cultive comme arbre fruitier; le plus souvent on le plante dans les cours des fermes.

Le châtaignier n'est pas un arbre fruitier encore bien qu'il donne des châtaignes ; on ne le cultive pas habituellement dans les jardins.

2. — L'usufritier profite des arbres fruitiers, morts brisés ou arrachés par accident. En retour de cet avantage, il est tenu de les remplacer en arbres de la même espèce, et le remplacement n'est censé opéré qu'autant que le nouveau plant a réussi.

3. — Il ne peut se dispenser du remplacement en ne les prenant point et les abandonnant au propriétaire. C'est une charge d'entretien du fonds soumis à l'usufruit.

Art. 645 — « S'il s'élève une contestation
» entre les propriétaires auxquels les eaux
» peuvent être utiles, les tribunaux, en pro-
» nonçant, doivent concilier l'intérêt de l'a-
» griculture avec le respect dû à la propriété; et
» dans tous les cas, les réglements particuliers
» et locaux sur les cours et l'usage des eaux
» doivent être observés. »

1. — Le code a divisé tous les cours d'eau en deux grandes classes : ceux qui sont navigables ou flottables et ceux qui ne le sont pas. Les eaux et le lit des cours d'eau navigables ou flottables sont rangés dans le domaine public : comme il n'en existe pas dans notre arrondissement, nous ne nous en occuperons pas.

2. — La propriété des cours d'eau non navigables ni flottables a été envisagée sous quatre aspects différents qui peuvent se soutenir par des motifs également sérieux.

1° Des jurisconsultes ont attribué aux riverains la propriété des eaux courantes et de leur lit ;

2° D'autres, séparant le cours d'eau de son lit, ne considèrent les riverains que comme propriétaires du lit, et assignent à l'eau le caractère de chose commune, *res communis, res nullius.*

3° Des auteurs classent les eaux et leur lit dans les dépendances du domaine public ;

4° Suivant d'autres enfin, les cours d'eau et leur lit n'appartiennent ni aux riverains ni à l'État, ni au domaine public : elles n'appartiennent à personne, elles sont choses communes, *res nullius.*

Quoique cette question soit une des plus fertiles en conséquences décisives, dans les contestations relatives aux plantations, aux vues ou travaux qui exigent une certaine distance du fonds voisin, nous ne la discuterons pas. Ce travail nous écarterait de notre plan en nous entraînant dans une discussion qui, pour être traitée convenablement, exigerait au moins une brochure ex-professo.

Nous dirons cependant que deux des quatre opinions ci-dessus ont à peu près déserté la lutte ; le champ de bataille est aujourd'hui disputé par les deux suivantes. Celle qui considère les eaux et leur lit comme la propriété des riverains a pour elle la majorité des auteurs. Troplong, prescript, n°s 144, 145 ; Pardessus, n° 77; Daviel, 529; Toullier, T. 3, n° 144; Carré cours de droit, T. 2, n° 1505; Chardon, n° 45; Isambert, voirie, T. 1, n° 205; Coppeau, légis. rur., liv. 1, tit. 1, chap. 4, sect. 2, n° 39; Dupin, encyc. du droit,, v° accession; Hennequin, T. 1, p. 315; Marcadé, sur l'art. 561; Ducauroy, Bonnier et Roustaing, T. 2, n° 122; Championnière, de la prop. des eaux courantes; Sachariœt, T. 1, p. 428; Cass. 7 décembre 1842. Amiens, 28 janvier 1843.

L'opinion qui considère les eaux et leur lit comme *res nullius*, a pour elle la cour de cassation. Cette jurisprudence tiendra-t-elle ? nous en doutons fort. Merlin, quest. v° cours d'eau, § 1; Nadault de Buffon, p. 25; Dalloz (nouvelle édition) v° eaux, n° 213; Demolombe, T. 10, n° 128; Cass. 10 juin 1846. — 17 juin 1850. — 23 nov. 1858. Paris, 24 août 1848.

Les partisans de ce dernier système admettent néanmoins que les simples ruisseaux ne sont pas des choses communes (*res nullius*) qu'ils appartiennent au contraire aux riverains. Quant à la distinction entre les rivières non navigables ni flottables et les ruisseaux, ils s'en rapportent à l'opinion générale, à l'état des lieux, combinés avec la huitième règle de Loysel ainsi formulée, liv. 2, tit. 2. « Les grosses rivières ont, pour le moins, 14 pieds de largeur; les petites, 7; et les ruisseaux, trois et demi. »

3.— Une rivière, un cours d'eau, quelques grands qu'ils soient, ne sont réputés navigables ou flottables qu'autant qu'un arrêté administratif les déclare tels.

4. — Les préfets, et même les maires dans un cercle plus restreint, ont sur les cours d'eau non navigables ni flottables un pouvoir réglementaire. Mais pour être légale, leur autorité ne doit s'étendre qu'à des mesures générales, abstraction faite d'intérêts particuliers, comme les mesures de sécurité publique, de salubrité, de police. Lorsqu'il s'agit d'un débat concentré entre quelques particuliers qui se disputent l'usage des eaux ou de travaux dont les conséquences se restreignent entre quelques riverains, l'administration doit laisser aux tribunaux le soin de régler ces difficultés selon les règles du droit commun. Daviel, T. 2, n° 565.

5. — L'article 645 autorise le juge à concilier l'intérêt de l'agriculture avec le respect dû à la propriété. Il est important de remarquer que cette latitude ne va pas jusqu'à lui permettre de modifier dans l'application les réglements locaux, ni les dispositions des articles 644 et 644. Elle s'étend seulement à la détermination de la quantité d'eau qui peut être absorbée par chaque ayant-droit et au mode d'après lequel doit s'effectuer la prise d'eau. Ainsi le juge peut attribuer plus d'eau au riverain dont le champ est plus étendu ; déterminer le point où se fera la prise d'eau, la quantité que chacun devra en rendre à la sortie de son fonds.

6.— Un arrêt de la cour de cassation du 5 janvier 1839, décide qu'il n'existe pas d'arrêté préfectoral défendant de jeter des décombres dans le cours de la Divette.

Voici les termes de cet arrêt.

« Attendu en ce qui concerne le dépôt de décom-
» bres, que la police des cours d'eau publics qui ne
» sont ni navigables ni flottables est exclusivement
» placée par la loi dans les attributions du préfet de
» chaque département ; que le tribunal de simple
» police serait compétent pour réprimer le fait dont
» il s'agit dans l'espèce s'il avait été préablement dé-
» fendu par cet administrateur, puisqu'alors cet ac-
» te aurait pour sanction la peine que prononce l'ar-
» ticle 471, n° 15 ; mais qu'un tel arrêté n'existant
» point, ledit fait ne saurait constituer une contra-
» vention de petite voirie. »

7. — Notre coutume et plusieurs réglements pro-
hibent formellement le rouissage des lins et des chanvres dans les eaux courantes. Daviel, T. 1ᵉʳ, n° 320,
enseigne que ces réglemens ne sont plus applicables,
parce que l'article 30 de la loi du 15 avril 1829 sur
la pêche fluviale contenait une défense expresse de
rouir dans les eaux courantes, et que cet
article a été rejeté par la chambre des pairs sur la
demande de MM. Marcellus et Chaptal qui préten-
daient que cet interdiction était contraire aux intérêts des cultivateurs, du commerce, de la marine, et
que les anciens réglements étaient depuis longtemps
tombés en désuétude.

Malgré la haute autorité de ce savant jurisconsulte
en matière de cours d'eau, nous ne pouvons partager
son opinion.

En Normandie, la défense du rouissage dans les
eaux courantes remonte à une époque bien ancienne.
On lit dans la vieille Charte Normande chap. 7.

« Rothoria in aquis defluentibus fieri non possunt,
« cum illis aquæ frequentius corrumpantur. »

L'ancienne coutume, 1re part. § 1, chap. 17, s'ap-
propria ce texte et défendit « que l'on ne fît Rhoteurs,
« ne chanvres roir en eaux courantes, par quoi ne
« soient souventes fois corrompues, si que les pois-
« sons en meurent. »

Cette disposition passa dans la nouvelle coutume
art. 209 : « Roteurs ne peuvent être faits en eau cou-
« rante, et si aucun veut détourner eau pour en
« faire, il doit vuider l'eau dudit roteur, en sorte
« que l'eau d'icelui roteur ne puisse retourner au
« cours de la rivière. »

Un arrêt de réglement du 14 décembre 1719, éten-
dit cette prohibition en ces termes : « La cour a or-
« donné que les ordonnances et réglemens seront
« exécutés selon leur forme et teneurs; ce faisant, fait
« défense à *toutes personnes de quelque qualité*
« *et condition qu'elles soient* de mettre ni faire
« mettre aucuns lins ni chanvres à rouir dans les
« *rivières, fossés courans, mares publiques et*
« *autres lieux aboutissans* et d'y jeter ou porter
« aucunes ordures, immondices, ni autre chose qui
« puissent corrompre les eaux, à peine de confiscation
« des lins et chanvres et de 50 livres d'amende. »

Cet arrêt fut adressé aux officiers des eaux et
forêts pour le faire publier; mais au lieu de le faire
publier, ils le retinrent jusqu'au mois de septembre
1725, époque à laquelle ils le firent imprimer et
afficher. Ceux qui avaient des lins et chanvres à
rouir, pris à l'improviste, réclamèrent en se fondant
sur ce qu'ils ne pouvaient se mettre en mesure de
préparer des roteurs réglementaires pour la récolte
sur pied. Il fut fait droit à ces réclamations par un
arrêt du parlement du 11 septembre 1725, ainsi

conçu : « La chambre , faisant droit sur la réquisi-
» tion du procureur général, ordonne que sans pré-
» judice de l'exécution de l'arrêt du 14 décembre
» 1719 *pour cette présente année seulement*, et
» jusqu'à ce qu'autrement par la cour en ait été or-
» donné après la Saint-Martin, il sera libre à toutes
» personnes de mettre et faire mettre lins et chanvres
» à rouir comme ils ont fait par le passé dans les
» canaux, marres et rivières, sans pour ce encourir
» la confiscation et l'amende portées dans l'arrêt du
» 14 décembre 1719. »

La prohibition du rouissage dans les eaux courantes portée dans l'arrêt de 1719 fut rappelée le 13
août 1726—26 février 1732—6 août 1735—28 décembre 1738. Fournel, T. 2, p. 156 et 338, rappelle
aussi cette prohibition dans son traité du voisinage.

Ces réglements, décrétés par une autorité compétente, n'ont depuis été abrogés par aucune loi. Au
contraire, ils ont reçu une confirmation formelle de
l'art. 645 du code civil qui renvoie aux anciens réglements particuliers et locaux, et par un arrêté préfectoral en date du 15 juin 1831.

Ainsi donc ces réglements sont encore obligatoires. Aujourd'hui , les riverains inférieurs qui éprou-
vent préjudice de leur violation peuvent demander
réparation aux tribunaux et réclamer contre l'altération des eaux produite par le rouissage. Pardessus,
serv. n° 91.

L'infraction à ces réglements peut aussi être réprimée par la voie criminelle, et à ce sujet nous joi-
gnons nos vœux à ceux du conseil général de la
Manche, dans sa session de 1847. « Quant au rouis-
» sage dans les rivières, le conseil pense que la dé-
» fense de cet usage, rappelée tous les ans par la pu-
» blicité donnée à l'arrêté du 15 juin 1831, sera inef-

» ficace tant que la pénalité attachée à cette con-
» travention ne sera pas rigoureusement poursuivie.
» Il appartient aux administrations locales de stimu-
» ler par tous les moyens à leur disposition, la vigi-
» lance des agents chargés de constater les contra-
» ventions rappelées dans l'art. 471 et suivants du
» code pénal »

Abordons maintenant les deux objections qui ont été suggérées à M. Daviel par une note de M. Walker, collection des lois, édits etc., encore en vigueur T. 2, p. 459.

La première consiste à dire que les dispositions de la coutume et les arrêts de réglement relatifs au rouissage dans les eaux courantes sont tombés en désuétude.

Cette objection ne peut se soutenir en présence d'une prohibition qui, remontant au 12ᵉ siècle, se renouvelle à chaque instant, s'étend dans le 18ᵉ par de nombreux arrêts de réglement, est maintenue dans le 19ᵉ par l'art. 645 du code civil et par un arrêté préfectoral du 15 juin 1831.

La seconde objection est tirée du projet de loi de 1829 sur la pêche fluviale qui contenait un article défendant le rouissage dans les rivières, canaux et dans tous les ruisseaux y affluants, article qui fut rejeté lors de la discussion à la chambre des pairs.

Le retrait de cet article, entendu dans le sens le plus favoralbe, signifie que la chambre des pairs a pensé autrement que la chambre des députés ; ces deux pouvoirs législatifs étant égaux, l'un ne pouvant l'emporter sur l'autre, les choses sont restées dans l'état où elles étaient avant la loi sur la pêche fluviale, c'est-à-dire qu'en vertu de l'art. 645 du code civ. qui maintient les réglements locaux, les anciennes dispositions de la coutume et des arrêts de réglement demeurent en vigueur. Si la loi de 1829 eût voulu anéantir l'ancienne législation, elle s'en serait expliquée formellement. Le législateur n'agit pas par réticence, et tout ce que l'on peut conclure de son silence, c'est qu'il a voulu laisser debout ce qui existait sans trancher à propos de pêche une question qui se rattache à des intérêts complexes.

Cela est si vrai que l'article 93 de la loi de 1829 déclare seulement abolis les lois, ordonnances, édits, déclarations, arrêts du conseil, arrêtés et décrets et tous réglements intervenus, à quel qu'époque que ce soit *sur les matières réglées par la présente loi*. Or, cette loi, ne s'est occupée que de la pêche, elle n'a rien statué à l'égard du rouissage qui demeure soumis à la législation spéciale qui le concerne.

L'administration locale s'est si peu méprise sur la signification du rejet de l'article en question, qu'en 1831, c'est-à-dire 2 ans après la loi de 1829, elle a pris un arrêté qui défend le rouissage dansles rivières

8. — Nous avons vu que d'après l'arrêt du réglement du 14 décembre 1719, qu'il est défendu de jeter aucunes immondices, ordures, ni autres choses qui puissent corrompre les eaux des rivières, fossés, courants, marres publiques et autres lieux y aboutissant. Conformément à cette disposition, celui dont l'héritage borde une eau courante peut y établir un lavoir, si cet établissement n'est pas trop fréquenté et ne corrompt pas les eaux inférieurs, ce qui dépend de la rapidité plus ou moins grande du courant. Mais si l'existence du lavoir rend l'eau sale ou insalubre, et prive les propriétaires inférieurs de s'en servir selon leur usage habituel, le lavoir doit être prohibé. Fournel, v° cours d'eau, pag. 340. Projet de code rural art. 160. Caen 20 décembre 1855, Jurisprudence des cours de caen et Rouen 1856, p. 123.

9. — Les eaux d'alluvion provenant des pluies des orages, lorsqu'elles coulent dans les chemins, appartiennent à celui qui s'en empare le premier, soit pour l'irrigation de ses propriétés, soit pour l'alimentation des abreuvoirs. Caen, 22 février 1856. Jurisprudence des cours de Caen et Rouen 1856, p. 84.

10. — Chaque année, un arrêté préfectoral ordonne que le curage de tous les cours d'eau qui ne sont ni navigables ni flottables commencera dans le département le 16 août, et continuera sans interruption autant que possible d'aval en amont ; il devra être entièrement terminé le 15 septembre au soir pour tout délai.

Art. 654. — « Il y a marque de non mito-
» yenneté, lorsque la sommité du mur est droi-
» te, et aplomb de son parement d'un côté,
» et présente de l'autre un plan incliné; lors
» encore qu'il n'y a que d'un côté ou un chape-
» ron ou des filets et corbeaux de pierre qui
» y auraient été mis en bâtissant le mur. -
» Dans ces cas, le mur est censé appartenir
» exclusivement au propriétaire du côté duquel
» sont l'égoût ou les corbeaux et filets de pier-
» re. »

1. — Indépendamment des signes indiqués par le code pour distinguer les murs mitoyens de ceux qui ne le sont pas, l'usage en admet d'autres dans notre localité pour les murs dont la construction est antérieure au code.

Ces signes sont des ouvertures parementées, de forme rectangulaire, appelées armoires ou fenêtres.

Elles sont attributives de propriété au profit de celui du côté duquel elles se trouvent, lorsqu'elles sont accompagnées de pierres de taille traversant tout le mur. Art. 610 et 618 de notre coutume.

Si le voisin a aussi de son côté des armoires avec pierres de taille traversant le mur, ce mur est mitoyen. Routier, principes de la coutume, page 74.

On admettait en Normandie d'autres marques de propriété que celles mentionnées dans la coutume. On reconnaissait comme telles, tout ouvrage pour lequel on avait employé, lors de la construction, des matériaux occupant toute la profondeur du mur, par exemple des os placés dans toute l'épaisseur d'un mur et destinés à attacher des treilles. Houard, v° mur.

2. — Sur la question de savoir ce qu'il faut décider quand les marques de mitoyenneté se trouvent des deux côtés du mur, voir Le Page, T. 1, p. 399.

Art. 655. — « La réparation et la recons-
» truction du mur mitoyen sont à la charge de
» tous ceux qui y ont droit et proportionnelle-
» ment au droit de chacun. »

1. — Aux termes de l'art. 205 de la coutume de Paris, un voisin peut contraindre l'autre à refaire le mur commun lorsqu'il est pendant et corrompu.

La loi romaine admettait la condamnation d'un mur lorsqu'il était déversé d'un demi-pied. Si quandò inter œdes binas paries esset, qui ita ventrem faceret, ut in vicini domum semi pedem, aut amplius procumberet, agi oportet ; jus non esse illum parietem ita projectum in suum esse invito se. L. 17, ff. Si serv. vend.

2. — Dans notre ancien droit français, les experts n'étaient pas d'accord sur ce point. Les uns préten-

laient qu'un mur devait être *condamné*, lorsqu'il
penchait d'un côté, plus de trois quarts de pouce par
chaque toise de la hauteur.

D'autres ne considéraient un mur *condamnable*
que lorsqu'il était déversé d'un côté ou d'un autre de
plus de la moitié de son épaisseur. Fournel. T 2, p.
53.

Dans notre localité, c'est cette dernière règle qui
est admise dans l'usage, et même le surplomb n'est
pas le seul cas de condamnation, l'article 140 du rè-
lement de la ville de Cherbourg du 15 novembre
859 en cite plusieurs autres.

3. — La condamnation d'un mur peut quelquefois
'être que partielle ; c'est ce qui arrive dans le cas
'un mur qui ne déverse ou qui n'est corrompu que
ar le bas, l'extrémité supérieure étant d'une construc-
on droite et à-plomb. Alors il n'y aurait que la par-
e du bas à démolir ; la partie supérieure serait con-
ervée à l'aide des procédés de l'art appropriés à une
areille opération.

4 — Remarquons qu'encore bien que nous par-
ons de la *condamnation* des murs sous l'art. 655,
ui s'occupe de murs mitoyens, les règles que nous
enons d'exposer s'appliquent également à un mur pri-
atif. Le voisin peut contraindre le propriétaire du
ur qui penche sur lui à le faire redresser ; mais si
 mur, quoique condamnable, ne surplombe pas sur
 voisin, nous pensons que ce dernier n'a aucune
tion *civile* contre le propriétaire pour le forcer à
reparer. Voir notre art. 1386.

5. — Le mur mitoyen peut n'avoir pas besoin d'ê-
e reconstruit, mais d'être reparé. Si les parties ne
nt pas d'accord, le tribunal statue sur la rapport de
ns de l'art préalablement nommés.

En général, un mur mitoyen doit être réparé, lorsqu'il s'y trouve des lézardes, quand il manque décrépis en quelques places, quand le chaperon est endommagé , quand une ou plusieurs pierres viennent à se déplacer, etc., Le Page, T. 1, p. 54.

Art. 658. — « Tout propriétaire peut faire
» exhausser le mur mitoyen ; mais il doit pa-
» yer seul la dépense de l'exhaussement, les
» réparations d'entretien au-dessus de la hau-
» teur de la clôture commune, et en outre
» l'indemnité de la charge, en raison de l'ex-
» haussement et suivant la valeur. »

1. — L'indemnité de surcharge s'estimait d'après l'article 197 de la coutume de Paris à un sixième de la valeur de l'exhaussement, c'est-à-dire que si le mur recevait une élévation de 6 mètres superficiels , il fallait payer au voisin le prix d'un mètre.

Cet usage, encore suivi par nos maîtres maçons , peut bien être pris pour base générale, sauf à s'en écarter suivant les circonstances ; car dans beaucoup de cas, il pourrait être vicieux. Un seul exemple suffira pour le démontrer. Supposons un mur de 6 mètres de longueur sur 2 de hauteur; ce qui donne une superficie de 12 mètres, dont chaque co-propriétaire a payé 6 mètres. Un d'eux exhausse de 6 mètres sur toute la longueur, ce qui forme un exhaussement de 36 mètres de superficie, dont le sixième serait de 6 mètres.Ainsi ce que recevrait le voisin serait égal au prix que lui aurait coûté sa part dans la construction du mur commun. Un pareil résultat est inique, une simple indemnité ne doit pas absorber la valeur entière de la chose qui n'est que diminuée de valeur et non pas anéantie par la surcharge.

Aussi ,Pothier,Société, nº 213, qualifiait-il cette fixation d'arbitraire, et voulait, avec raison, que l'indemnité fût fixée selon la dépréciation occasionnée au mur par la charge. Il doit en être de même aujourd'hui ; le code ne fixant pas la valeur de l'indemnité, elle doit être appréciée selon le préjudice éprouvé par le voisin.

2. — De même que le mur mitoyen peut être exhaussé, de même il peut être prolongé par en bas dans la profondeur de ses fondations. Dans ce cas, il n'est pas dû d'indemnité de surcharge ; seulement celui qui fait ce prolongement est chargé de tous les frais de cette augmentation et d'indemniser le voisin du tort qu'il pourrait éprouver, par exemple par la destruction des arbres plantés contre le mur. Le Page, T. 1, p. 415.

3. — Pothier, Société, nº 215, et après lui Pardessus, enseignent qu'il ne serait pas dû d'indemnité pour la perte des loyers occasionnée par l'exhaussement, à cause que cet évènement étant dans les choses possibles, la perte des loyers a dû être prévue ; et aussi parce que celui qui use d'un droit ne fait pas de tort. Ce raisonnement s'appliquerait également au préjudice éprouvé par la perte des treilles, des arbres et même à la dépréciation du mur par la surcharge, cependant il est dû indemnité pour tout cela. Le Page, T. 1, p. 407.

4. — Dans nos anciens usages rapportés par l'article 612 de notre coutume, l'exhaussement devait se pratiquer sur la moitié du mur seulement ; depuis le code, il se fait sur toute l'épaisseur du mur.

Art. 663. — « Chacun peut contraindre
» son voisin, dans les villes et faubourgs,
» aux constructions et réparations de la clô-

« ture faisant séparation de leurs maisons,
» cours et jardins assis ès-dites villes et fau-
» bourgs : la hauteur de la clôture sera fixée
» selon les réglemens particuliers ou les usages
» constants et reconnus ; et, à défaut d'usa-
» ges et de réglements, tout mur de sépara-
» tion entre voisins, qui sera construit ou
» rétabli à l'avenir, doit avoir au moins 32
» décimètres (10 pieds,) de hauteur, compris
» le chaperon, dans les villes de 50 mille ames
» et au dessus, et 26 décimètres (8 pieds,)
» dans les autres »

1. — Notre coutume ne contenait aucune disposition sur la clôture forcée, mais Routier, Princ. de la
cout. p. 71, atteste qu'on suivait l'art. 209 de la coutume de Paris qui a été reproduit par l'art. 663 de
notre code.

Autrefois comme aujourd'hui on appliquait donc
à Cherbourg la clôture forcée pour la séparation des
cours et jardins.

2. — On appelle faubourg la continuité des maisons et murs qui sont en dehors de l'enceinte d'une
ville. Dès lors on ne peut considérer comme tels quelques maisons isolées et sans continuation situées en
dehors des murs de la ville, lors même qu'elles se
trouveraient sur le territoire de la ville et dans les limites de son octroi. Trib. civ. de Caen, 10 Juin 1847.
Dict. de jurisp. de la cour v° servitude, n° 35.

Il est impossible de fixer ici l'étendue de nos faubourgs ; les constructions s'élèvent avec une rapidité
telle que les limites de la veille ne sont plus celles du
lendemain.

En l'absence d'actes administratifs sur l'étendue d'un faubourg, il appartient aux magistrats de décider si l'endroit dont il s'agit est ou n'est pas un faubourg. Demolombe, T II, n° 380.

3. — Les mots *cours* et *jardins* ne sont pas restrictifs, ils doivent être étendus aux cas analogues comme un chantier. La cour de cassation en a fait l'application à un passage de communication. Cass. 20 novembre 1827—14 mai 1828.

Dans l'espèce de ces arrêts, le passage appartenait exclusivement à l'un des voisins, et il était vrai de dire que l'action en clôture avait lieu entre *propriétaires voisins et contigus* comme l'exige l'art. 663. Mais si les voisins étaient séparés par un passage commun ou indivis, il n'y aurait plus contiguité, ni voisinage immédiat, dès lors la servitude de clôture forcée ne pourrait recevoir d'application. Cass. 1er juillet 1837. 26 mars 1862.

Quand l'un des terrains contigus est en nature de prairie, de labour, de landage, de bois, la clôture forcée ne peut être exigée.

4. — Peut-on déroger par des conventions particulières à l'obligation de la clôture forcée ? Cette faculté fut reconnue au Conseil d'État par Tronchet.

« Si la disposition générale, de l'art. 663, dit-il,
» est restreinte au cas où l'un des voisins force l'au-
» tre ; si d'ailleurs il leur est libre de faire les con-
» ventions qu'il leur plaît, il n'y a plus de difficulté
» à décider que le mur sera d'une hauteur détermi-
» née suffisante pour la sûreté des deux maisons. »

Treilhard fit également observer « que la loi ne
» fixe la hauteur que pour le cas où l'un des proprié-
» taires voudrait se clôre et non l'autre ; que si tous
» deux sont d'accord, ils peuvent s'écarter de cette

» disposition, et donner au mur l'élévation qu'il leur
» plaira. »

Malgré la précision de ce langage, M. Demolombe,
T. II, n° 378, enseigne qu'un pareil engagement s'é-
vanouit dès que l'une des parties veut le rompre.

Une telle interprétation rapprochée des paroles de
Tronchet « il leur est libre (aux voisins) de faire
» les *conventions* qu'il leur plaît » ne nous semble
pas admissible. Etrange convention que celle qui ne
lierait les parties qu'autant qu'elles le voudraient !
L'effet des conventions n'est-il pas de lier les parties
contractantes comme la loi elle-même? art. 4134, c.
civ.

Qu'on ne dise pas que les dispositions de l'art. 663
sont d'ordre public ; car elles sont édictées, moins
dans l'intérêt général, que dans l'intérêt personnel
des voisins. Cela résulte des paroles de Tronchet « la
» disposition générale de l'art. 663 est *restreinte* au
» cas où l'un des voisins *force* l'autre; dans ce cas le
» mur sera d'une hauteur suffisante *pour la sûreté*
» *des deux voisins.* » Ainsi, c'est en l'absence de
convention, et dans le seul cas où l'un des voisins
force l'autre, que la loi fixe la hauteur du mur ; et
dans l'intérêt de qui? dans l'intérêt tout particulier de
la sûreté des deux voisins. Merlin, v° clôture, § 2. Pail-
let art, 663. Toullier, T. 3, n° 162. Pardessus, n° 454
Carou, act. poss. n° 314. Rouen, 24 février 1844.

Dans le procès Besselièvre contre la demoiselle
Leblanc de Cherbourg, la cour de Caen a jugé aussi
dans ce sens, le 20 juillet 1824 ; mais elle a jugé en
sens contraire le 14 juin 1859. Jurisp. des cours de
Caen et de Rouen 1859, p. 193.

5. — Lorsque le droit des voisins n'est modifié par
aucune convention, l'un d'eux peut-il se dispenser
de contribuer aux frais de la clôture commune en

renonçant à la mitoyenneté et en abandonnant la moitié des terrains ?

Cette question était controversée dans l'ancien droit. Chopin, cout. de Paris, liv. 1, tit. 3, n° 7, dit : » On peut contraindre son compagnon de *refaire* le » mur commun ou *d'en quitter sa part* suivant les » art. 211, 212 et 213 de la coutume : *ce qui a lieu* » *aussi quand il faut bâtir un nouveau mur en-* » *tre deux voisins en la ville et faubourgs*, et » non pas de même aux champs, par les art. 209 et » 210 de ladite coutume. »

Cependant la majorité des commentateurs était d'a- vis que l'on ne pouvait se soustraire à l'obligation de contribuer à la construction, même en faisant l'aban- don de la moitié du terrain. Pothier, Société, n° 223, résumait ainsi l'ancienne jurisprudence : « Dans les » villes où il y a une loi qui oblige les voisins à cons- » struire à communs frais un mur de clôture pour » s'enclôre, (Paris, art. 209. Orléans, art. 236), cha- » cun des voisins est obligé de contribuer aux répa- » rations et même à la reconstruction du mur de » clôture, sans qu'il puisse se décharger de cette ob- » ligation en offrant d'abandonner sa part dans la » communauté du mur ; puisque quand même il n'y » en aurait jamais eu, son voisin pourrait l'obliger à » en construire un à communs frais. »

Sous l'empire du code civil, la question est encore controversée ; et il serait à désirer, comme le dit fort bien la commission des usages du canton de Cherbourg, qu'une disposition législative fît cesser l'anomalie qui existe entre les articles 656 et 663.

6. — Le code n'a pas fixé l'épaisseur des murs, la profondeur des fondations, l'emploi des matériaux. Toutes ces choses sont variables selon les localités, la qualité des matériaux, la nature du fonds sur lequel

on bâtit. A Cherbourg,l'usage est d'employer dans la construction des murs de clôture, le moëllon; toutefois dans le quartier du Val-de-Saire et du Roule, on emploie souvent les pierres de grés de la montagne. Le voisin qui voudrait pour un mur de clôture des matériaux d'un prix plus élevé paierait seul l'excédent des frais.

La maçonnerie se fait à mortier d'argile et on rejointoie à chaux et à sable. La hauteur du mur doit être de 26 décimètres (8 pieds) et l'épaisseur de 50 centimètres.Comm.des usages du Cant. de Cherb.

7. — Dans l'intérieur de la ville, tout propriétaire est tenu de se clore sur la voie publique. La hauteur de clôture est fixée à 26 décimètres au minimum à partir de la partie la plus élevée du sol ou du trottoir.

Il ne peut être fait usage de clôture en planches sans l'autorisation de l'administration municipale qui détermine, dans chaque autorisation, et selon les localités, le temps pendant lequel ces clôtures provisoires pourront être tolérées. Réglement du 15 novembre 1859, art. 152.

8. Si un mur est déjà construit et qu'il se trouve avoir 60 ou 80 centimètres d'épaisseur, le voisin qui veut acheter la mitoyenneté pour clôture sera-t-il obligé d'acheter la moitié du mur tel qu'il est, ou la moitié d'un mur de 50 centimètres suivant l'usage ? Il sera tenu d'acheter seulement la moitié d'un mur de 50 centimètres, car il n'a pu dépendre du propriétaire de lui imposer une obligation plus rigoureuse que celle de la loi Delvincourt, page 166. Notes.

9. — Quand les terrains sont d'inégale hauteur, comment établir le mur de clôture pour satisfaire au vœu de la loi !

Quelques auteurs soutiennent qu'il suffit de donner à la clôture la hauteur légale à partir du sol le

plus bas, la sûreté respective des voisins étant suffisamment garantie de cette manière.

La plupart des commentateurs et la jurisprudence
ont suivi l'opinion de Desgodets qui enseigne que
dans l'hypothèse ci-dessus, la séparation n'est ni
égale de part et d'autre, ni parfaite, parce qu'il est
plus facile de franchir un mur en descendant qu'en
montant : le but de la loi n'est donc accompli qu'en
donnant au mur la hauteur légale à partir du terrain
le plus élevé. Caen, 13 mai 1837, recueil périodique, p. 360.

10. — Mais aux frais de qui se fera l'excédent de
dépense pour atteindre ce but ? Les auteurs ont généralement accepté le sentiment de Desgodets d'après
lequel le propriétaire du sol le plus bas doit contribuer pour la moitié de la hauteur de clôture en la
mesurant de son côté ; l'autre moitié est payée par le
propriétaire du fonds supérieur. De plus, ce propriétaire doit faire à ses dépens toute la portion qu'il
est nécessaire d'élever pour que le mur ait de son
côté la hauteur prescrite par la loi. Cette décision est
fondée sur ce que celui qui a un terrain elevé doit
supporter les charges auxquelles cette circonstance
donne lieu. Cette raison ne nous paraît pas conclu-
ante.

S'il était vrai que les fonds élevés fussent soumis
aux charges dépendantes de leur configuration,
comme le prétend Desgodets, l'art. 640, cod. civ.
leur aurait imposé une indemnité au profit des fonds
obligés de recevoir les eaux qui en découlent naturellement : cependant cela n'est pas arrivé, les fonds
inférieurs sont forcés de les recevoir sans aucun
dédommagement, ce sont eux qui subissent les conséquences de leur position défavorable.

Pour nous, nous pensons que du moment où l'on

reconnaît que la clôture, pour être conforme au vœu de la loi, doit avoir la hauteur réglementaire à partir du fonds le plus élevé, la dépense pour parvenir à ce but doit être partagée par moitié entre les deux voisins; car ce n'est pas plus la faute de l'un, si son fonds est élevé, que ce n'est la faute de l'autre, si son fonds est inférieur. La loi ne tient aucun compte de la configuration du terrain, elle donne à chacun des voisins le droit de contraindre l'autre *à contribuer* aux constructions et réparations *de la clôture* faisant séparation de leurs maisons.... La *clôture* légale forme un corps indivisible, un tout; l'art. ne dit pas tel voisin fera telle portion, tel voisin fera l'autre; il prescrit *une clôture* selon ses prescriptions ou selon les usages locaux.

Maintenant comment la dépense de cette clôture sera-t-elle réglée? Chacun des voisins doit y *contribuer*: or ce mot, toute les fois qu'il n'y a pas assignation de contribution différente, signifie égalité dans la contribution. Tout le monde en convient lorsque la clôture a lieu sur des terres de niveau, pourquoi en changer la signification lorsque le terrain est autrement disposé sans la faute des propriétaires? Ce serait selon nous de l'arbitraire que ne justifierait aucune raison sérieuse. La cour de Caen a jugé dans ce sens, le 13 mai 1837.

Si l'inégalité des terrains provient du fait de l'un des propriétaires, l'auteur en sera responsable (art. 1382 c. civ.), et devra prendre à sa charge les frais occasionnés par son fait. Si donc le terrain est plus élevé à cause de terres rapportées, l'auteur sera tenu de faire à ses frais les soutènemens et le mur, jusqu'à la hauteur qu'il a surelevée. Au contraire, si c'est le propriétaire inférieur qui a baissé son fonds, il supportera seul la dépense du mur dans toute la profondeur par lui creusée.

11. — Le mur, étant construit à frais communs, chacun des voisins fournit la moitié du sol sur lequel il est construit. Si l'un d'eux avait construit le mur en entier sur son terrain et à ses frais, pourrait-il forcer l'autre d'en acquérir la mitoyenneté jusqu'à la hauteur légale de clôture? Nous ne le croyons pas. L'art. 663 contient une disposition exceptionnelle tout à fait en dehors du droit commun ; il faut donc la restreindre strictement à son sens littéral. Chacun, dit-il, peut contraindre son voisin à contribuer aux constructions et réparations de la clôture faisant sépa-tion de leur maisons..... mais il ne contraint per-sonne à acheter la mitoyenneté d'un mur fait par un voisin sur son fonds et à ses frais. C'est ce que fait très bien observer Pothier, Société, n° 234. « La » coutume me donne bien le droit d'obliger mon » voisin à construire, à frais communs, un mur pour » séparer nos maisons, lorsqu'il n'y a pas de mur » qui les sépare ; mais lorsqu'elles sont séparées par » un mur que j'ai bâti en entier sur mon terrain et » à mes frais, et qui en conséquence m'appartient à » moi seul, je ne puis pas obliger mon voisin à en » acquérir la mitoyenneté, tant qu'il ne veut pas » s'en servir, quoiqu'il puisse m'obliger à la lui » vendre. »

Demolombe, T. II, N° 385. Toullier, T. 3, 198. Contrà. Desgodets, art. 194. Pardessus; N° 207.

Art. 666. — « Tous fossés entre deux héri-» tages sont présumés mitoyens s'il n'y a » titre ou marque du contraire. »

1.—Un fossé est une fosse creusée de main d'homme

pour enfermer et limiter un espace de terrain ou faciliter l'écoulement des eaux mortes.

2.— Un canal naturel recevant les eaux courantes n'est pas un fossé dans le sens de l'art. 666, c'est le lit d'une eau courante soumis aux règles sur les cours d'eau.

3.— Dans les coutumes et réglemens anciens, dans les commentateurs des coutumes et fréquemment dans le langage usuel de notre localité, le mot *fossé* est pris souvent pour le rejet. C'est en ce sens qu'il est employé dans l'art. 14 du réglement du 17 août 1751. «Ne pourront être plantés sur les *fossés* (rejets) » d'arbres de haute futaie.......» C'est aussi en ce sens que l'emploie Basnage sous l'art. 83 de notre coutume : « S'il se trouve un creux des deux côtés, » le *fossé* (rejet) est reputé commum. »

Dans le cours de nos explications, nous éviterons cette confusion. Nous donnerons au mot fossé son sens grammatical ; et sous cette dénomination, nous désignerons la tranchée pratiquée entre deux propriétés

4.— Quelques auteurs avaient pensé, en se fondant sur la maxime de Loysel « *qui a douve a fossé* » que le propriétaire d'un rejet ou douve devait par cela même avoir droit à un fossé.

Cette interprétation est loin d'être conforme au sentiment de Loysel. Ce jurisconsulte suppose l'existence simultanée d'une douve et d'un fossé ; mais s'il n'existe pas de fossé, soit qu'il n'y en ait jamais eu, soit qu'il ait été prescrit, le propriétaire de la douve n'aura pas le droit d'en établir un du côté du voisin, à moins qu'il ne prouve qu'antérieurement, il en existait un qui n'est pas prescrit. Rennes, 20 juin 1829. Cass. 16 mars 1831. Tribunal de Cherbourg, nous plaidant, le 15 juillet 1845.

5.— **Tous** fossés entre deux héritages sont présumés mitoyens s'il n'y a titre ou marque du contraire. Cette présomption légale de mitoyenneté ne disparaissant qu'en présence d'un titre ou d'une marque contraire, la simple possession ne suffirait pas pour acquérir la propriété du fossé. La coupe des herbes, le curage ne formant pas rejet, n'établiraient aucune présomption de propriété en faveur de celui qui les aurait opérés.

6.— Il n'en est pas de même des haies. La possession peut être invoquée pour faire cesser la mitoyenneté. Cette différence dérive du texte même des art. 666 et 670. Le premier déclare que tous fossés sont mitoyens s'il n'y a *titre* ou *marque* du contraire ; la possession n'est pas mise au rang des maniéres de faire cesser la présomption de mitoyenneté. Le second porte que toute haie est reputée mitoyenne à moins qu'il n'y ait qu'un seul des héritages en état de clôture ou s'il n'y a titre ou *possession suffisante* au contraire. Carou, act. poss. N° 290.

7.— Néanmoins il est un cas où la possession peut être invoquée pour faire cesser la présomption de mitoyenneté ou même la faire naître, c'est celui où le fait de possession se traduit en une marque de mitoyenneté ou de propriété du fossé. Cela peut arriver de diverses manières :

1° Le fossé est sans rejet, l'un des voisins le cure et établit le rejet de son côté. Cet acte de possession établit une marque de propriété au profit du possesseur.

2° Il existe un rejet du côté de l'un des voisins, l'autre en établit un de son côté ; ce fait de possession établit une marque de mitoyenneté.

3° L'un des voisins à le rejet de son côté, l'autre le

fait disparaître, ce fait établit une marque de mitoyenneté.

4° L'un des voisins à le rejet de son côté, l'autre le détruit et l'établit de son côté, cet acte fait naître une marque de propriété au profit du possesseur.

8. — Quel est l'effet de ces divers actes de possession ?

Distinguons :

Si l'acte possessoir n'est pas annal, mais un simple fait actuel, il ne peut produire aucun effet. Autrement il serait trop facile d'usurper par surprise ou mauvaise foi les droits d'autrui.

Si la possession est annale, le possesseur devra être maintenu au possessoire dans sa possession et dans la présomption légale du droit qui résulte de la marque possédée. Mais au petitoire, le voisin pourra combattre et détruire cette présomption soit par titres, soit par la preuve testimoniale que le possesseur n'a pas prescrit son droit. La possession annale ne fait donc perdre que la possession du droit ; la propriété de ce droit, si elle peut être établie contre le possesseur, ne se perd que par la jouissance de ce dernier pendant le temps nécessaire à la prescription. Cass. 13 décembre 1836. Daviel, T. 2, N° 853. Demolombe. N° 456.

9. — Lorsqu'un seul des héritages est en état de clôture, la haie est reputée appartenir à l'héritage clos, art. 670. Cette disposition n'a pas été étendue aux fossés. Un seul des héritages serait-il entouré de fossés cette circonstance ne suffirait pas pour atribuer à l'héritage clos un droit de propriété aux fossés. Pardessus, p. 273.

10. — La présomption de mitoyenneté disparaît devant un titre contraire, et l'on doit considérer à

l'égal d'un titre des bornes placées sur l'un des côtés du fossé. Demolombe, T. 11, N° 453.

11. — L'un des voisins ne peut pas, sans le consentement de l'autre, requérir la destruction du fossé mitoyen. Si la communauté lui déplaît, il peut l'abandonner en délaissant, comme pour le mur, toute la partie de terre qu'il a fournie. Demolombe, T. 11, N° 462-479.

Si le fossé est privatif, le propriétaire peut le combler en se conformant à l'art 11 du réglement de 1751. Voir art. 670, N° 10.

12. — Au lieu d'abandonner son droit de mitoyenneté, le co-propriétaire ne pourrait-il pas en exiger le partage en vertu du principe que nul n'est tenu de rester dans l'indivision? Duranton, T. 5, N° 364, Daviel, T. 2, N° 857. Le Page, T. 1, p. 216, soutiennent l'affirmative. Nous préférons la négative. Selon nous, l'indivision dont parle l'art. 815 ne ressemble en rien à celle qui résulte de la mitoyenneté : cette dernière est une indivision *sui generis* soumise à des règles particulières tracées par le code depuis l'art. 653 jusqu'à l'art. 673.

La communauté et la mitoyenneté ne sont pas choses identiques, elles diffèrent par le but et par les règles qui les gouvernent. Dans la société, chacune des parties envisage la communauté comme un fait temporaire ; le partage est le but réel et final qu'elles ont en vue. Dans la mitoyenneté au contraire, le but réel, la raison déterminante de chacune des parties est l'indivision ; c'est là l'effet actuel et à venir qu'elles ont en vue. Aussi la règle fondamentale du droit de mitoyenneté est que l'un des co-propriétaires ne peut demander contre le gré de l'autre le partage ou la licitation de la chose mitoyenne ; la seule ressource que la loi offre à celui qui veut s'en retirer est l'abandon de ce qu'il y a mis. L'art. 656 le dit formellement au sujet du mur mitoyen, et la même raison, s'appliquant à tous les cas de mitoyenneté, il faut regarder cette disposition comme une règle générale.

Les auteurs que nous venons de citer prétendent qu'il faut exempter les fossés de ce principe par la raison qu'il est facile à celui qui veut se retirer de la mitoyenneté de reprendre le terrain qu'il y a mis, et à l'autre co-propriétaire de prendre sur lui le terrain que son voisin a retiré de la mitoyenneté.

Nous répondons que l'abandon du terrain fourni dans la mitoyenneté ne dépend nullement de la plus ou moins grande facilité de le reprendre ; car supposons un mur mitoyen tombé en ruine ; les matériaux n'ayant pas la qualité nécessaire pour être employés à nouveau, on les enlève, de sorte qu'il ne reste plus que le terrain nu. Les choses dans cet état, l'un des co-propriétaires, ne voulant pas participer à la reconstruction du mur, s'avise de demander le partage du terrain, prétendant que la division est facile et qu'il est loisible et commode à l'autre co-propriétaire de se reclore sur lui-même.

Cette prétention serait évidemment insoutenable devant le texte formel de l'art. 656 qui ne fait aucune distinction et qui ne doit pas en faire, puisqu'il est l'expression d'un principe et non d'une règle particulière variable selon les cas et les circonstances. Pothier, Société, 199. Duvergier, T. 20, N° 41. Demolombe, T. 11, N° 463, Angers, 1er juin 1836.

12. — L'abandon de la propriété du terrain fourni pour l'établissement du fossé est-il absolu ; ou bien au contraire, est-il censé fait sous la condition que le fossé sera conservé et entretenu par l'autre co-proprié-

taire? La plupart des auteurs enseignent cette dernière opinion. Pothier, Société, N° 221. Demolombe,
T. 11, N° 402—Contrà. Le Page. T. 1, p. 410.

13. — Teulet et Dauvilliers, sous l'art. 653, disent
qu'un mur doit être construit à un demie mètre du
voisin, parce que le tassement en repoussant les terres
pourrait faire reporter le mur sur le sol de la propriété voisine.

Cet usage n'est certainement pas suivi dans notre
arrondissement ; le propriétaire qui veut se clore par
un mur l'établit sur la limite extrême de son terrain.

D'autres auteurs soutiennent que celui qui veut
clore un héritage contigu à une terre arable doit établir son mur à une certaine distance du voisin, afin
que celui-ci puisse labourer tout son terrain avec
la charrue sans endommager le mur.

Un tel usage nous semble contraire au code qui
n'a prescrit aucune distance ni renvoyé à aucun
usage pour ce cas. L'art. 661 nous semble même
exclure l'observation d'une distance en permettant à
tout propriétaire *joignant un mur* de le rendre mitoyen. Carou, 53, act. poss. N° 312. Voir notre art. 674,
N° 90.

Quant aux fossés, la loi ne dit rien de la distance
à observer dans leur construction. Est-ce à dire
qu'on ne doive en observer aucune? Duranton, T. 5,
N° 364 dit qu'un propriétaire peut ouvrir un fossé,
comme bâtir un mur, sur la limite de son terrain.
Nous sommes d'avis qu'on doit suivre sur ce point
les usages locaux. Telle était aussi l'opinion du ministre de l'intérieur qui, dans une lettre du 4 septembre 1835, écrivait aux préfets : « Il y a injustice
» à ouvrir un fossé immédiatement contre le terrain
» voisin qui souffre nécessairement des éboulemens
» qu'entraîne cette ouverture ; il serait convenable

» de fixer un minimum quelconque pour la distance
» à laisser entre le bord extérieur du fossé et la
» limite de la propriété voisine. » Ces paroles du
ministre, pleines de sens et d'équité ont été sanction-
nées par la cour de cassation le 11 avril 1848 et le 3
juillet 1849. Cette cour a décidé que l'obligation
d'observer une distance entre la berge du fossé et la
propriété voisine continue d'exister sous l'empire du
code dans les localités ou cette pratique étaiten usage.
La cour de Caen avait pris l'initiative de cette jurisprudence par un arrêt du 14 juillet 1825.

Cet usage était observé en Normandie. L'art. 13
du réglement du 17 août 1751 avait sur ce point une
disposition ainsi conçue : « Celui qui fera construire
» un fossé sur son fonds sera tenu de laisser du côté
» du terrain voisin et au-delà du creux dud:t fossé,
» un pied et demi de réparation ; et si la terre voisine
» est en labour, il sera tenu de laisser au moins
» deux pieds de répartion au-delà du creux : or-
» donne que tout fossé soit fait en talus du côté du
» voisin. »

Ce réglement est encore suivi dans nos campagnes,
excepté dans le canton de St-Pierre-Eglise où on ne
laisse qu'un pied de repaire quelque soit la nature
du fonds voisin.

14. — Quand la mitoyenneté d'un fossé est abandonnée, faut il aussi abandonner la propriété d'une
repaire au-delà? L'abandon ne comprend que la
moitié de la largeur du fossé, sans addition d'aucune
autre propriété; mais le voisin qui s'est retiré de la
mitoyenneté ne peut pas labourer tout près du fossé,
il doit arrêter son labour à la distance d'usage pour
une repaire. Toutefois ce terrain est sa propriété et
ne passe pas dans les biens de celui qui a profité de

l'abandon. Le Page, T. 1, p. 443. Voir notre art. 670, N° 9.

15. — L'usage local de l'obligation d'une repaire produit deux conséquences importantes :

1° L'espace, appelé repaire, est présumé jus qu'à preuve contraire appartenir au propriétaire du fossé.

2° L'ouverture d'un fossé sans observer la distance prescrite constitue un trouble à la possession du voisin qui peut demander par l'action possessoire en complainte que le fossé soit comblé sans pouvoir être refait qu'en se conformant à l'usage.

Le voisin peut aussi agir par l'action en bornage ; alors la limite de la propriété se trouve fixée par les bornes.

16. — Celui dont l'héritage est borné par un fossé appartenant au voisin peut laisser les bestiaux divaguer et paître sur le terrain de la repaire.

Le propriétaire de la repaire ne peut la cultiver pas plus que le fossé, car le voisin serait obligé de faire une contre clôture pour empêcher les bestiaux d'endommager cette *clôture*, ce qui enlèverait à l'agriculture un terrain précieux.

Inutile de dire que le voisin ne peut pas cultiver la repaire ni le fossé, puisqu'ils ne lui appartiennent pas.

17. — Quand un rejet joignant un fossé et sa repaire aboutit perpendiculairement à un chemin public, le propriétaire doit clore l'intervalle du fossé et de la repaire, afin que le voisin puisse tenir les bestiaux dans sa pièce. Mais si ce voisin voulait séparer sa pièce en deux par une banque, se dirigeant perpendiculièrement vers le rejet, devrait-il l'arrêter à la limite de la repaire ou pourrait-il la conduire jusque sur le rejet ? Dans la rigueur du droit, la banque devrait s'arrêter à la limite de la

repaire, point ou commence la propriété d'autrui ; mais selon les lois du bon voisinage, il est d'usage, du moins dans le Val-de-Saire, de tolérer le prolongement de la banque jus que contre le rejet. Cette tolérance n'engendre aucune prescription et celui qui fait un pareil travail ne doit pas le planter et il doit éviter de boucher le fossé qui sert à l'écoulement des eaux. Dans ia Hague, c'est au propriétaire du creux à le fermer avec un *écalier* ou en plantards en saule.

18. — La repaire est susceptible d'être prescrite comme toute autre partie du fonds ; mais pour acquérir la prescription, les actes de possession doivent être beaucoup plus caractérisés que dans les cas ordinaires. Ainsi il ne suffirait pas que le voisin eût toujours fait dépouiller par ses bestiaux, ou coupé l'herbe, ou enlevé les ronces et broussailles. Ce sont là des actes de pure tolérance ou de clandestinité. Demolombc, T. 11, N° 466. Caen, 15 novembre 1859, jurisp. de Caen et de Rouen 1859, p. 305.

19. — Si la repaire est plantée d'arbres, le fait de les avoir émondés tous les ans, au lieu de les avoir fait couper pour inobservation de la distance réglementaire, ne donne lieu qu'à la propriété des arbres sans que pour cela la prescription doive s'étendre au fonds. Caen, 14 juillet 1826. Journal des arrêts. T. 4, p. 281, et T. 6, p. 187. Cass. 26 décembre 1833.

20. Les fossés bordant les chemins vicinaux sont présumés appartenir aux propriétaires riverains. Carou, act. poss. N° 516.

Les fossés des grandes routes sont présumés faire partie de la route à moins que le riverain ne prouve le contraire. Carou, N° 458.

20. — Un réglement préfectoral du 6 avril 1837 approuvé par le ministre de l'intérieur, et rendu en conformité de l'art. 21 de la loi du 21 mai 1836,

règle les conditions de l'ouverture des fossés sur les chemins publics.

Art. 120. — « Les riverains ne pourront ouvrir de
» fossés sur leurs propriétés qu'à 50 centimètres du
» bord des chemins et pourvu que leur profondeur
» n'excède pas un mètre avec talus à 45 dégrès.

Art. 121. — « Les fossés ouverts sur le sol des
» chemins vicinaux seront entetenues et curés au
» moyen de ressources affectées à ces chemins. Les
» riverains seront tenus, s'il y a lieu, de recevoir
» sur leurs terrains les déblais provenant de ces
« fossés. »

Les contraventions à cet arrêté sont de la compétence des juges de paix et réprimées par l'art. 471, N° 15 du code pénal.

21. — Serait-il permis de soumettre au juge de paix, autrement que par la voie du possessoire, les actions relatives à la distance à suivre pour l'ouverture des fossés? Non, les tribunaux civils seraient seuls compétens. Si les juges de paix connaissent des actions relatives à la distance à suivre pour les plantations, c'est que la loi leur a nominativement déféré cette compétence, art. 6, N° 2. Loi de 1838. Mais la connaissance des actions relatives à la distance des fossés ne leur ayant été attribuée par aucune loi, ils ne peuvent en connaître par analogie sans dépasser les limites de leur juridiction toute exceptionnelle. C'est une anomalie, sans doute, mais au législateur seul appartient le pouvoir de la faire disparaître. Benech, p. 282.

Art. 670. — « Toute haie qui sépare des
» héritages est réputée mitoyenne à moins

» qu'il n'y ait qu'un seul des héritages en
» état de clôture, ou s'il n'y a titre ou posses-
» sion suffisante ou contraire. »

1. — On distingue deux espèces de haies, la haie
vive formée de plantations ayant racines ; la haie sèche composée de matières mortes tels que pieux, pi-
quets, planches, lattes, pierres plantées en terre.

La loi ne distingue point entre ces deux sortes de
haie ; *toute haie* est présumée mitoyenne à moins
qu'il n'y ait qu'un seul des héritages en état de clôture, ou s'il n'y a titre ou possession suffisante au
contraire.

Notre article ne parle pas des bornes ; cela était
inutile, les bornes valent titre.

2. — Sous notre ancienne coutume (qui doit être
encore observée à l'égard des anciennes haies) en
l'absence de titre, bornes ou possession suffisante, la
haie était attribuée au fonds qui avait le plus de besoin de clôture. Par exemple, entre un pré et une
pièce en labour, la haie était au pré. Si les deux
héritages n'avaient pas plus d'intérêt l'un que l'autre
à être clos, la haie était mitoyenne. Ainsi, il impor-
tait peu que les deux fonds fussent clos ou l'un d'eux
seulement, la nature de l'héritage décidait la question de propriété ou de mitoyenneté de la haie. Basnage, Pesnelle art. 83 de la coutume.

Il n'en est plus ainsi. Aujourd'hui, entre deux héritages dont l'un est en état de clôture, et l'autre
non clos, la haie appartient à l'enclos. Et il est in-
différent que la clôture soit de même nature ou de
nature diverse. Supposons donc l'un des héritages
clos par une haie et des fossés, tandis que l'autre
n'est pas clos de toutes parts, la haie sera à l'héritage
clos par la haie et les fossés. Aussi est-il important

pour le propriétaire de l'enclos de maintenir son droit de propriété de la haie en obtenant une reconnaissance amiable ou en protestant par acte extra-judiciaire, s'il voit son voisin non clos disposé à se clore.

3. — Autrefois on décidait que s'il y avait un fossé au-delà de la haie, elle était présumée appartenir à celui du côté duquel elle se trouvait, parce que, dit Basnage, art. 83, ordinairement celui qui veut empêcher l'entrée de son fonds aux hommes et aux bêtes l'environne de fossés. (1)

Le Page, T. 1, p. 220, et quelques autres auteurs ont adopté cette opinion. Mais nous pensons que le code n'ayant établi, pour ce cas, aucun signe particulier qui puisse attribuer la haie à l'un des voisins plutôt qu'à l'autre, il convient de recourir au droit commun qui autorise les juges, en l'absence de toute preuve, à décider d'après les présomptions abandonnées à leurs lumières et à leur prudence, art. 1353.

Dans la généralité des cas, la configuration du terrain, la nature, l'essence, l'âge de la clôture des deux héritages, la possession même, fourniront des présomptions précises et suffisantes pour servir d'éléments de décision. Dans le doute, nous ne voyons rien qui s'oppose à ce que l'on suive notre ancien usage ; car enfin, si le code ne l'a pas consacré, il ne l'a pas non plus repoussé, puisqu'il ne prévoit pas le cas. Demolombe, T. 11, n° 476.

4. — L'art. 10 du réglement de 1751 porte que les haies à pied (c'est-à-dire sur un terrain plat et sans fossé pourront être plantées à pied et demi du voisin

---

(1) Il faut bien remarquer qu'il s'agit ici et dans l'art. 670, de haies plantées sur un terrain plat et non des haies plantées sur rejets dont nous parlerons, infrà, n° 6.

et seront tondues au moins tous les 6 ans et réduites à la hauteur de 5 à 6 pieds au plus, sans qu'il soit permis de laisser échapper aucuns baliveaux ou grands arbres.

M. Demolombe, T. 11, n° 494, enseigne qu'on doit encore suivre à l'égard des haies plantées depuis le code la disposition qui règle les époques et la hauteur de la tonte.

5. — L'art. 10 du réglement de 1751, autorise aussi la plantation d'arbres à haute tige dans les haies vives à la distance de pied et demi, à la condition de les réduire tous les 5 à 6 ans à la hauteur de 6 pieds. Ainsi aménagés, il les considère comme arbres à basse tige.

Aujourd'hui, il est certain qu'on ne pourrait prétendre avoir le droit de planter ou laisser croitre de tels arbres dans une haie mitoyenne ; l'art. 673 donne à chacun des deux propriétaires le droit de requérir qu'ils soient abattus.

La même solution doit être adoptée à l'égard des haies vives non mitoyennes pour plusieurs raisons : D'abord, il nous paraît impossible de tolérer des grands arbres dont la hauteur excessive occasionnerait de graves dommages au voisin. Ensuite quand le code parle de haies vives, il entend une haie exclusivement formée d'arbustes, tels que coudriers, épines, ronces, sureaux, charmilles, églantiers, houx, buis, ajoncs. Cela est clairement démontré par l'art. 671 qui assimile les haies vives aux arbres à basse tige, et qui permet, en cette considération, de les planter à un demi-mètre du voisin. Enfin la jurisprudence de la cour de cassation repousse, ainsi que nous le dirons art, 671, n° 3, l'usage admis par nos anciens réglements de considérer comme arbre à basse tige, les arbres à haute tige aménagés à la hauteur des arbustes, et décide que la question de savoir si un arbre est à haute ou basse tige dépend uniquement de son essence et non de son aménagement.

6. — Les auteurs ne nous semblent pas avoir fait remarquer d'une manière bien nette que l'art 670 emploie le mot haie (vive ou sèche) en ce sens que les plantations ou la matière qui les forment reposent sur un terrain plat, c'est-à-dire sur le sol naturel. Quand une haie est plantée sur un rejet, ce n'est plus l'état de clôture qui décide la question de propriété ou de mitoyenneté, la haie suit le sort du rejet. Supposons donc une haie assise sur un rejet joignant un fossé, le rejet et conséquemment la haie appartiennent au voisin, du côté duquel ne se trouve pas le fossé, art. 668.

Si, de chaque côté d'un fossé, il existe un rejet planté, chacun des voisins, étant propriétaire du rejet qui est de son côté, est également propriétaire de la haie plantée dessus. Pesnelle art.610 et suiv. *in fine*.

Si au contraire, il y a un fossé de chaque côté d'un rejet, ce rejet étant mitoyen, la haie assise dessus est mitoyenne. Basnage, art. 83.

Que décider, s'il existe entre deux héritages un rejet sans fossé ? Le code s'est occupé de la mitoyenneté et de la propriété des murs, des fossés, des haies plantées sur un terrain naturel ; mais il n'a prévu nulle part le cas d'une clôture en terre sans fossé. Dans notre ancien droit normand où la nature de l'héritage avait une grande influence sur la question de propriété des clôtures, un pareil rejet était attribué à l'héritage le plus intéressé à se clôre. « Tertre et Gorse » étant entre un pré et une terre en labour appartient » au seigneur du pré. » Coutume de la Marche, chap. 25, art. 330.

Ce texte ne devrait pas être suivi actuellemnent, car notre code n'a pas considéré la nature des fonds comme présomption de propriété d'une clôture. Loin de là, nous avons vu Suprà. n° 2, qu'il ne l'a pas reproduite à l'égard des haies en faveur desquelles elle était admise par nos anciens usages. Il nous semble donc conforme à l'esprit de la loi, de décider que de même qu'un mur est réputé commun quand il n'y a aucune marque de propriété particulière à un des voisins, de même un rejet sans fossé, qui n'est en définitive qu'une espèce de mur en terre, doit être présumé mitoyen s'il n'y a titre, borne ou possession au contraire.

En Normandie, quand ces sortes de rejets étaient plantés, le mode de plantation était une marque de propriété ou de mitoyenneté.

On avait puisé cet usage dans l'art. 4 des coutumes locales de la vicomté de Verneuil, ainsi conçu : « *La plante*, douve ou jettée de fossé appartient à » celui vers lequel elle est jetée et *plantée*, s'il n'y » a titre, bornes ou possession ou contraire. » Selon cette disposition, si la plante était en tablette, c'est-à-dire placée horizontalement, le rejet appartenait à celui vers lequel la plante était plantée, c'est-à-dire à celui vers lequel la racine de la plante était tournée.

Si la plante était en tablette de chaque côté, ou si elle était plantée debout, c'est-à-dire verticalement, le rejet était mitoyen.

Ces usages sont encore en vigueur dans notre localité et nous ne voyons rien qui s'oppose à ce qu'ils soient suivis. Si nous n'avons pas admis pour les rejets sans fossé non plantés l'ancienne présomption de propriété tirée de la nature des héritages, c'est que nous avons pensé qu'elle était en contradiction avec l'intention du législateur moderne, intention nettement manifestée dans l'art. 670 qui n'en avait pas fait l'application aux haies. Cette raison n'existe pas à l'égard des rejets dont nous nous occupons ; le code n'a montré, en aucun endroit, de repugnance pour les présomptions de propriété ou de mitoyenneté résultant de leur mode de plantation ; il n'a point prévu le cas et ne renferme rien qui soit contraire à nos anciens usages sur ce point.

7. — Quand une haie est mitoyenne, chacun des co-propriétaires à droit aux bois et aux fruits qu'elle produit, et chacun d'eux doit contribuer à son entretien. Pothier, Société, N° 226.

8. — La mitoyenneté peut être abandonnée par celui qui veut se débarrasser des frais d'entretien, mais il doit faire l'abandon de la propriété entière de la haie et du terrain sur lequel elle est assise, ainsi que nous l'avons dit sous l'art. 666, N° 11.

9. — L'abandon de la mitoyenneté doit-il aussi comprendre la distance légale exigée entre une haie vive non mitoyenne et l'héritage voisin? Non. La distance légale est prescrite dans l'intérêt de l'héritage voisin du propriétaire de la haie dont les racines s'étendent alors dans cette distance intermédiaire ; elle ne doit donc pas être regardée comme une dépendance nécessaire de la haie et tomber avec elle dans la propriété de celui qui aurait déjà profité de l'abandon de la moitié de la haie. Cet abandon oblige seulement celui qui le fait à respecter la végétation de la haie, à ne pas lui nuire en coupant les racines à une distance moindre de 50 centimètres, de sorte que si le propriétaire auquel l'abandon a été consenti vient à détruire la haie, le voisin rentre dans la jouissance entière de la distance légale et la haie ne peut être rétablie que dans la distance réglementaire. Dict. du Not. V° haie. Le Page, T. 1, p. 221.

10. — Une haie mitoyenne ne peut pas être détruite par l'un des communistes sans le consentement de l'autre ainsi que nous l'avons expliqué en parlant des fossés, art. 666, N° 10.

Mais une haie privative peut être détruite par son propriétaire à charge de se conformer à l'art. 11 du réglement du 17 août 1751, ainsi conçu : « Les propriétaires d'héritages qui sont actuellement clos » de haies vives ou de fossés seront tenus d'entretenir lesdits clôtures, si mieux ils n'aiment détruire » entièrement la clôture le long de l'héritage voisin; » ce qu'ils auront la liberté de faire, s'il n'y a titre » au contraire. Et néanmoins, ceux qui voudront » détruire la clôture ne pourront le faire que depuis » la Toussaint jusqu'à Noël, après avoir averti le » voisin trois mois auparavant; et jusqu'au temps de la » destruction de la clôture, ils seront obligés de » l'entretenir. » Demolombe, T. II, N° 481. Caen, 22 janvier 1848. Jurisp. de la cour, 1848, p. 500.

11. — Celui qui se déclorait, même dans le délai de la Toussaint à Noël, sans avoir notifié sa résolution au voisin, commettrait un quasi-délit et devrait être condamné à des dommages-intérêts et à tous les frais nécessités par la recherche des limites disparues.

ART. 671. — « Il n'est permis de planter » des arbres de haute tige qu'à la distance » prescrite par les réglemens particuliers » actuellement existans, ou par les usages » constans et reconnus ; et à défaut de régle- » mens et usages, qu'à la distance de deux » mètres pour les arbres à haute tige, et à

» la distance d'un demi-mètre pour les
» autres arbres et haies vives. »

1. — La distinction entre les arbres à haute tige,
et les arbres à basse tige présente quelque fois des
difficultés dans l'application. C'est aux magistrats
qu'il appartient de décider, après information, s'il
y a lieu. Pour résoudre cette question, ils devront
s'attacher aux motifs qui ont porté le législateur à
exiger une distance de deux mètres pour les arbres à
haute tige. Evidemment, il a pensé que placés plus
près que cette distance, ils nuiraient au voisin soit
par leur ombre, soit par leurs racines. Cette considération doit servir de guide, et dans les cas douteux,
faire classer parmi les arbres à haute tige, ceux à
longues et fortes racines, au tronc élevé, au feuillage
épais, aux branches étendues.

Quant aux arbres à basse tige, les auteurs s'accordent à considérer comme tels ceux qui, parvenus à
leur entier développement, n'atteignent pas une
hauteur de plus de 5 mètres. Rolland de Villargues.
V° arbres.

2. — D'après ces règles, les arbres de notre arrondissement peuvent être classés comme il suit :

Arbres à haute tige : ormes, hêtres, frênes, chênes,
marronniers, châtaigniers, tilleuls, aunes, platanes,
bouleaux, ifs, pins, sapins, peupliers, saules,
noyers, sorbiers, accacias, pommiers et poiriers
greffés sur franc, cérisiers, figuiers, pruniers, néfliers
sur épines, muriers et autres arbres analogues.

Arbres à basse tige : lauriers, sureaux, vignes,
coudriers, lilas, chèvres-feuilles, myrtes, poiriers
greffés sur coignassier, pommiers greffés sur paradis,
épines, genêts, joncs, charmilles, etc.

3. — La cour de Caen a décidé que ce n'est pas

seulement par l'essence des arbres, mais aussi par la manière dont ils sont aménagés que l'on doit décider s'ils doivent ou non être considérés comme arbres à haute tige. Caen, 19 février 1859. Jurisp. des cours de Caen et de Rouen, 1859, p. 88.

La cour de cassation a formellement rejeté cette interprétation; elle a décidé que l'art. 671, réglant la distance à observer dans les plantations d'arbres à haute tige, qu'il distingue des autres arbres et des haies vives, fixe cette distance d'après l'essence même des arbres, quelque soit leur mode de plantation ou d'aménagement.

En conséquence, les arbres qui par leur nature sont de haute tige ne peuvent être plantés à la distance réglée pour les arbres à base tige sous prétexte qu'ils sont recépés périodiquement et tenus à hauteur de haie vive. Le voisin peut exiger qu'ils soient arrachés dès qu'ils sont plantés sans attendre le développement que leur propriétaire se propose de leur imposer en les aménageant.

L'usage de considérer comme arbres à basse tige, les arbres à haute tige aménagés et recépés à la hauteur des haies vives ne pourrait même pas être invoqué; car, si l'art. 671 s'en refère à l'usage en ce qui concerne la distance de la plantation des arbres à haute et basse tige, cette disposition est sans valeur lorsqu'il s'agit de savoir si un arbre est à haute ou basse tige; cette distinction dépend non de l'usage, mais de l'essence de l'arbre. Cass. 25 mai 1853—12 février 1861.

4. — Il existe un arrêt de réglement du 17 août 1751, concernant les plantations dans les *campagnes*. Beaucoup de ses dispositions sont tombées en désuétude dans notre localité. Nous aurons soin de rappeler celles qui sont encore en vigueur.

5. — On distingue les plantations qui se font à la ville de celles qui se font à la campagne. *A la ville*, lorsque le mur est mitoyen, les arbres fruitiers en espalier se plantent à une distance de 12 à 15 centimètres du mur. Commission des usages locaux.

Quand le mur n'est pas mitoyen, le voisin n'a pas le droit d'y appliquer un espalier. Fournel, T. 1, p. 382.

6. — La commission des usages locaux assure qu'on observe pas dans la ville la distance de deux mètres fixée par le code civil pour la plantation des arbres à haute tige.; que la seule précaution à prendre par celui qui veut planter un arbre de cette nature . est de ne pas causer au voisin un *préjudice notable* par l'ombre ou l'égout des arbres.

Là cour de Caen décide aussi que le réglement de 1751, n'ayant déterminé aucune distance pour les plantations dans les propriétés closes de murs, elle reconnaît que l'usage constant, principalement dans les villes de Caen et de Bayeux, est de planter des arbres de haute futaie dans les propriétés closes sans observer aucune distance, et que cet usage ne doit recevoir d'exception que lorsque les plantations occasionnent un *grand préjudice* au propriétaire du fonds voisin. Caen, 25 juin 1831. Tribunal civil de la même ville, 25 mars 1840. Jurisp. de la cour de Caen, V° servitude, N° 98.

Pour nous, sans nous arrêter à relever la forme réglementaire de l'arrêt ci-dessus cité contrairement à l'art. 5, c. civ., et tout en proclamant notre profond respect pour le travail consciencieux de la commission, nous ne pouvons admettre qu'il soit permis de planter des arbres à haute tige sans aucune observation de distance dans les villes.

En fait, il vient toujours un moment où les arbres àhaute tige plantés à une faible distance occasionne ront un préjudice soit par leurs racines, soit par leur feuillage qui projette au loin l'ombre et la pluie au grand détriment des petits jardins si nombreux dans la ville.

D'un autre côté, quelle source de procès !!! Quand le préjudice sera t-il *notable*, selon la commission ? Quand sera t-il *grand*, selon la cour de Caen ? Il va sans dire que le voisin le trouvera toujours grand pour éviter tout dommage; le planteur le verra petit pour conserver l'agrément de son arbre. Indè iræ ! action en justice, visite de lieux, nomination d'experts, jugements, en un mot tout le ruineux cortège d'un procès excédant au centuple la valeur de l'arbre litigieux.

En droit, la loi a voulu éviter ces graves inconvéniens : l'art. 671 déclare qu'il n'est permis de planter des arbres à haute tige *qu'à la distance prescrite*.

Le législateur veut donc l'observation d'une distance ; seulement pour sa fixation, il s'en refère d'abord aux réglemens, ensuite aux usages, et à défaut de réglemens ou d'usage, il l'a fixe lui-même à deux mètres.

Cette dernière disposition devient complétement inutile si l'on peut planter sans observer aucune distance, ou ce qui est la même chose sans observer une distance déterminée, fixée et admise comme règle. En effet, elle sera inapplicable lorsque les réglemens fixeront une distance ; elle sera également inapplicable lorsque l'usage en fixera une; si, comme le prétend la cour de Caen, elle est également inapplicable lorsque les réglemens ou l'usage n'en fixeront aucune, nous le demandons, à quel cas la distance de deux mètres prescrite par la loi s'appliquera-t-elle?

A aucun cas possible? Un semblable résultat est inadmissible, et condamne virtuellement une jurisprudence qui conduit directement à la radiation d'une disposition législative. Nous croyons plus juridique de reconnaître que le réglement de 1751, gardant le silence au sujet des plantations dans les villes, et en l'absence d'aucun usage déterminant une distance précise, il faut observer la distance de deux mètres prescrite par la loi.

M. Demolombe, T. II, N° 492, professe en principe l'opinion que nous soutenons ; mais par une sorte de condescendance, il admet qu'on peut planter sans observation de distance les *arbres fruitiers* dans les propriétés closes sous la condition que le voisin n'ait *aucun intérêt* à se plaindre. Dans sa plus grande tolérance, notre savant maître est loin de la doctrine de la cour et de la commission qui autorisent la plantation des arbres à haute tige sans distinction (même des arbres de *haute futaie*) à toute distance, et qui n'accordent au voisin le droit de se plaindre qu'autant qu'il éprouve un *notable* ou un *grand* préjudice nonobstant la règle élémentaire contenue dans l'art. 1382 qui veut qu'on soit tenu de réparer *tout dommage* (grand ou petit) causé par son fait.

Nous ne pouvons aller aussi loin que notre illustre professeur. Les tempéramens énervent la loi : aujourd'hui, nous ne savons par quel motif, il fait exception pour les arbres fruitiers ; demain, un autre étendra cette exception à d'autres arbres, de sorte que de concession en concession, on aboutira, comme la cour de Caen et la commission, à une liberté qui n'aura de limite qu'un grand préjudice éprouvé par le voisin. Nous préférons, avec Pardessus et la loi, une règle fixe, et nous pensons que dans le silence du réglement et en l'absence d'une distance fixe déterminée par l'usage, on doit suivre dans les plantations urbaines la distance prescrite par l'art. 671. Pardessus, N° 340.

7. — La commission des usages locaux ne parle pas de la distance à observer dans les plantations des arbres à basse tige dans la ville ; mais il est aisé de reconnaître son sentiment sur ce point. Du moment où elle n'admet aucune distance déterminée à l'égard des arbres à haute tige, la logique exige qu'à *fortiori*, elle applique la même règle aux plantations d'arbres à basse tige. Quant à nous, les mêmes raisons qui nous ont porté à décider qu'on doit appliquer la distance prescrite par le code aux arbres à haute tige nous conduisent à penser qu'on doit observer la distance de 50 cent. prescrite par l'art. 671 dans les plantations d'arbres à basse tige faites à la ville.

8. — *A la campagne* : les héritages clos de murs, comme les cours, les jardins, les maisons, sont considérés comme héritages urbains, et l'on suit dans leurs plantations les mêmes règles qu'à la ville.

9. — Autrefois dans les héritages de la campagne non clos de murs, le réglement de 1751 distinguait les plantations à pied (c'est à dire faites sans creux sur un terrain plat ou sur un rejet sans fossé) des plantations faites sur un rejet joignant un fossé, rejet qu'on appelait improprement fossé.

Les arbres à haute tige à pied ne pouvaient être plantés qu'à 7 pieds du fonds voisin et devaient être élagués à la hauteur de 15 pieds. Art. 6 du réglement.

Les arbres à pied à basse tige et les haies à pied se plantaient à pied et demi du voisin, et devaient être tondues tous les 6 ans et réduits à la hauteur de 5 ou 6 pieds sans qu'il fût permis de laisser échapper dans les haies aucuns grands arbres. Art. 10 du réglement.

Aujourd'hui, sur un terrain plat, les arbres à haute tige se plantent à la distance de deux mètres.

Les arbres à basse tige, à la distance d'un demi mètre, distance à peu près équivalente au pied et demi d'autrefois.

Les haies vives dont parle l'art. 670, et que l'article 671 assimile aux arbres à basse tige, se plantent en terrain plat à la distance de 50 centimètres.

Quant aux plantations faites sur les rejets sans fossé, on observe les mêmes distances de deux mètres ou de 50 centimètres selon que les arbres sont à haute ou basse tige. Dans l'usage, celui qui veut se clore d'un rejet sans creux commence par faire placer des bornes amiablement ou judiciairement. Il place la base de son rejet sur la limite extrême de son terrain et lui donne une inclinaison telle que le centre de la crête se trouve à la distance d'un demi mètre du voisin. Sur cette crête, il est d'usage de semer des ajoncs, mais rien ne s'oppose à ce qu'on y plante d'autres essences en observant la distance de un demi mètre prescrite par l'art. 671 pour les arbres à basse tige et les haies vives.

10. — D'après l'art. 14 du réglement de 1751, les arbres à haute tige sur les rejets accompagnés d'un fossé et d'une repare (rejets appelés *fossés* dans notre ancien droit) ne pouvaient être plantés qu'à 7 pieds du fonds voisin.

Sous l'empire du code, on a adopté pour ces plantations la distance de 1 mètre 90 cent. (5 pieds 10 pouces). Dans quelques communes du canton de St-Pierre-Eglise, on a réduit cette distance à 1 mètre 62 cent. (5 pieds).

Dans l'usage, les grands arbres plantés sur les

rejets avec fossé et réparé sont accompagnés d'épines : c'est à partir du pied de ces épines que se mesure la distance de 1 mètre 90 ou un mètre 62 dont nous venons de parler. Com. des usages locaux.

11. — L'art. 7 du réglement de 1751 porte que les arbres aquatiques, comme les saules, les aunes, les peupliers, se plantent au bord des ruisseaux ou rivières comme par le passé, c'est à dire sans observation de distance. On agissait ainsi par une tolérance réciproque des voisins, afin d'éviter les éboulemens. Mais en 1855, lors du curage des rivières, l'administration a fait couper les bois existant sur les rives, et elle a exigé que les cours d'eau fussent dégagés à ciel ouvert. Com. des usages locaux.

12. Selon l'art. 9 du réglement de 1751, le bois taillis devait être planté à 7 pieds lorsqu'il n'y avait pas de fossé de séparation et à 5 pieds lorsqu'il y avait un fossé. De plus, il était permis de planter un bois taillis jusqu'à l'extrémité de son terrain proche le bois taillis voisin.

L'art. 176 de l'ordonnance réglementaire de la loi du 21 mai 1827 a changé ces dispositions ; il prescrit l'observation des distances mentionnées dans l'art. 671 du code civil.

12. — Le réglement de 1751 s'occupait dans son art. premier et suivants des plantations sur les chemins publics.

Cette matière est aujourd'hui réglée par un arrêté préfectoral du 6 avril 1837 dont nous allons reproduire les articles relatifs aux plantations.

Art. 125. — « Nul ne pourra, même sur sa pro
» priété close, faire ou remplacer des plantations,
» soit d'arbres de haute tige, soit de haies vives le
» long des chemins vicinaux sans en avoir préala-

» blement obtenu l'autorisation, ainsi qu'il a été dit
» aux articles 109 et 110 du présent réglement.» (1).

Art. 126. — « Nulle plantation d'arbres de haute
» tige ne pourra être autorisée qu'à la distance de 2
» mètres du bord extérieur du chemin ou du fossé
» qui en fait partie. L'espacement entre eux sera au
» moins de 5 mètres. »

Art. 127. — « Les haies vives ne pourront être
» plantées à une distance moindre de 50 centimètres
» du bord extérieur du chemin ou fossé.»

Art. 128. — « Toutes plantations faites à des dis-
» tances moindres que celles qui viennent d'être
» fixées seront arrachées après que le contrevenant
» aura été condamné par le tribunal de simple
» police. »

Art. 139. — « Les plantations faites antérieure-
» ment à la publication du présent réglement à des
» distances moindres que celles ci-dessus fixées

---

(1) Art. 109. — Les autorisations de construire, recons-
» truire ou réparer toute maison, bâtiment, mur ou clôture
» de quelque nature qu'elle soit, au long des chemins vici-
» naux de grande communication seront données par nous
» (Préfet) sur le rapport de l'agent-voyer de circonscription
» visé par l'agent-voyer chef. »
Art. 110. — « Ces autorisations en ce qui concerne les
» chemins vicinaux seront données par le maire sous la
» réserve de l'approbation du sous-préfet qui examinera si
» la largeur du chemin a été respectée. Dans le cas où pour
» déterminer convenablement l'alignement, il serait besoin
» d'une opération graphique, l'agent-voyer sera préalable-
» ment consulté.»

» pourront être conservées ; mais il est interdit de les
» renouveler sans une autorisation qui sera accordée
» suivant le mode et aux conditions spécifiés dans
» les articles précédens. »

13. — Les auteurs sont généralement d'avis que le
propriétaire qui a planté des arbres à une distance
moindre que celle requise par la loi peut acquérir
par la prescription le droit de les conserver. Mais
ils sont loin d'être d'accord sur le point de savoir
si les arbres prescrits peuvent être remplacés après
avoir été abattus ou détruits.

Deux opinions ce sont d'abord produites ; l'une,
se fondant sur l'art. 665, autorise le remplacement.
Pardessus, Favard, Langlade. (1). L'autre s'appuyant
sur la maxime : tantum prescriptum, quantum possessum, prohibait le remplacement. Duranton, Marcadé. Cette dernière opinion est passée en jurisprudence, et la cour de Caen l'a adoptée par arrêt du 22
juillet 1845, jurisp. des cours de Caen et de Rouen
1845, p. 646.

Une troisième opinion a surgi. M. Demolombe
a distingué les arbres plantés en avenue ou en
allées des arbres plantés isolément. Ces derniers,
selon lui, ne peuvent être remplacés à cause de la
règle tantum prescriptum, quantum possessum, les
premiers peuvent l'être, parce que ce n'est plus tel
ou tel arbre qui a été possédé, mais un corps d'arbres
appelé avenue, allée.

---

(1) Toullier et Merlin adoptent la même solution par le
motif aujourd'hui rejeté par tous les auteurs que la prohibition
de ne planter qu'à la distance légale constitue une servitude
due par le planteur au voisin.

Carou, traité des actions possessoires, avait déjà proposé une distinction semblable, et il avait admis le remplacement à l'égard des arbres faisant partie d'une haie, d'une ligne de démarcation, en un mot à l'égard de tous les arbres ayant une destination spéciale de nature à se perpétuer.

Ces distinctions de MM. Demolombe et Carou, ne nous semblent pas déduites d'un principe juridique. En effet, qu'elle différence il y a-t-il dans l'application de la règle, tantum prescriptum, quantum possessum, entre un arbre isolé et un certain nombre d'arbres appelés d'un nom de convention? nous n'en voyons aucune.

Les arbres d'une avenue ne forment pas un corps indivisible, un tout inséparable comme les diverses pierres qui forment un mur; le nombre des arbres, sous quelque dénomination que ce soit, n'empêche pas que chacun d'eux forme un être complet et isolé, possédé et prescrit en particulier, abstraction faite de ses voisins. C'est là une vérité tellement évidente que si, comme cela arrive presque toujours, une avenue est plantée à une distance trop rapprochée à différens jours d'intervalle, la prescription sera acquise à chaque arbre au fur et à mesure qu'il aura été possédé pendant 30 ans, et ceux qui n'auront pas encore atteint ce laps de temps devront être arrachés comme non prescrits, encore bien qu'ils fassent partie de l'avenue. Ainsi supposons une avenue de 100 arbres, quatre-vingt-dix-neuf sont plantés depuis plus de 30 ans et prescrits; mais le centième est planté depuis 20 ans seulement, et un coup de vent le détruit; le propriétaire pourra-t-il le remplacer en disant qu'il faisait partie de l'avenue? assurément non, car il acquerrait par prescription plus qu'il n'aurait possédé.

La possession qui a engendré la prescription n'a jamais porté sur l'avenue, dénomination dérivant du nombre et de la destination des arbres, mais absolument étrangère à l'acquisition du droit de les conserver. Ce n'est pas l'avenue qui a été possédée, comme le dit M. Demolombe, mais bien chaque arbre de cette avenue isolément, et abstraction faite de la masse, de sorte que relativement à l'application de la règle, tantum prescriptum, quantum possessum, il n'y a aucune différence entre un arbre isolé et un arbre d'avenue ou d'allée.

Aussi la cour de Caen, malgré sa juste déférence pour les opinions de l'illustre professeur, a-t-elle formellement repoussé sa distinction par arrêt du 22 juillet 1845. Jurisp. des cours de Caen et de Rouen 1845, p. 646.

14.— Le propriétaire d'un arbre prescrit et planté à une distance trop rapprochée doit enlever la souche après l'abattage, par ce que les racines produisant d'autres arbres à une grande distance, et les rejetons naissant toujours autour de la souche, n'occupent jamais l'emplacement de l'arbre abattu et forment un taillis à la place d'un seul arbre. Caen, 24 août 1835, jurisp. de la cour, 1847, p. 146. Cass. 25 mars 1862.

15. — Quand les deux fonds sont séparés par un mur, une haie, un fossé mitoyens, la distance de la plantation se calcule du point milieu de ces clôtures.

16. — Dans le cas où les héritages sont séparés par une rivière, la distance se calcule différemment selon l'opinion que l'on adopte sur la propriété du sol des cours d'eau, suprà. art. 645, Nos 2, 21.

Si la séparation des héritages consiste en un chemin public, la distance se compte à partir du bord extérieur du fonds voisin, Demolombe, T. 11, N° 495. Cass. 25 mars 1862.

16 — La distance légale doit être observée au moment de la plantation. Elle se prend par une ligne droite partant du centre de la tige, allant joindre par le chemin le plus court, la ligne séparative des deux héritages.

17. — Les juges de paix connaissent des actions relatives à la distance pour les plantations d'arbres, lorsque la propriété ou les titres qui l'établissent ne sont pas contestés. Loi de 1838, art. 6, N° 2.

ART. 672. — « Le voisin peut exiger que
» les arbres et haies plantés à une moindre
» distance soient arrachés. »

» Celui sur la propriété duquel avancent
» les branches des arbres du voisin peut con-
» traindre celui-ci à couper ces branches.

» Si ce sont les racines qui avancent sur
» son héritage, il a le droit de les y couper
» lui-même. »

1. Les arbres placés à une distance trop rapprochée doivent être arrachés sur la réquisition du voisin.

2. — On excepte, toutefois, ceux qui ont été plantés par le père de famille avant la division des deux héritages, et ceux que l'on a acquis par la prescription le droit de conserver. Demolombe, T. 11, N° 502.

La possession utile pour opérer la prescription date du jour ou la tige de l'arbre perce la terre, s'il vient de semence ; et dans le cas contraire, du jour de la plantation. Cependant, si dans le principe, l'arbre a été masqué par un mur ou tout autre obstacle, la possession ne commence que le jour où le voisin a pu l'apercevoir. Cass. 13 mars 1850.Troplong, prescript. T. 1er, N° 316. Duranton, T. 5, N° 390.

3. — Le code a maintenu les anciens réglemenssur la distance à observer dans les plantations ; mais il ne les a pas rappelés au sujet des branches qui s'étendent sur le fonds voisin. Les dispositions du réglement du parlement de Normandie de 1751 concernant l'élagage ne sont donc plus applicables ; on doit suivre le texte de l'art.672, c. civ.;ainsi il ne suffirait plus aujourd'hui d'élaguer les arbres à la hauteur de 15 pieds, comme le prescrivait l'art. 6 du réglement ; le propriétaire est tenu de couper toutes les branches à quelque hauteur que ce soit quand elles dépassent la ligne séparative des héritages. Demolombe, T. 11, N° 504. Suprà. art. 670, N° 4.

4. — Les voisins d'un bois, ne peuvent invoquer l'article 672 contre les arbres de lisière ayant plus de 30 ans. Mais quand ils ont été abattus,les arbres qui les remplacent doivent être élagués conformément à la règle générale du code civil.C. forest. art. 150, ordonnance réglementaire du 1er mai 1827, art. 176

5. — Un arrêté préfectoral du 6 avril 1837, rendu en conformité de l'article 21 de la loi du 21 mai 1836 réglemente l'élagage sur les chemins publics.

Art. 131. — « Tous les ans du 20 février au 20
» mars, les arbres de haute tige et le bois des haies
» vives existants sur le bord des chemins vicinaux,
» seront élagués à ciel ouvert et à toute hauteur, de
» manière qu'aucune branche ne dépasse la ligne
» d'aplomb correspondant au bord extérieur du
» chemin ou du fossé. Les haies vives seront en
» même temps réduites à un mètre et demi de hau-
» teur au-dessus du sol. »

Art. 132. — « A cet effet, les maires prendront
» dans les derniers jours du mois de janvier un
» arrêté spécial qui prescrira aux propriétaires ou
» fermiers d'effectuer lesdits élagages dans le délai
» fixé. Cet arrêté sera affiché aux lieux accoutumés
» et publié pendant deux dimanches consécutifs. »

Art. 133. — « Faute par les propriétaires d'avoir
» effectué cette opération dans le délai prescrit, il y
» sera pourvu d'office et à leurs frais, à la diligence
» des maires en ce qui concerne les chemins vici-
» naux, et des agents voyers en ce qui concerne les
» chemins vicinaux de grande communication : il
» sera en outre dressé procès-verbal de chaque con-
» travention pour être statué par le tribunal de
» simple police. L'exécutoire des frais de cet élagage
» sera délivré aux agents qui les auront fait opérer
» d'office, par le juge de paix, sur les quittances des
» ouvriers, contre les délinquans et sans que le paie-
» ment de ces frais puisse les dispenser de l'amende
» qu'ils auront encourue. »

6. — L'usufruitier, le fermier peuvent comme le
propriétaire, demander l'élagage des arbres qui
s'étendent sur le fonds dont ils ont la jouissance.
Cass. 9 décembre 1847.

7. — On ne peut invoquer la prescription pour se
soustraire à l'action en élagage L'accroissement suc-
cessif des branches rendent impossible la fixation
de l'époque où elles ont commencé à s'étendre sur le
fonds voisin, on ne pourrait qu'arbitrairement fixer
le point de départ de la prescription. Marcadé, sous
l'art. 672.

8. — Il en serait toutefois autrement dans le cas où
le propriétaire de l'arbre aurait résisté à l'action en
élagage intentée contre lui par le voisin, par ce

qu'alors le commencement de la prescription serait nettement déterminé, et la possession perdrait son caractère de simple tolérance. Demolombe, T. 11, N° 510.

9.— Si le voisin n'use pas du droit que lui confère l'art. 672 de contraindre le propriétaire des arbres à les élaguer, il ne peut se plaindre du dommage que pourrait lui avoir causé l'ombre ; il doit s'imputer à faute sa propre tolérance sans en rendre le maître des arbres responsable.

10. — Tout dans cette matière, devant se passer selon les règles du bon voisinage, le voisin ne doit pas commencer par adresser une sommation ou une citation au propriétaire aux fins d'obtenir l'élagage ; il doit l'avertir amiablement, sinon les frais devraient être à sa charge si le propriétaire opérait de suite l'élagage. Mais si le maître des arbres prévenu, même de vive voix en présence de témoins, n'obéit pas à l'avertissement, les frais faits pour le contraindre seront à sa charge.

Pour éviter que le maître des arbres ne soutienne qu'aucun avertissement verbal ne lui a été donné, M. Demolombe conseille au voisin de donner cet avertissement par lettre recommandée. Duranton, T, 5, N° 394. Demolombe, T. 11, N° 514.

11. — Nous venons de voir que le voisin qui ne contraint pas le propriétaire des arbres à les élaguer ne peut se plaindre du dommage que les branches lui font éprouver. Il n'en serait pas de même des racines à moins que le voisin n'eût négligé de les couper après les avoir découvertes et reconnu qu'elles pouvaient lui nuire. Les racines, en effet, sont par nature ordinairement cachées, si elles occasionnent quelque dégradation aux fondations d'un mur, d'une maison, si elles détériorent un canal ou autre

ouvrage sous terrain, le maître de l'arbre en est responsable, car le voisin a pu ignorer le préjudice, et on ne peut lui reprocher d'avoir consenti à le supporter. Demolombe, T. 11, Nº 512.

12. — Le juge de paix est compétent pour connaître des actions relatives à l'élagage des branches. Loi de 1838, art. 4, Nº 3.

Cet élagage ne doit pas être autorisé pendant que les arbres sont en sève; il doit être renvoyé au temps d'usage pour émonder, c'est-à-dire depuis février jusqu'à la première quinzaine d'avril Suprà, art. 592, Nº 11.

13. — Si la haie appartient à un seul propriétaire, le voisin doit accorder le passage pour opérer l'élagage selon l'usage; si elle est mitoyenne, chacun des communistes doit élaguer de son côté. Curasson, T. 1, Nº 407.

Art. 674. — « Celui qui fait creuser un
» puits ou une fosse d'aisance près d'un
» mur mitoyen ou non; celui qui veut y
» construire cheminée ou âtre, forge, four
» ou fourneau ;

» Y adosser une étable, ou établir contre
» ce mur un magasin de sel ou amas de
» matières corrosives, est obligé à laisser la
» distance prescrite par les réglemens et
» usages particuliers sur ces objets, ou à
» faire les ouvrages prescrits par les mêmes
» réglemens et usages pour éviter de nuire
» au voisin. »

1. — Dans les rapports du voisinage, trois cas peuvent se présenter :

1° Je veux établir une des constructions ci-dessus contre un mur mitoyen. — Je dois observer les règles prescrites par l'art. 674.

2° Je veux établir ces constructions contre un mur appartenant au voisin. Je dois à *fortiori* suivre les mêmes règles.

3° Enfin, je veux établir les mêmes constructions contre un mur qui m'appartient. Dans ce dernier cas, les auteurs ne s'entendent plus.

Les uns soutiennent que par ces mots : *mitoyen ou non*, l'art. 674 désigne uniquement *le mur commun ou le mur d'autrui*. Ils appuient leur opinion, d'abord sur l'art. 191 de la coutume de Paris auquel notre article a été emprunté ; ensuite sur les expressions : *pour éviter de nuire au voisin* ; enfin sur l'exposé des motifs du code civil dans lequel Berlier s'exprime ainsi : « il n'a pas été moins nécessaire de renvoyer » à ces réglemens et usages tout ce qui a rapport » aux contre-murs, ou à défaut de contre-murs, » aux distances prescrites pour certaines construc- » tions que l'on voudrait faire près d'un mur voisin » mitoyen ou non. » Demolombe, T. 11, N° 516. Carou, des just. de paix. T. 1, N° 525.

Les autres appliquent l'art. 674 à tous les murs ; ils motivent leur sentiment sur le texte précis de la loi « près d'un mur *mitoyen ou non* » expressions qui ne font aucune distinction entre le mur privatif et le mur mitoyen ou le mur d'autrui.

Cette opinion nous paraît mieux répondre à l'exacte interprétation de notre article que la précédente dont les motifs sont loin d'être concluans.

L'argument tiré de ce que l'art. 191 de la coutume de Paris s'exprime comme l'art. 674 du c. civ.

repose sur une inexactitude. La coutume de Paris, comme une foule d'autres, parle seulement du mur mitoyen, tandis que le code s'occupe du mur *mitoyen ou non*.

La rédaction trop restreinte des textes coutumiers avait été prodigieusement étendue par les auteurs ; nous en trouvons la preuve dans les commentateurs de la coutume de Normandie, dont les art. 613 et 614 étaient exactement rédigés dans le sens de l'art. 191 de la coutume de Paris, et ne prévoyaient que le cas d'un mur mitoyen.

Pesnelle, expliquant ces articles, disait : « On ne
» peut faire contre le mur mitoyen, ni égouts, ni
» citernes, ni cloaques, ni four, ni forge, sans
» observer les distances et les épaisseurs prescrites
» par la coutume. »

Puis il ajoutait : « ce qui doit s'observer, à plus
» forte raison, à l'égard du mur dont le voisin est
» propriétaire. »

Flaust, T. 2. p. 899, allait plus loin. Résumant Bérault et Basnage, il disait : « quoique la coutume
» ne parle que du mur mitoyen, je crois que *celui à*
» *qui le mur de séparation appartiendrait en entier*
» serait obligé de faire contre-mur si le mur n'était
» pas d'une telle épaisseur et d'une telle solidité
» qu'il n'y eût rien à craindre pour l'infection et
» l'épanchement; car il importe pour le bien général
» qu'on observe une exacte police en cette ma-
» tière. »

Nous sommes portés à penser que le code a voulu adopter ces idées. Dans ce but, il n'a pas reproduit la rédaction trop laconique des coutumes, il a employé une rédaction dont les termes s'appliquent à tous les murs, mitoyens ou non mitoyens.

L'objection puisée dans ces expressions de l'art. 674, « *pour éviter de nuire au voisin,* » serait décisive si la loi avait dit : *pour éviter de nuire* AU MUR VOISIN, parce qu'alors on pourrait soutenir que le législateur avait uniquement en vue la préservation du mur commun ou du mur d'autrui,et que le constructeur d'un ouvrage nuisible n'était tenu à aucune précaution du moment où il l'établissait contre son propre mur. Mais la loi s'est expliquée autrement, les termes dont elle s'est servie prouvent que dans sa pensée, elle avait aussi pour but de protéger le voisin, non le mur uniquement, contre certains ouvrages présumés de plein droit dommageables par leur voisinage.

Les paroles de M. Berlier, loin d'être contraires à notre thèse lui sont favorables. Le savant Conseiller d'État avait limité les précautions préservatives *aux constructions à faire près d'un* MUR VOISIN *mitoyen ou non*, expressions qui ne pouvaient, nous en convenons, s'appliquer qu'à un mur mitoyen ou à un mur appartenant au voisin. Mais l'art. 674 n'a pas reproduit ces termes, il a rejeté la rédaction trop restreinte de M. Berlier, et il a étendu les mesures préservatives à toute espèce de mur, mitoyen ou non mitoyen. Delvincourt, T. 1, p. 167. Pardessus, T. 1, N° 200, Rogron. Benech des just. de paix, T. 1, p. 285. Le Page, T. 1, p. 123.

2. — Le calcul des épaisseurs des contre-murs se fait d'une manière différente selon que le mur est à autrui ou commun, ou la propriété du constructeur.

Lorsque le mur appartient au voisin, le point de départ de la mesure est la paroi extérieure du mur.

Lorsque le mur est mitoyen, chacun des voisins, ayant un droit égal dans toutes les parties du mur, celui qui veut construire des ouvrages prévus par l'art. 674, doit observer la même règle dans le point de départ de la mesure des épaisseurs que pour le mur d'autrui.

Lorsque le mur appartient au constructeur des ouvrages, on doit comprendre dans le calcul des épaisseurs légales, l'épaisseur du mur, si toutefois il est construit avec les matériaux exigés par les réglemens ou usages. Un exemple, expliquera notre pensée. L'art. 613 de notre coutume prescrit pour l'établissement des citernes un contre-mur d'un mètre à chaux et à sable. Si la muraille séparative est bâtie à chaux et à sable, et présente une largeur d'un demi-mètre; il suffira d'élever un contre-mur d'un demi mètre qui, réuni à la largeur de la muraille, formera l'épaisseur réglementaire d'un mètre présumée nécessaire pour préserver le voisin des infiltrations des eaux.

3. — Quand il s'agit, non plus de l'épaisseur, mais de la distance exigée par les réglemens pour certaines constructions, le calcul est facile à l'égard du mur mitoyen ou appartenant au voisin, il se fait de la même manière que pour les épaisseurs des contre-murs.

Lorsque le mur est la propriété de celui qui veut faire les travaux, le propriétaire doit observer la même distance que si le mur était au voisin, ainsi que nous l'avons dit. Suprà, N° 1.

Mais la question de savoir si l'épaisseur du mur doit être prise en considération dans le calcul de la distance offre quelque difficulté. Prenons un exemple. Selon le réglement pour la ville de Cherbourg, du 15 novembre 1859, celui qui veut faire un four contre un mur mitoyen ou non doit laisser 16 cent. de vide d'intervalle entre deux du mur du four.

Je suppose mon mur de 66 cent. d'épaisseur, pourrais-je faire le raisonnement suivant. Les murs ont ordinairement 50 centimètres d'épaisseur; le mien a 66 cent., c'est-à-dire 16 cent. de plus que dans l'usage. Ces 16 cent. d'excédant ne peuvent-ils pas me tenir lieu des 16 cent. de vide exigés par le réglement, et m'autoriser à placer mon four contre mon mur? Nous ne le pensons pas. Le vide prescrit par la loi a pour but d'établir une solution de continuité à la communication du calorique; si l'on remplace ce vide par un corps opaque, la chaleur rencontre un conducteur qui la propage avec toute son intensité dans des espaces plus étendues, la rend nuisible au voisin et susceptible d'occasionner des incendies. Cette interprétation du reste est celle de l'art. 49 du réglement de 1859.

4. — Malgré les précautions prescrites par l'usage ou les réglemens, les constructions peuvent porter préjudice au voisin; on doit alors l'indemniser et employer des moyens plus efficaces. Bordeaux, 30 janvier 1839.

Mais, dira-t-on, à quoi sert d'observer les précautions prescrites, puisqu'on est toujours responsable en cas d'accident? L'observation des réglemens et usages est utile en ce sens que le voisin ne peut se plaindre qu'au moment où il éprouve le préjudice; tandis qu'en cas d'inobservation, le voisin a le droit d'arrêter les travaux en cours d'exécution ou d'en demander la destruction s'ils sont achevés, sans avoir besoin d'alléguer aucun accident.

5. — Les prescriptions de l'art. 674 ont toutes pour but d'éviter de nuire au voisin, mais il en est parmi elles qui intéressent aussi la sûreté ou la salubrité publique. Les parties ne peuvent prescrire la libération de ces dernières, ni y renoncer par des

conventions particulières. Demolombe, T. 11, N° 515. Carou, des juges de paix. T. 1, N° 526.

6. — Les dispositions de l'art. 674 sont elles limitatives ou simplement indicatives ? Nous pensons que la loi a mentionné seulement les ouvrages les plus usités comme exemples, non pour restreindre l'obligation de prendre des précautions dans les cas analogues. Le Page, T. 1, p. 429. Carou, T. 1, N° 527.

7. — Lorsqu'il s'agit de la plantation des arbres et des haies, le code s'en réfère aux réglemens ou usages ; et à défaut, il prescrit lui-même la distance à observer. L'art. 674 s'en rapporte aussi aux réglemens ou usages ; mais s'il n'en existe pas, il n'indique pas la règle à suivre. Dans ce cas, le juge devra fixer lui même la distance en prenant en considération ce qui se pratique dans les autres coutumes, notamment dans la coutume de Paris qui faisait règle dans le silence d'une coutume particulière. Avant faire droit, il pourra nommer des hommes de l'art pour l'éclairer ; et sur le vu de leur rapport, il prononcera en ayant soin de concilier tous les droits, tous les intérêts avec cette règle fondamentale : *d'éviter de nuire au voisin.*

8. — Les juges de paix connaissent des actions relatives aux constructions et travaux énoncés dans l'art. 674 ; s'il s'agit d'un cas analogue, non textuellement compris dans l'énumération de cet article, le juge de paix ne sera plus compétent, il devra renvoyer l'affaire au tribunal civil. La juridiction des juges de paix est exceptionnelle, ils doivent déclarer leur incompétence toutes les fois qu'ils sont appelés à connaître d'une contestation qui ne leur est pas expressément d'évolue, quelque soit son analogie

avec d'autres qui leur sont attribués. Carou, T. 1, N° 527. Benech, p. 285.

9. — M. Benech soutient qu'en subordonnant la compétence des juges de paix à la condition que la *propriété* ou la *mitoyenneté* du mur ne serait pas contestée, le législateur était tombé dans l'erreur. Cette restriction qui convient très bien, dit-il, à l'élagage des arbres, etc., on ne saurait l'expliquer, apposée aux actions mentionnées dans l'art. 674, parce que cet article en se servant de ces mots : *celui qui fait creuser un puits ou une fosse d'aisance près d'un mur mitoyen ou non*, nous apprend par elle-même que la question de propriété ou de mitoyenneté est tout-à-fait indifférente en cette matière, qu'une distance ou des travaux préservatifs sont nécessaires, soit que le mur appartienne exclusivement à l'un ou à l'autre des voisins, soit qu'il s'agisse d'un mur mitoyen entre eux.

Ce reproche que M. Benech fait à la loi ne nous paraît pas fondé. La question de propriété ou de mitoyenneté n'est pas sans importance comme nous l'avons vu Suprà. N° 2, pour le calcul des épaisseurs des contre-murs et des distances. Supposons, que je veuille établir une fosse d'aisance près du mur qui me sépare de mon voisin ; je soutiens que l'épaisseur du contre-mur doit être calculée à partir de la paroi qui est du côté du voisin, parce que le mur est à moi ; le voisin soutient que le mur est à lui ou bien mitoyen, et que la mesure doit partir de la paroi qui est de mon côté. Le juge de paix, dans ce cas, est incompétent, il doit renvoyer les parties devant le tribunal qui décidera la question de propriété ou de mitoyenneté et fixera en même temps le calcul de l'épaisseur du contre-mur.

Ces règles générales une fois posées, nous allons en faire l'application aux divers travaux qui rentrent dans la catégorie indiquée par l'art. 674 ou qui viennent s'y grouper par analogie.

DES PUITS.

10. — Un puits est un trou profond, creusé au-dessous de la superficie de l'eau, ordinairement revêtu de maçonnerie et fait de main d'homme pour en tirer de l'eau.

Le puits diffère de la citerne en ce que l'un contient des eaux vives, l'autre des eaux pluviales.

11. — La coutume de Normandie ne contient aucune disposition sur le creusement des puits, elle règle seulement les ouvrages concernant les citernes. Ces constructions étant de même nature, les mêmes règles leur sont communes et les commentateurs sont d'avis que l'on doit appliquer aux puits les dispositions suivantes de l'art. 613 de la coutume. « On ne » peut faire citernes, sinon en faisant bâtir contre- » mur de 3 pieds d'épais. en bas et au-dessous du » rez de terre, à pierre, chaux et sable, tout à » l'entour de la fosse destinée aux dites citernes. »

La coutume de Paris qui était suivie dans le silence des autres coutumes ajoutait dans son article 191 : « où il y a puits d'un côté et aisance de l'autre, » suffit qu'il y ait 4 pieds de maçonnerie d'épaisseur » entre deux comprenant les épaisseurs des murs » d'une part et d'autre. Mais entre deux puits, » suffisent 3 pieds pour le moins.

Pothier fait très judicieusement observer que le propriétaire du puits n'est recevable à exiger des travaux préservatifs qu'autant que son puits a été édifié avant le privé. Contrat de Société, N° 211.

12. — Dans la ville, depuis le réglement de 1859, articles 13 et 53, aucun mur de soubassement supportant des constructions supérieures ne pourra servir de paroi à une citerne, et à plus forte raison à un puits, sans un contre-mur en maçonnerie de briques ou de moëllons schisteux, avec mortier de chaux hydraulique, et sur au moins 40 centimètres d'épaisseur recouverts soit d'un enduit plein de 2 centimètres d'épaisseur minimum, ou ciment anglais ; soit en dalles de schistes d'une épaisseur minimum de 5 centimètres et jointoyée en ciment.

13. — Quand il n'existe pas de construction sur l'héritage du voisin, le propriétaire peut creuser sur son fonds un puits sans contre-mur ; car l'art. 674 ne prescrit l'observation de certaines précautions que dans le cas où il existe un mur près duquel on veut construire.

Mais ce propriétaire commet une grande imprudence, parce que le voisin, venant par la suite a établir à proximité des caves ou autres travaux, pourra exiger que le puits soit établi selon les règles de l'art., ce qui occasionnera un travail qui eût été bien moins dispendieux, s'il eût été exécuté dès le principe.

14. — Celui qui veut faire creuser un puits contre un mur qui ne lui appartient pas ne peut appuyer aucun ouvrage contre ce mur avant d'en avoir acheté la mitoyenneté. Art. 657-661. c. civ.

15. — En creusant un puits ou en fouillant mon terrain, si je détourne la source qui alimente le puits de mon voisin ; celui-ci ne sera pas en droit de se plaindre, car les veines d'eau intérieures ne sont pas considérées comme des sources dans le sens des art. 640-643, c. civ. Marcadé, art. 674.

16. — Pourrait-on par des conventions particulières

déroger aux dispositions réglementaires concernant les puits? Nous pensons que les précautions prescrites pour ces sortes de constructions sont d'intérêt public et qu'on ne peut y déroger. Si l'on admettait de parielles conventions, il arriverait qu'une foule de puits seraient construits sans précautions et donneraient lieu à des accidens désastreux en cas de rupture. Les maisons changent souvent de main, un voisin dans l'ignorance de l'existence d'un puits irrégulier adossé à sa cave, pourrait être englouti avec toute sa famille en pratiquant quelques enfoncemens dans le mur de séparation. Arrêt rendu à la Grande Chambre du Parlement de Paris, le 5 sept. 1780. Merlin, repert. V° puits.

18. — Si un puits, même établi conformément aux réglemens, occasionne du dommage au voisin, le maître du puits doit le réparer, sauf son recours contre l'entrepreneur s'il est encore dans le délai de l'art. 2270, c civ.

17. — Un puits ne doit pas être laissé à découvert, il doit être construit de manière à ne présenter aucun danger. La négligence du propriétaire le rend responsable, il peut être condamné à des dommages-intérêts si les bestiaux se blessent ou se tuent en tombant; il s'expose même à des poursuites correctionnelles sous la prévention de blessures ou d'homicide par négligence ou imprudence si quelqu'un venait à se blesser ou à trouver la mort dans le puits non enclos. Cœpolla de serv. cap. 47, n'admettait la responsabilité que pour le cas où le puits serait creusé dans un lieu public, mais M. Garnier l'admet même pour le cas où le puits serait placé dans l'intérieur d'un héritage privé.

19. — Un puits ne peut être creusé qu'à cent mètres de distance des nouveaux cimetiéres, sans

autorisation de l'administration. Décret du 7 m
1808.   ars

20. — Chacun des co-propriétaires d'un puits
commun a le droit d'y puiser de l'eau. Si la source
n'était pas assez abondante pour tous les communistes, ou si l'un d'eux tirait continuellement, de manière à tarir le puits et à le rendre inutile pour les
autres, il y aurait lieu à régler l'usage de l'eau. »

21. — Les réparations et l'entretien du puits commun sont à la charge de tous les co-propriétaires;
mais chacun d'eux peut s'affranchir de cette obligation par l'abandon de son droit dans la chose commune. Pothier, de la Société, n° 220. Pardessus, T.
1, n° 192.

22. — Cet abandon ne décharge pas celui qui le
fait de contribuer aux réparations existant au moment
de l'abandon, car il y a donné lieu par l'usage antérieur du puits. Pothier, n° 229. Infrà, n° 53.

23. — Le puits commun doit être curé à frais
communs. Quant à la part que chacun doit supporter
dans les frais, et à celui qui doit fournir le passage
pour le curement, voir infrà, n° 50 et suivants.

24. — Il ne faut pas confondre la servitude de puisage avec le droit de tirer de l'eau à un puits commun. Dans le premier cas, le puits est la propriété
exclusive de celui qui est obligé de souffrir le puisage
à titre de servitude; dans le second, le puits est la
propriété commune des ayant droit

25. — La coutume de Normàndie contient sur la
servitude de puisage différentes règles qui sont encore
susceptibles d'application, s'il n'y a pas été dérogé
par le titre constitutif de la servitude.

26. — L'article 621 porte : « En division d'héri-
» tages entre co-héritiers, si une cour ou un puits

» leur sont communs (1) pour passer et repasser
» dans la cour pour puiser de l'eau au puits, le *pro-*
» *priétaire* pourra faire clore de murailles la cour et
» fermer de portes, pour que les co-héritiers, pour

---

(1) Bérault fait remarquer avec raison que, par ces mots :
«¿Si une cour et un puits sont *communs*, » il semblerait qu'il
y aurait *communauté* de cour et de puits; mais, dit-il, il s'en
infère autrement par ces mots : « *Le propriétaire* pourra....
La *dite servitude* être possédée..... Le cas de l'art 621 est
donc que la cour et le puits appartiennent à l'un des lots, et
qu'à l'autre sont attribués quelques autres héritages avec droit
d'aller au puits

Fournel, T. 1, p. 322, nous trace les droits des
co-propriétaires d'une cour *commune*. Chacun d'eux peut
user de toute la cour sans en pouvoir néanmoins disposer au
préjudice de la jouissance des autres communistes; il ne peut
y déposer aucunes piles de bois, aucun rassemblement de
pierres et autres matériaux qui gêneraient le passage, observant cependant que cette règle ne s'applique qu'au cas où il
y a véritablement *abus* de jouissance ou malice.

Les co-propriétaires qui ont une maison sur la cour commune peuvent, à leur gré. changer la situation des fenêtres,
des portes, les augmenter en nombre, en varier les dimensions; mais ils ne peuvent établir aucunes *avances* de tuyaux,
chausse d'aisance, cabinets saillants, ni autre chose en *saillie*
sur la cour. Caen, 24 août 1842. Cass. **31** mars 1851. Bordeaux, 20 juillet 1858. Voir art. 681, n° 5, 682, n° 144.

Aucun des communistes ne peut faire d'innovation dans la
cour sans le consentement des autres, ainsi jugé par arrêt du
Grand Conseil, le 23 juillet 1643, au sujet d'innovations faites
au pavé et au cloaque.

Lorsque deux voisins n'ont entre eux qu'une cour ou un
vestibule pour aller chacun à leur demeure, l'un d'eux peut-
il forcer l'autre au partage ? Non ; cette cour ou ce vestibule
faisant partie intégrante des deux maisons voisines, on ne peut
pas distraire cet objet pour forcer l'un des propriétaires de
renoncer à son droit dans la jouissance indivise.

» leur usage auront chacun une clef de serrures; et
» ne pourra *la dite servitude* être possédée que par
» celui ou ceux lesquels possèdent les héritages à
» cause desquels est due *la dite servitude*. »

27. — Le créancier de la servitude de puisage ne doit en user que dans l'intérêt des héritages pour les quels elle a été établie, il ne pourrait en faire profiter des immeubles qu'il aurait ex aliâ causâ. Il ne doit y avoir, dit Bérault, que ses serviteurs ou ceux qu'il envoie qui puissent passer ; lesquels sont tenus, après avoir passé et repassé de refermer bien diligemment les portes; autrement, si par faute de ce faire, il s'était commis quelque larcin, ou advenu quelque dommage, il obligerait le maître à restituer le dommage et à représenter ses serviteurs comme en cas de délit ou quasi-délit.

28. — Le créancier de la servitude, pas plus que le communiste ne doit pas tirer continuellement de l'eau ; il n'est pas autorisé non plus à passer et repasser dans la cour à toute heure de la nuit. Le propriétaire, dans ce cas, peut faire fixer l'heure à laquelle commencera et finira l'exercice de la servitude. Garnier, regime des eaux, p. 122. Toullier, T. 3, n° 655.

29. — Le débiteur de la servitude de puisage est tenu de fournir un chemin ad aquam hauriendam, art. 696. C civ. Qui habet haustum, iter quoque habere videtur ad hauriendum. L. 3, § 3 ff de serv. præd. rust.

Dans l'usage, la largeur de ce chemin est de 1 mètre 33 cent., afin de permettre l'usage du cerceau. Caen, 28 août 1846. Jurisp. de la cour.10, 422.

30. — L'entretien de ce chemin est à la charge du fonds dominant. Art. 697-698, C. civ. L. uni. § 6 ff de fonte.

Si le chemin est commun entre le créancier et

le débiteur de la servitude, il doit être entretenu à frais communs, et chacun des communistes peut établir sur ce chemin dont ils sont riverains des portes ou des fenêtres. Voir notre art. 682, n° 14, et Suprà, n° 25, note.

31. — Le propriétaire du fonds dominant n'a d'autre droit sur le terrain qui avoisine le puits que de passer pour aller puiser de l'eau ; il ne peut disposer du terrain environnant pour y déposer des cruches ou des futailles, Bordeaux. 13 janvier 1842.

32 — Le propriétaire du puits n'est tenu de ne rien faire pour l'usage de la servitude, à moins que le titre ne l'y oblige. Ainsi par exemple, si j'ai un droit de puisage sur le puits de mon voisin, je ne puis le contraindre à le réparer, comme aussi il ne peut me contraindre à contribuer aux réparations. Toullier, T. 3, n° 469 bis, infrà n° 54.

33. — Le créancier de la servitude doit se fournir tout ce qui est nécessaire pour l'exercice de son droit tels que cordes, sceaux, cruches. Toutefois, si le propriétaire du puits les fournit et que le créancier de la servitude s'en serve, il doit contribuer aux frais d'entretien de ces objets.

34. — Dans le cas où la servitude de puisage serait concédée à plusieurs fonds, les ouvrages nécesaires pour l'exercice de la servitude, profitant à plusieurs héritages, les fráis seraient supportés en commun par les ayant droit. Cass. 2 février 1825.

35. — Les règles que nous venons de tracer pour les puits, s'appliquent également aux citernes. Toutefois la juridiction n'est pas la même. Les juges-de-paix, compétens pour connaître des actions relatives à la construction des puits, sont incompétens pour les actions relatives à la construction des citernes. Suprà N° 8.

36.—Le droit de puisage offre beaucoup de rapports avec d'autres servitudes, telles que celles d'abreuvage, de lavage.

37.— Le droit d'abreuver attaché à un héritage est une servitude réelle. Pecoris ad aquam appellandi servitus, prædii magis, quam personæ videtur. Si ce droit était concédé, non à un héritage, mais à une personne nominativement, ce ne serait plus une servitude, mais un droit personnel qui s'éteindrait avec la personne.

38. — La servitude d'abreuvoir entraîne nécessairement le droit de passage ; elle ne donne pas le droit de puiser ou d'enlever des eaux.

39.— Lorsque le droit d'abreuvoir est limité à un certain nombre de bêtes, le maître du troupeau doit se conformer à cette condition ; il ne peut abreuver quinze bêtes si son droit est fixé à dix. Mais si ce cas arrive, que doit faire le propriétaire de l'abreuvoir ? doit-il interdire l'accés à tout le troupeau ou seulement à l'excédent du nombre stipulé ? Deux jurisconsultes romains n'étaient point d'accord sur ce point. *Trebatius* décidait pour le rejet du troupeau entier ; *Marcellus* n'admettait le rejet que pour la portion excédente. Ce dernier avis triompha et M. Garnier, N° 144 assure que c'est celui qu'on suit dans l'usage.

Nous pensons qu'il serait difficile au propriétaire de l'abreuvoir d'être constamment sur les lieux pour empêcher un plus grand nombre de bestiaux que celui convenu d'être abreuvés. Ce mode d'agir donnerait lieu presque toujours à des querelles. Nous croyons plus conforme à nos mœurs d'avoir recours à l'action en dommage intérêts basée sur l'inexécution de la convention, art. 1145 c. civ. De Chabrol-Chameau. V°. abreuvoir.

40.— Il est défendu a ceux qui ont des droits de

communauté ou de servitude sur des abreuvoirs, et à plus forte raison à des tiers, d'y envoyer des bestiaux infectés de maladies contagieuses. Arrêté du 3 messidor an VII.

40.— Des ordonnances de police défendent de faire conduire à l'abreuvoir par un seul homme plus de trois chevaux à la fois. Une déclaration du 28 avril 1782, fait exception pour les maîtres de postes qui peuvent en conduire jusqu'à quatre. Cass. 8 septembre 1809.

41.— La servitude de lavoir est réglée par les mêmes principes que la servitude d'abreuvoir.

DES FOSSES D'AISANCES.

Le réglement du 15 novembre 1850, contient les dispostions suivantes, concernant les fosses d'aisances.

Art. 52. Apartir de la publication du présent arrêté, « dans toute maison qui sera construite en cette vil- « le ou dans toute maison donnant lieu à des grosses « réparations,il devra être établi une fosse d'aisances « avec cabinets, proportionnés au nombre des per- « sonnes qui doivent en avoir l'usage, sans qu'il soit « besoin d'en faire la purge trop souvent.

« Si les divers étages de la maison appartiennent à « plusieurs propriétaires, chacun d'eux sera tenu de « pourvoir à cette importante dépendance de l'ha- « bitation ; et dans le cas où il ne pourrait justifier « de la possibilité d'établir une fosse d'aisance et cabi- « nets convenables, en rapport avec la partie de mai- « son qu'il possède, toute construction neuve, recons- « truction ou réparation lui seront interdites.»

Art. 53 « L'administration se réserve le droit de « vérifier si les dispositions prises sont celles qui con- « viennent le mieux à la salubrité publique,et d'exi-

« ger les modifications nécessaires lorsque cette con-
« dition ne lui paraîtra pas remplie.

« Les fosses d'aisances devront être établies de ma-
« nière à satisfaire aux conditions suivantes :

« Les murs et les fonds de la fosse seront faits en
« maçonnerie de briques ou de moëllons schisteux
« avec mortier de chaux hydraulique et sur au moins
« 40 centimètres d'épaisseur, recouvert soit d'un en-
« duit plein de 2 centimètres d'épaisseur minimum,
« en ciment anglais ou de Vassy, bien lissé à la tru-
« elle jusqu'à parfaite siccité, soit en dalles de schiste
« d'une épaisseur minimum de 5 centimètres et join-
« toyés en ciment.

« Tous les angles intérieurs seront effacés par des
« arrondissements de 25 centimètres de rayon.

« La partie supérieure des fosses sera toujours en arc
« de cercle et faite en briques dures d'au moins 22
« centimètres d'épaisseur. La flèche de la voûte ne
« pourra être inférieure aux deux tiers du rayon.

« Le fond de la fosse sera fait en forme de cuvet-
« te. »

Art. 54. — « Autant que les localités le permettront,
« les fosses d'aisances seront construites sur un plan,
« circulaire, elliptique ou rectangulaire. Toutefois,
« on ne permettra aucun angle rentrant, ni pilier
« ni divisions intérieures. »

Art. 55. « Les fosses d'aisances ne pourront, dans
« aucun cas, avoir moins d'un mètre 90 centimètres
« de hauteur sous clef, un mètre 50 centimètres en
« largeur et un mètre 50 centimètres en longueur. »

Art. 56. « L'ouverture d'extraction des matières
« sera autant que possible placée au milieu de la voû-
« te. La cheminée de cette ouverture ne pourra ex-
« céder un mètre 50 centimètres de hauteur, à

» moins que les localités n'exigent impérieusement
» une plus grande élévation. »

Art. 57. « L'ouverture d'extraction, correspondant à
» une cheminée d'un mètre 50 centimètres au plus
» de hauteur, ne pourra avoir moins de 55 centimè-
» tres de longueur sur 55 centimètres de largeur.

« Cette ouverture sera fermée au moyen d'un tam-
» pon en calcaire, en granit ou en fonte d'un seul
» morceau. Ce tampon sera encastré dans un chassis
» de l'une des matières indiquées ci-dessus, portant
» une feuillure pour le recevoir et garni au centre
» d'un anneau en fer. »

« Le tuyau de chute des matières sera toujours ver-
» tical, et en fonte ou plomb. Son diamètre intérieur
» ne pourra avoir moins de 20 centimètres.

«Parallèlement au tuyau de chute, il sera élevé un
» tuyau devant de 15 à 20 centimètres de diamètre
» au moins, qui sera monté jusqu'à la hauteur des
» souches des cheminées de la maison ou de celles
» contigues, si ces dernières sont plus élevées ; il
« pourra être en grès, terre cuite, poterie, tôle, ou
» zinc. »

Art. 59. — « L'orifice inférieur des tuyaux de
» chute ne pourra descendre au-dessous des points
» les plus élevés de l'intrados de la voute.

» S'il arrivait que le tuyau de chute ne pût corres-
» pondre directement avec la fosse, il devra y com-
» muniquer par un couloir vouté, ayant au moins un
» mètre de largeur. Le fond de ce couloir sera établi
» en glacis jusqu'au fond de la fosse, sous une incli-
» naison d'au moins 45 degrés.

Art. 60. — » Dans le cas où il serait reconnu par
» l'administration municipale que les localités s'op-
» posent d'une manière absolue à l'exécution de tout

» ou partie de ces prescriptions, les propriétaires
» pourront y substituer soit des fosses-cuvettes dites
» *auges*, en dalles de schiste posées de champ, soit
» en des appareils de *fosse mobile inodore*, ou tout
» autre reconnu par la suite pouvoir être employé
» concurremment. »

Art. 61. — « Dans les trois mois qui suivront la
» publication du présent arrêté, les propriétaires de
» maisons ou parties de maisons qui n'ont point de
» fosses d'aisances seront tenus d'en faire établir
» conformément aux dispositions qui précèdent. »

Art. 62. — « Toute fosse qui laisserait filtrer ses
» eaux par les murs ou par le fond devra être immé-
» diatement réparée. Il en sera de même des fosses-
» cuvettes ou des appareils inodores dont l'emploi
» serait autorisé. »

43. — Il est bon de remarquer deux choses, 1°
le réglement dispose seulement pour l'avenir ; 2° ses
dispositions ne s'appliquent pas aux lieux-d'aisance
en dehors de la ville, Art. 52 de l'arrêté.

Les fosses de ville construites avant le réglement et
celles qui sont ou seront édifiées en dehors de la ville
restent soumises aux anciens réglemens, nous allons
les rappeler.

44. — L'article 613 de la coutume de Normandie
prescrit pour les chambres aisées un contre-mur de
3 pieds d'épais en bas et au-dessous du rez de terre,
à pierre, chaux et sable tout à l'entour de la fosse.

45. — Lorsqu'on construit une fosse d'aisance, est-
il nécessaire que le contre-mur s'élève, non seulement
jusqu'au niveau du terrain, mais encore jusqu'à la
hauteur du tuyau qui monte quelque fois au dernier
étage ?

Il faut distinguer : si le tuyau est fait en maçonnerie, il n'est pas douteux qu'il faille l'appuyer sur

le contre mur qui doit monter alors depuis le bas de la fosse jusqu'à la partie la plus élevée du tuyau ; sans cela les matières en coulant dans le tuyau corrompraient promptement le mur s'il n'était pas garanti par un contre-mur, et, le motif qui a fait ordonner cette précaution pour la fosse subsiste pour le tuyau qui n'en est que le prolongement.

46. — Si le tuyau est en métal ou en terre cuite, Desgodets décide que les matières ne pouvant pas pénétrer à l'extérieur, il n'y a aucun danger pour le mur de séparation auquel le tuyau ne touche pas. Ce tuyau doit être entouré d'une chemise de plâtre ou de mortier d'un pouce et demi (41 millimètres) au moins d'épaisseur, et il doit être isolé de façon qu'il y ait un espace vide de 3 pouces (81 millimètres) entre la chemise qui le recouvre et le mur de séparation. Cet espace ne doit pas être fermé par les côtés, afin de laisser l'air circuler librement. Toutefois, l'architecte Goupil, fait observer qu'on ne laisse presque jamais circuler l'air entre le tuyau et le mur ; l'isolement est toujours observé, mais on le masque par des languettes qui règnent à droite et à gauche du tuyau, afin de dérober l'apparence d'un tel objet et d'en écarter jusqu'à la pensée. Le Page, lois des bat. p. 140.

La cour de cassation, par arrêt du 7 novembre 1849, a décidé que les tuyaux d'écoulement des matières fécales ne rentrent pas dans la classe des ouvrages prévus par l'art. 674, c. civ.; qu'en conséquence, l'établissement de ces tuyaux n'est soumis à aucune condition de distance ou de contre-mur, et que le maintien doit être ordonné par cela seul, qu'ils ne nuisent pas au voisin.

Il est hors de doute que cette décision ne peut s'étendre au cas où le tuyau serait en maçonnerie ;

car entre une pareille conduite et une fosse d'aisance, il n'y a aucune différence. Dans l'espèce de l'arrêt, il s'agissait de tuyaux en fonte qui avaient été substitués à des pots en terre, de sorte qu'il y avait eu amélioration à l'ancien état de choses.

47. Pour diminuer la mauvaise odeur des cabinets, on donne ordinairement issue à l'air de la fosse par des ventouses. Ces ventouses ne doivent pas être ouvertes sur le voisin, et lors même qu'elles sont ouvertes du côté du propriétaire, le voisin peut se plaindre s'il en est incommodé.

48 — Pourrait-on suppléer aux prescriptions légales par des travaux d'une épaisseur moindre que celle qui est exigée, mais offrant une égale sécurité contre les infiltrations des matières? Non. Les précautions prescrites n'ont pas seulement pour but de prévenir les infiltrations et le dommage du mur ; mais elles sont nécessaires, dit Basnage, sous l'art. 613 de notre coutume, pour la santé et l'honnêteté : c'est pourquoi on ne saurait y déroger même par des conventions particulières. Suprà, N° 5.

49. — Il est de l'intérêt public que les lieux soient curés, l'article 1756, c. civ. impose cette charge au propriétaire.

50. — Il arrive souvent des difficultés pour savoir comment, et aux dépens de qui les privés doivent être curés lorsqu'ils sont communs entre deux maisons voisines. La coutume d'Orléans avait sur ce point des dispositions qui peuvent encore aujourd'hui servir de règle, car elles sont conformes aux principes de la communauté d'après lesquels chacun des ayant droit, jouissant des avantages de la chose commune, doit par réciprocité en supporter les désavantages dans une égale proportion. Coutume de Paris, art. 213.

Comme la vidange cause une grande incommodité à celui par la maison duquel elle s'opère, l'art. 149 de la coutume d'Orléans veut qu'elle se fasse alternativement par la maison de chacun des communistes, et que celui par la maison duquel la vidange s'est faite la dernière fois puisse obliger l'autre à la souffrir par la sienne lorsqu'il sera nécessaire de curer le privé.

Pothier, Société, N° 227, se demande comment l'on décidera s'il n'y a pas de mémoire par quelle maison la vidange s'est faite la dernière fois ? il répond que pour cette fois, le curement se fera par la maison du voisin qui aura la plus nombreuse famille, parce qu'il est juste qu'ayant contribué plus que les autres à emplir le privé, il supporte plutôt l'incommodité. *Cœteris paribus*; lorsqu'il n'y aura aucune raison pour commencer plutôt par chez l'un que par chez l'autre, la contestation ne pourra se terminer que par le sort.

L'art. 149 de la coutume d'Orléans ordonne en second lieu que celui par la maison duquel s'est faite la vidange ne supporte que le tiers des frais ; et que l'autre, qui n'a pas eu l'incommodité, en supporte les deux tiers. Si le privé est commun à plus de deux, il veut que celui par la maison duquel la vidange a eu lieu ne paie que le tiers de ce que chacun des autres supportera des frais. Par exemple s'il y a quatre contribuables et que les frais montent à 10 francs, il ne paiera qu'un franc, et chacun des trois autres, trois francs,

51. — Ces dispositions, dit Pothier, souffrent exception dans le cas où l'une des maisons, par un titre de servitude, est chargée de souffrir le passage de la vidange. Le propriétaire de la maison chargée de la

servitude ne pourrait pas demander à supporter une moindre portion que les autres dans les frais pour le dédommagement de l'incommodité qu'il a éprouvée par le passage de la vidange; car ce passage étant dû aux propriétaires des autres maisons, ils ne sont pas obligés de le payer. Desgodets sur ce point est d'un avis contraire, mais nous préférons celui de Pothier, Société, N° 228.

52. — Quoique l'une des maisons qui ont un privé commun, soit plus grande que l'autre, et qu'elle soit occupée par un plus grand nombre de personnes, le propriétaire de la plus petite maison n'est pas tenu de contribuer pour une plus grande portion aux frais de vidange. L'usage en est constant. Il faudrait entrer dans des détails trop embarrassans s'il fallait avoir égard au nombre des personnes qui ont occupé ces maisons depuis la dernière vidange.

Il importe encore moins que l'une des maisons ait plus de sièges qui communiquent au privé commun que n'en a l'autre maison, car ce n'est pas le nombre des sièges, mais celui des personnes qui contribue à emplir le privé. Pothier, Société, N° 228. Basnage, art. 613. Art. 22 des usances des villes, faubourgs et comté de Nantes. Desgodets, page 433.

53. — On peut abandonner la communauté d'un privé pour se débarrasser des charges de l'avenir : mais cette abandon ne décharge pas celui qui le fait de contribuer aux frais à faire lors de l'abandon; car il y a donné lieu en se servant du privé antérieurement. Pothier, ibid, N° 229. Suprà, N°s 21, 22. Denisart, v° aisance.

54. — Une latrine, au lieu d'être commune, peut être grévée d'un droit de servitude au profit d'une maison voisine. Alors le propriétaire n'est tenu de ne rien faire pour l'usage de la servitude à moins que le

titre ne l'y oblige; le créancier de la servitude n'est pas non plus obligé à contribuer aux réparations. Suprà, N° 31 et suiv. art. 697 et suiv. c. civ. Denisart, V° aisance.

Toutefois, si le créancier de la servitude ne peut contraindre, par action civile, le propriétaire à curer la latrine, il peut s'adresser à la police municipale qui peut et doit même intervenir pour forcer le propriétaire au nettoyage.

55. — La servitude d'aller aux lieux du voisin entraîne le droit de passage; mais les ayant droit en passant et repassant doivent avoir soin de fermer les portes et de ne rien faire de vexatoire.

Le propriétaire d'une maison située à Mortagne, ayant voulu user la nuit et à toute heure du droit qu'il avait d'aller aux latrines de la maison voisine, en fût empêché par le propriétaire de celle-ci, qui prétendit n'être assujetti à souffrir la servitude que depuis 5 heures du matin jusqu'à 9 heures du soir en hiver; et depuis 4 heures du matin jusqu'à 10 heures du soir en été.

Par sentence du bailliage de Mortagne, confirmée par arrêt rendu au rapport de Cochin, le 1er juillet 1858, il a été ordonné que le propriétaire de la maison chargée de la servitude serait tenu de fournir une clef de la porte d'entrée à l'autre propriétaire à charge par celui-ci de fermer exactement la porte toutes les fois qu'il userait de son droit.

Cette solution, contraire à celle que nous avons donné. Suprà, N° 27, tient à la différence qui existe entre la servitude de puisage et celle qui nous occupe. Il est facile de se pourvoir le soir d'une quantité d'esu suffisante pour la nuit, et de fixer l'heure à laquelle le puisage commencera et finira. Il n'en est pas de même du droit d'aller aux lieux, l'exercice de cette servitude ne dépendant pas de la volonté du créancier, celui-ci ne peut être empêché d'en user à toute heure de nuit comme de jour. Denisart, V° aisance. Suprà, N° 25 et suiv.

56. — Le propriétaire du fonds dominant ne peut user de la servitude que dans l'intérêt de l'héritage pour lequel elle est établie. Suprà, N° 26.

57. — Lorsque des latrines soumises à une servitude sont déplacées, les latrines nouvelles se trouvent grevées de la servitude; et celui a qui elle est due, jouit utilement des lieux nouveaux pour la conservation de son droit. Cass. 28 mars 1837, confirmatif d'un arrêt de la cour de Caen du 13 avril 1836.

58. — Lorsqu'il y a puits d'un côté, le voisin qui veut établir un privé de l'autre, doit se conformer aux règles que nous avons exposées. Suprà, N° 11—12.

59. — L'entrepreneur qui fait construire des fosses d'aisances à neuf les garantit pour 10 ans. Avant l'expiration de ce délai, le propriétaire actionné par le voisin pour dommage résultant des lieux, peut mettre en cause l'entrepreneur.

Après ce laps de 10 années à compter du jour de la réception, tout recours est éteint, à moins que l'entrepreneur n'ait pas observé les réglemens : cette faute le rend responsable et ne se prescrit pas par 10 ans.

60. — La coutume de Paris ne permet pas de faire de cloaques et fosses à eau à moins de 8 pieds de distance du mur. Art. 217.

On appelle *cloaques* un trou creusé en terre entouré de murs et couvert d'une voûte ou dalle de pierre, dans lequel s'écoulent les eaux des toits, des cours, des cuisines.

On appelle *fosses à eau* des trous creusés pour le

même usage, mais qui sont découverts comme les mares.

Les cloaques et les fosses à eau servant à perdre les eaux qu'on y fait tomber, lesquelles par un séjour plus ou moins long , deviennent infectes . Les citernes et les puissards, au contraire, sont destinés à conserver les eaux pures et claires pour l'usage domestique.

61. — Merlin, v° cloaque, dit que l'art. 217 de la coutume de Paris était suivi pour la construction des cloaques et fosses à eau dans les provinces qui n'avaient aucune loi à cet égard.

Notre coutume de Normandie ne contient pas de disposition sur ce point, nous conseillons à ceux qui voudraient faire construire des cloaques ou fosses à eau de suivre la marche que nous avons indiquée, Suprà, N° 7.

62. — Pour faire passer de l'eau par un aqueduc, le long d'un mur mitoyen ou appartenant à autrui, il faut faire un contre-mur d'une épaisseur suffisante pour que l'eau ne puisse pas pénétrer jusqu'au mur. En cas de difficulté sur les dimensions de ce contre-mur, on a recours à des experts qui prenent en considération la qualité des matériaux, la nature des eaux, leur abondance, leur rapidité, etc. Voir Suprà, N° 7.

A l'égard des eaux qui coulent sur la superficie du terrain, on ne doit point leur donner passage près du mur mitoyen ou appartenant à autrui sans avoir garanti ce mur par un revers de pavé bien cimenté, Le Page, T. 1. p. 162.

63. — Les fosses à fumier sont de leur nature assez semblables aux fosses d'aisances, on doit suivre les mêmes règles dans leur construction. Le Page, T. 1. p. 435. Quant au fumier entassé contre un mur, voir infrà, N° 88.

64. — Les actions relatives à la construction des fosses d'aisance sont de la compétence des juges de paix, puisque ces constructions sont spécifiées dans l'art. 674. Mais les actions relatives aux cas analogues, comme les cloaques, fosses à eau, fosses à fumier, sont de la compétence des tribunaux ordinaires. Suprà, N° 8.

DES CHEMINÉES ET ATRES.

65. — Le réglement municipal contient sur la construction des cheminées les dispositions suivantes :

Art. 28. — « Tout mur d'encadrement portant
» cheminée, mitoyen ou susceptible de le devenir,
» ne pourra avoir moins de 60 cent. d'épaisseur s'il
» est construit en moëllons schisteux ou autres ; et
» 45 cent. s'il est construit en briques dures. »

Art. 32. — « Toutes les cheminées et tous les tu-
» yaux d'appareils de chauffage, qui seront cons-
» truits à l'avenir dans la ville de Cherbourg, devront
» être établis et disposés de manière à éviter les
» dangers d'incendie et à pouvoir être facilement
» ramonés et nettoyés »

Art. 33. — « Les foyers de cheminées ne pourront
» être posés que sur des voutes en maçonnerie ou
» sur des trémies en matériaux incombustibles.

» La longueur des voûtes sera au moins égale à la
» largeur des cheminées y compris toute l'épaisseur
» des jambages.

» Leur largeur sera de 1 mètre au moins, à partir
» du fonds du foyer jusqu'au chevêtre. »

Art. 34. — « Il est interdit de poser les bois des
» combles et des planchers à moins de 16 cent. de
» toute face extérieure des tuyaux de cheminées et
» autres foyers. »

Art. 35. — « Dans les constructions neuves, il ne
» pourra être établi de cheminée contre un mur en
» charpente d'intérieur ou de distribution, à moins
» que toutes les parties de ce mur contre lesquelles
» on voudra adosser la cheminée, ne soient faites en
» maçonnerie. »

Art. 36. — « Le propriétaire qui aura été autorisé
» à surhausser d'anciens pans de bois ne pourra
» conserver les anciennes cheminées qui auraient été
» construites en plâtre ou plâtras, ou en moëllons
» avec mortier de terre; elles seront démolies de
» fond en comble, et ne pourront être reconstruites
» que conformément au présent arrêté. »

Art. 37. — « Les tuyaux de cheminées qui seront
» construits à l'avenir, sauf les exceptions portées
» aux articles 38 et 39. ne pourront être édifiées
» qu'en briques ordinaires ou en calcaire dit pierres
» de taille. Le vide intérieur ne pourra jamais avoir
» moins de 60 cent. de largeur et 27 cent. de profon-
» deur. Leurs parois devront avoir au moins 11 cent.
» d'épaisseur pour le fond ou contre-cœur ; les l an-
» guettes latérales et le devant pourront être cons-
» truits en briques à champ et plâtre, mais ils de-
» vront alors être enduits aussi en plâtre tant à l'in-
» térieur qu'à l'extérieur. »

Art. 38. — « Les cheminées qui ne seront pas
» construites en briques ordinaires, d'après les di-
» mensions indiquées en l'article précédent, devront
» avoir des tuyaux d'un diamètre intérieur qui ne
» pourra avoir moins de 22 cent. ni plus de 32 cen-
» timètres. »

Art. 39. — « Les tuyaux de cheminées ayant un
» diamètre de 22 à 32 cent. ne pourront être cons-
» truits que de l'une des manières suivantes :
» 1° En briques circulaires ;

» 2° En terre cuite ou poterie de la provenance de
» Vaugirard, du Havre ou de qualité analogue ;
» 3° En fonte.
» Ces trois sortes de tuyaux devront être de forme
» cylindrique ou à angles arrondis sur un rayon de
« 6 centimètres au moins.
» Les tuyaux en terre cuite ou en fonte devront
» toujours être enveloppés sur toutes les faces, au
» pourtour et dans toute la hauteur, de languettes
» en briques à champ, avec double enduit en plâtre. »
Art. 40. — « Les tuyaux dont il est parlé dans
» l'article précédent devront, autant que possible,
» être construits sur une ligne verticale, et, dans au-
» cun cas, ils ne pourront en dévier de plus d'un angle
» de 30 degrés.
» Toutes les fois que ces mêmes tuyaux de chemi-
» nées ne seront pas adhérens, à leur sortie du toît,
» à d'autres tuyaux accessibles à l'intérieur aux
» ramoneurs, ils devront être rendus d'un accès facile
» à leur partie supérieure, au moyen d'une trappe,
» d'une terrasse ou d'une échelle en fer à de-
» meure. »
Art. 41. — « Le ramonage de ces mêmes tuyaux
» ne devra s'effectuer qu'à l'aide d'écouvillons en
» métal ou autre moyen mécanique, mus par une
» corde, et ayant une force suffisante pour détacher
» et faire tomber la suie. »
Art. 42. — « Chaque foyer à moins d'autorisation
» spéciale, devra avoir son tuyau particulier dans
» toute la hauteur du bâtiment. »
Art. 43. — « Lorsque dans un mur, mitoyen ou
» non, deux tuyaux de cheminées seront adossés l'un
» à l'autre, chacun d'eux devant avoir, suivant ce
» qui est prescrit en l'art. 37, une paroi de fond ou
» contre-cœur de 11 cent. en briques, il s'en suit

» que ces tuyaux adossés devront être séparés dans
» tonte leur hauteur par une maçonnerie en briques
» de 22 cent. d'épaisseur au minimum. »

» Si les tuyaux adossés sont en terre cuite, poterie
» ou fonte, ils seront également séparés par une
» épaisseur de 22 cent., mais alors, à l'exception des
» languettes d'enveloppe en briques à champ pres-
» crites par l'art. 39, la maçonnerie de séparation
» pourra être en moëllon schisteux ou autre. »

Art. 44. — Les propriétaires seront tenus d'entre-
» tenir les cheminées constamment en bon état.

Art. 45. — « Injonction est faite aux ramoneurs,
» lorsque dans leur travail, ils remarqueront des
» défectuosités à une cheminée, telles que trous,
» crevasses, lézardes, etc., présentant quelque dan-
» ger pour le feu, ou qu'ils apercevront quelque vice
» de construction:

» 1° D'avertir de suite l'habitant ou le proprié-
» taire de la maison, afin qu'il fasse faire sans délai
» les réparations ou réédifications nécessaires ; 2° de
» remettre à M. le commissaire central, dans les
» trois jours qui suivront celui où ils auront décou-
» vert des vices, la liste des maisons dont les chemi-
» nées auront des défectuosités. »

Art. 46. — « Aussitôt que ce fonctionnaire aura
» été informé qu'il existe des défectuosités ou vices de
» construction dans une cheminée, il devra se trans-
» porter, sans délai, dans la maison où se trouvera
» cette cheminée, et si besoin est, se faire accompa-
» gner par un ramoneur, et même d'un fumiste et
» et d'un plâtrier, à l'effet de constater la nature de
» la défectuosité ou du vice de construction ; et, en
» cas de danger, il interdira provisoiremeut l'usage
» de la cheminée en y apposant son scellé; le procès-

» verbal de cette interdiction sera adressé, dans les
» 48 heures, à l'autorité compétente. »

Art 47.—«Il est expressément défendu de construire
» dans Cherbourg, sous aucun prétexte que ce puisse
» être, des cheminées en plâtre, quelle qu'en soit la
» forme.

» Celles qui ont été construites jusqu'à présent.
» dans ces conditions, et contrairement aux règle-
» mens en vigueur, devront être démolies à la pre-
» mière réquisition de l'autorité municipale, lorsque
» celle-ci jugera qu'il y a trop grand danger à les
» laisser subsister. »

66. — Le réglement du 15 novembre 1859, étant
fait pour l'avenir et pour la ville seulement, les
constructions antérieures ou en dehors de la ville
restent soumises à l'art. 611 de la coutume, ainsi
conçu :

» De tout mur mitoyen, chacun des voisins au-
» quel il appartient, peut s'aider et percer le dit mur
» d'outre en outre pour asseoir ses poutres et som-
» miers en bouchant les parties, même pour asseoir
» les courges et consoles des cheminées à fleur du
» dit mur, et est tenu en édifiant le tuyau ou canal
» de la dite cheminée, laisser la moitié du dit mur
» entier, et 4 pouces en outre pour servir de contre-
» feu ; et ne pourra le voisin mettre aucuns som-
» miers contre ni à l'endroit de la dite cheminée qui
» aura été premièrement bâtie. »

67. — Ce que la coutume dit des poutres est modifié par l'article 657 du C. civ. qui permet le place-
ment de ces matériaux dans toute l'épaisseur du
mur, à 54 millimètres près, sans préjudice du droit
qu'à le voisin de les faire réduire jusqu'à la moitié
du mur dans le cas où il voudrait asseoir des maté-

riaux semblables dans le même lieu ou y adosser une cheminée.

68. — Flaust, T. 2, page 898, dit : Par l'art. 611, la coutume a veillé à la conservation de la propriété du voisin dans le mur mitoyen ; elle a voulu que le voisin qui fait bâtir une cheminée ne pût se servir que de la moitié du mur et qu'il prît encore sur lui 4 pouces pour servir de contre-feu ; à ce même moyen, elle a laissé le droit à l'autre voisin de se servir de son autre moitié, et de faire au même endroit une cheminée de son côté comme le voisin en a fait une du sien. »

Ce sentiment de Flaust nous paraît impraticable. Le premier constructeur a le droit d'asseoir le canal de sa cheminée en laissant la moitié du mur; si le voisin en fait autant an même endroit, c'est-à-dire prend l'autre moitié pour le canal de la sienne dans le même endroit, la totalité du mur sera épuisée, il ne restera aucune séparation entre les deux cheminées, qui se confondront nécessairement à partir de la hauteur du contre-feu. Un pareil résultat n'est pas admissible. Il faut reconnaître que la coutume de Normandie ne permet pas au voisin de construire une cheminée dans le même endroit où l'autre voisin a déjà usé de cette faculté et pris la moitié du mur.

Les coutumes, comme celles de Reims, de Blois, qui autorisaient l'encastrement de deux cheminées dans le même endroit, ne permettaient à chaque voisin de ne prendre que le tiers du mur, de sorte qu'il restait un tiers pour la séparation des deux cheminées. Les coutumes qui permettaient de prendre la moitié du mur pour la construction d'une cheminée, telles que celles de Sedan, Auxerre, Berry, Orléans, etc. défendaient au voisin d'en construire dans le même endroit. Houard, V° mur.

69. — La coutume de Paris, art. 189, interdit implicitement d'encastrer les cheminées dans le mur mitoyen. Le Page, T. 1, p. 148, soutient que le C. civ. a voulu généraliser cette interdiction dans toute la France en défendant par l'art. 662 à l'un des voisins de pratiquer dans le corps du mur mitoyen *aucun enfoncement* sans le consentement de l'autre.

Cet auteur donne à la loi un sens qu'elle ne comporte pas. L'art. 662 ne défend pas de pratiquer des enfoncemens dans le mur mitoyen ; il défend seulement de les pratiquer sans le consentement du voisin; mais si celui-ci ne consent pas, on se passe de son consentement en faisant régler par experts les moyens nécessaires pour que l'ouvrage ne lui soit pas nuisible.

Pardessus dans son traité des servitudes, énonce la même opinion que Le Page en l'appuyant sur la dernière disposition de l'art. 657, c. civ. qui permet au voisin de réduire la poutre placée dans le mur mitoyen jusqu'à la moitié du mur dans le cas où il voudrait y asseoir des poutres dans le même lieu, ou y *adosser une cheminée.*

Pardessus conclut de ces derniers mots qu'il est seulement permis *d'adosser* une cheminée au mur mitoyen et non de l'encastrer.

Cette interprétation est évidemment trop restrictive. Si l'art. 657 cite seulement deux cas dans lesquels les poutres ou solives doivent être réduites à l'ébauchoir, c'est qu'il procède par voie dénoncation ou d'exemples ; et s'il parle *d'adosser* une cheminée, c'est que ce cas est le plus fréquent, et non pour proscrire l'encastrement.

L'art. 662 permet de pratiquer dans le mur mitoyen, toute espèce d'enfoncement, et l'encastrement d'une cheminée n'est rien autre chose ; seulement celui qui voudra faire exécuter ce travail sera tenu de se conformer aux dispositions de cet article, et aux réglemens retatifs aux constructions de cheminées. Bastia, 8 février 1840. Dalloz, 1840, 2. 121.

70. — Quand le mur appartient en entier au constructeur, il doit établir les cheminées comme si le mur était mitoyen ; car le voisin, en prenant plus tard la mitoyenneté, aura le droit d'exiger que les cheminées soient établies réglementairement.

Toutefois, il est un cas où l'on ne peut pas contraindre le voisin à reculer sa cheminée lors même qu'elle dépasserait la moitié du mur, c'est celui où les maisons auraient appartenu au même propriétaire qui les aurait transmises en cet état à ses héritiers. Ceux-ci en partageant les immeubles ont été parties dans l'établissement et l'acceptation des lots, par conséquent les cheminées doivent leur maintien au consentement du voisin.

71. — Si le mur, devenu mitoyen par l'effet du partage, avait besoin d'être reconstruit en entier, pourrait-on le rétablir comme il était ? Oui, assurément ! ce serait le cas de l'application de l'art. 665, c. civ.

72. — Desgodets cite un arrêt du parlement de Paris, du 29 mars 1610, qui a décidé qu'un propriétaire ne pouvait pas être forcé d'élever au-delà de 3 pieds au-dessus des combles lles tuyaux de ses cheminées. Nous n'avons à Cherbourg aucun usage sur ce point quand la cheminée n'est pas destinée à une exploitation nuisible.

Desgodets enseigne encore que si une cheminée était adossée à un mur de clôture d'une hauteur ordinaire, il serait à propos d'élever la cheminée à 6 pieds au-dessus du faîte de l'édifice et de la reculer au moins de 6 pieds des fenêtres voisines par où la fumée pourrait entrer.

Ces précautions sont sans doute très sages ; mais comme il n'existe dans notre arrondissement aucun usage à cet égard, nous pensons que les juges doivent décider selon les cas en ayant soin de concilier les lois du bon voisinage avec les principes du droit de propriété. La règle la plus sûre sera de considérer la position de celui qui aura bâti le premier comme la plus favorable. Supposons la cheminée premièrement construite et édifiée selon les règlemens ; si le voisin qui a édifié postérieurement se plaint de la fumée, il doit se reprocher d'avoir placé ses fenêtres trop près ou de n'avoir pas pris les précautions nécessaires pour se garantir d'une incommodité qu'il devait connaître. Les frais des travaux à faire à la cheminée doivent alors être mis à la charge du plaignant. Et *vice versâ*, si la cheminée a été construite la dernière.

73. — En principe l'obligation de souffrir la fumée des cheminées voisines est une charge du voisinage à condition d'être ordinaire et modérée. Mais si le propriétaire du bâtiment d'où se répand la fumée fait un usage immodéré de la tolérance réciproque des voisins; ou si au lieu d'une habitation ordinaire, il forme un établissement qui par son exploitation produit une fumée dommageable, l'émission de la fumée devient une véritable servitude qui doit être réprimée ou qui ne peut être supportée sans indemnité. Aussi a-t-il été jugé que le boulanger dont le four cause du dommage au voisin par la fumée et par les parcelles de charbon emflammées qui s'échappent de la cheminée, est tenu de la réparation du dommage, encore bien qu'il se soit conformé aux règlemens dans la construction du four et de la che-

minée. Pothier, ad pandect. liv. 8, tit. 2, N° 16. Fournel, T. 1, p. 105. Flaust, T 2, p. 900. Bordeaux, 30 janvier 1839. Douai, 30 mai 1854. Cass. 27 novembre 1844.

74. — Toute construction analogue à une cheminée, comme un poële, est soumise aux mêmes précautions. Les tuyaux doivent être placés près des murs selon les mêmes régles.

75. — Dans la ville de Cherbourg, à partir du 15 novembre 1859, aucun tuyau de poële ne pourra déboucher sur la voie publique.

Dans l'année 1860, les tuyaux de poële et autres qui débouchent actuellement sur la voie publique seront supprimés.

Les tuyaux de cheminées en maçonnerie et en saillie sur la voie publique seront démolis et supprimés lorsqu'ils seront en mauvais état ou que l'on fera de grosses réparations à la partie des bâtimens à laquelle ils sont adossés.

Les tuyaux de cheminée en tôle, en poterie ou en grès, ne pourront, sous aucun prétexte, être conservés à l'extérieur des murs de face, art. 69 de l'arrêté municipal du 15 novembre 1859.

76. — Les actions relatives aux constructions de cheminées et aux âtres sont de la compétence des juges de paix, mais les actions relatives aux poëles et autres travaux analogues sont de la compétence des tribunaux civils. Suprà, N° 8.

77. — *L'âtre* est la place sur laquelle repose le foyer ; cette construction étant de même nature que la cheminée avec laquelle elle fait corps, les mêmes règles doivent être observées.

78. — Le *contre-feu* ou ce qui est la même chose le contre-cœur est le mur qui forme le fond de la cheminée jusqu'à la hauteur du manteau ; il doit

avoir 4 pouces d'épaisseur d'après l'art. 611 de la coutume : néanmoins dans la ville, l'usage a prévalu d'y substituer une plaque de fonte qui garantit beaucoup mieux le mur.

DES FORGES, FOURS ET FOURNEAUX.

79. — L'arrêté du 15 novembre 1859 règle les précautions à prendre pour ses sortes de constructions dans la ville de Cherbourg.

Art. 48. — « Tout propriétaire qui voudra cons-
» truire une forge, un fourneau de maréchal-ferrant,
» forgeron, taillandier, coutelier, orfèvre, etc., ou un
» four de boulanger, cuisinier, pâtissier, ou un
» moufle de porcelaine et autres, devra préalable-
» ment se munir d'une permission de l'autorité
» municipale. »

Art. 49. — « Si les localités le permettent, l'auto-
» risation pourra être accordée, mais aux conditions
» suivantes :

« 1° De construire entre le four et les murs d'en-
» cadrement du bâtiment, mitoyens ou non, un
» contre-mur en maçonnerie pleine, d'une épaisseur
» de 30 cent. au moins, pour isoler le four dans
» toutes les parties susceptibles d'être avoisinés ;

» 2° D'isoler la voute du four de toute construc-
» tion.

» 3° De ménager tout autour de la partie extérieure
» un intervalle d'au moins 16 cent. de largeur, et ce,
» dans toute la hauteur du four, forge ou fourneau ;
» cet ouvrage ne devra jamais être fermé ni par le
» haut, ni par les extrémités.

» 4° De plafonner en plâtre le plancher haut du
» bâtiment où la construction est projetée, et de
» n'établir la calotte du four qu'à la distance d'au
» moins un mètre dudit plancher.

« 5° De construire un tuyau de cheminée spécial,
» et à une hauteur telle que la fumée soit portée
» au-dessus des maisons voisines.

» Ce conduit devra être construit avec paroi d'en-
» cadrement intérieur tout au pourtour, de maçon-
» nerie de briques d'au moins 11 cent. d'épaisseur,
» et le vide intérieur ne pourra être de moins de 80
» cent. de longueur sur 27 à 30 centimètres de
» largeur.

» Il devra être élevé perpendiculairement.

» 6° De ne placer aucuns bois apparens ou non
» qu'à la distance d'au moins 16 cent. du conduit
» de cheminée. »

Art. 50. — « Il ne pourra jamais être fait d'appro-
» visionnement ni de dépôt de combustibles et de
» matières inflammables dans le bâtiment ou sera
» construit le four, la forge ou le fourneau
» projetés.

Art. 51. — « Le propriétaire ne pourra exploiter
» le four, la forge ou le fourneau qu'après constatation
» de l'un des architectes de la ville que toutes
» les conditions prescrites ont été fidèlement sui-
» vies.

» Nonobstant cette réception, l'autorité munici-
» pale se réserve le droit de prescrire telle mesure
» qu'elle jugera utile dans l'intérêt de la sûreté
» publique. »

77. — En dehors de la ville, on doit suivre les
dispositions de l'art. 614 de notre coutume ainsi
conçu : « qui veut faire forge, four ou fourneau
» contre le mur mitoyen doit laisser demi pied de vide
» d'intervalle entre deux du mur du four ou forge ;
» et doit être ledit mur d'un pied d'épaisseur,
» et sera ledit mur de pierres, briques et moëllons. »

80. — L'art. 190 de la coutume de Paris contient

une disposition semblable. Goupil restreint son application aux fours des boulangers, pâtissiers et autres artisans ; il prétend qu'il n'est pas nécessaire de laisser ce vide pour les fours des particuliers qu'on chauffe plus rarement et qu'il suffit de faire contre-mur de 8 à 9 pouces d'épaisseur.

Notre coutume, n'ayant fait aucune distinction nous ne croyons pas qu'on doive suivre le sentiment de Goupil. Pothier, Société, N° 211.

81. — Les forges de grosses œuvres, c'est-à-dire celles où l'on fait usage de moyens mécaniques pour mouvoir soit les marteaux, soit les masses destinées au travail, sont soumises à l'autorisation préfectorale, Ordon. du 5 novembre 1826.

82. — Les fours à plâtre sont compris dans la nomenclature des établissement qui ne peuvent être formés dans le voisinage des habitations particulières et pour la création desquels il est nécessaire de se pourvoir administrativement. Décret du 15 octobre 1810, combiné avec le décret du 25 mars 1852.

Il est défendu aussi de construire ces sortes de fours à une distance moindre de 200 mètres des bois et forêts. C. forest. Art, 148.

83. — Les fourneaux dont parle l'article 674 sont les fourneaux qui servent aux arts et aux métiers, tels sont ceux des brasseurs, des teinturiers, des chapeliers, des fondeurs, des restaurateurs et autres où le feu est considérable et fréquemment allumé.

Les fourneaux potagers des cuisines bourgeoises ne sont pas soumis aux mêmes précautions. Dans l'usage, on fait un petit contre-mur avec un rang de briques de terre ou de porcelaine placées à plat dans toute la longueur du fourneau et à une hauteur raisonnable pour garantir le mur de l'action de la chaleur.

84. — Encore bien que l'article 614 de notre coutume ne parle que des murs mitoyens, les précautions qu'il prescrit et celles qui sont contenues dans le réglement de 1859 s'appliquent *à tous les murs*, mitoyens ou non. Art. 49 de l'arrêté de 1859. Le Page, T. 1. p. 157. Suprà, n° 1.

<h3 style="text-align:center">DES ÉTABLES.</h3>

85. — Notre coutume ne contient aucune disposition sur ce point. On y suivait l'article 188 de la coutume de Paris, ainsi conçu : « Qui fait étable » contre un mur mitoyen, il doit faire contre-mur de » 8 pouces d'épaisseur (217 millim.) jusqu'à la hau- » teur du raz de la mangeoire. » Pesnel, sous l'art. 614. Flaust, T. 2. p. 904.

Il faut observer, dit Pothier, que la coutume de Paris ne parle de la mangeoire que pour régler la hauteur du contre-mur. Il n'en faut pas conclure que ce contre-mur ne doit être fait que lorsque la mangeoire est du côté du mur mitoyen ; car ce n'est pas par rapport à la mangeoire que la coutume ordonne de le faire, mais pour empêcher l'humidité des fumiers de pénétrer jusqu'au mur mitoyen. C'est pourquoi, s'il y avait plusieurs des murs de l'étable qui fussent mitoyens, il faudrait faire un contre-mur le long de chacun des dits murs. Pothier, Société, n° 211. Desgodets, sur l'art. 189, n° 4.

86. — Nous avons vu Suprà, n° 1, que le code civil a étendu à toute espèce de mur ce que les coutumes n'avaient exprimé qu'à l'égard du mur mitoyen. Le propriétaire d'un mur devra donc aussi faire contre-mur de 8 pouces s'il veut construire une étable contre son mur.

Toutefois, le calcul se fera selon l'épaisseur de ce mur. Les 8 pouces de contre-mur sont présumés suffisants pour garantir le mur et le voisin. Si le mur contre lequel le propriétaire veut construire une étable n'a que l'épaisseur ordinaire, c'est-à-dire 50 centimètres, il faudra faire un contre-mur de 8 pouces, car c'est en vue de ces murs que 8 pouces de contre-mur sont présumés nécessaires ; mais si le mur contre lequel on construit l'étable a 71 centimètres, c'est-à-dire 8 pouces de plus que l'épaisseur ordinaire, il ne sera pas utile de faire un contre-mur ; car l'épaisseur voulue pour la garantie du voisin existe, et la garantie du mur est indifférente, puisque nous le supposons la propriété du constructeur de l'étable.

Si plus tard le voisin acquiert la mitoyenneté de ce mur, il pourra forcer le propriétaire à faire contre-mur, parce qu'alors il ne suffira pas seulement de garantir le voisin, mais de garantir aussi le mur dont il sera co-propriétaire. Suprà, n° 2.

87. — Sous le mot *étables*, il faut comprendre les vacheries, les bergéries, les écuries, les crèches à porcs et généralement toute construction destinée à recevoir habituellement des animaux. Pothier, Société, n° 211.

88. — Nous avons dit, Suprà, n° 63, que les fosses à fumier doivent être assimilées aux fosses d'aisances et construites avec les mêmes précautions. Il n'en est pas de même du fumier qu'on entasse contre un mur privatif ou mitoyen. Dans ce cas, Desgodets exige un contre-mur de 8 pouces d'épaisseur, lequel doit s'étendre en longueur et hauteur autant que la masse du fumier et avoir des fondations de deux pieds de profondeur.

Quand le mur appartient au voisin, on ne peut pas entasser de fumier contre, même en faisant contre-mur; car on ne peut rien adosser contre le mur d'autrui.

89. — Les juges de paix sont compétents pour connaître des actions relatives à la construction des étables ; mais ils ne le seraient pas pour connaître des actions relatives à des fumiers mis en tas, ni pour une écurie. Suprà, n° 8.

DES MAGASINS DE SEL ET DES AMAS DE MATIÈRES CORROSIVES.

90. — La commission des usages locaux du canton de Cherbourg atteste que les dépôts de sels sont éloignés des murailles par des cloisons en planches et qu'on ne prend aucune précaution pour les établir.

91. — Le code ne pouvait pas énumérer les matières corrosives nuisibles, elles sont variables selon les éléments chimiques qui entrent dans leur composition.

Les auteurs décident qu'on ne peut établir sans prendre de précautions les bâtiments où l'on pratique des trempes pour les poissons salés.

Une fosse destinée à éteindre de la chaux ne peut être construite sans faire des ouvrages pour éviter de nuire au voisin. Bordeaux, 19 août 1831.

92. — Selon l'art. 192 de la coutume de Paris, admis par les commentateurs et la jurisprudence de notre coutume de Normandie, celui qui ayant place vide joignant le mur d'autrui ou le mur mitoyen, voulait le faire labourer, était tenu de construire un contre-mur de demi-pied d'épaisseur et d'un pied si la terre était jectisse, c'est-à-dire plus élevée que celle du voisin.

Les commentateurs de la coutume de Paris convenaient que déjà de leur temps, ce contre-mur ne se pratiquait pas, qu'on se contentait de laisser un petit sentier entre le mur et la terre labourée.

Aujourd'hui dans la ville, on ne fait point de contre-mur et on ne laisse point de sentier. Dans la campagne, on laisse généralement contre le mur un petit espace de terre sans labour, non par obligation dérivant de l'usage, mais par difficulté d'arriver tout près du mur avec la charrue; aussi rien ne s'oppose à ce que ce petit espace ne soit cultivé à l'aide de la bêche. En effet, pour ce cas, ainsi que pour ceux non prévus par le code, il suffit du principe général d'après lequel celui qui fait un ouvrage quelconque est responsable du dommage qu'il occasionne à son voisin. Le Page. Lois des bâtiments. Tome 1. page 463.

93. — Fournel, T. 2, p. 319, dit que Dracon exigeait que les abeilles fussent placées à 300 pas du voisin et que la sagesse de cette disposition doit la faire adopter comme droit commun. Dans notre localité, on n'observe pas cette distance, et si une contestation s'élevait à ce sujet, elle devrait être résolue par les articles 1382 et 1383.

ART. 681. - « Tout propriétaire doit
» établir des toits de manière que les eaux
» pluviales s'écoulent sur son terrain ou sur
» la voie publique ; il ne peut les faire verser
» sur le fonds de son voisin. »

1. — L'arrêté municipal du 15 novembre 1859 contient plusieurs dispositions relatives à la construction des toits et à l'écoulement des eaux sur la voie publique.

Art. 24.— « Il est interdit de la manière la plus for-
» melle de couvrir aucun bâtiment ou mur soit en

» paille, soit en bois, soit avec tous autres matériaux
» combustibles.

« » Toute réparation est interdite aux couvertures
» de cette nature aujourd'hui existantes, et celles de
» ces couvertures qui ont été établies sans autorisa-
» tion régulière, devront être supprimées à la pre-
» mière réquisition de l'autorité municipale. »

Art. 25. — Dans les constructions qui seront édi-
» fiées à l'avenir, ou dans les anciennes construc-
» tions aux façades desquelles il serait fait un trot-
» toir ou des travaux, n'importe de quelle nature, il
» devra être posé une gouttière, tant sous le larmier
» de la couverture que sous le larmier des auvents,
» balcons et autres saillies, pour recevoir les eaux du
» toit et les diriger jusqu'au sol de la rue par un
» tuyau de descente dont l'orifice inférieur ne pourra
» être à plus de cinq centimètres au-dessus du sol.

» La pente longitudinale des gouttières, à moins
» de circonstances particulières dont l'appréciation
» est réservée à l'administration municipale, devra
» être établie parallèlement à celles des ruisseaux de
» la voie publique

» Elles ne pourront être qu'en cuivre, plomb, zinc
» ou tôle étamé, et soutenues soit par des corbeaux
» en fer, soit par des agrafes ou par des pattes à
» scellement, etc. également en fer.

» Les tuyaux de descente ne pourront être établis
» qu'en fonte, cuivre, zinc, plomb ou tôle étamée. Ils
» seront appliqués le long des murs de face avec 11
» centimètres au plus de saillie, et retenus par des
» colliers en fer à scellement.

» Ces gouttières et tuyaux de descente devront tou-
» jours être entretenus en bon état. »

Art. 26. — « S'il existe un trottoir le long de la
» façade, les eaux seront portées directement au

» ruisseau de la chaussée par des gargouilles placées
» dans toute la largeur du trottoir, et dans ce cas,
» l'orifice inférieur du tuyau de descente sera engagé
» dans la gargouille. »

Art. 71. — « Lorsqu'il n'existera pas de trottoir, les
» propriétaires devront établir à leurs frais, sous
» chacun des tuyaux de descente, un ruisseau en
» pavé de grès, ayant au moins 60 centimètres de
» largeur, qui rejoindra par une ligne directe l'un
» des ruisseaux principaux de la rue, et y déversera
» les eaux dont il s'agit.

» Ces dispositions sont applicables aux maisons
» déjà existantes. »

Art. 83. — « Les eaux ménagères et pluviales
» prendront leur écoulement sous le dallage dans la
» largeur du trottoir, au moyen de gargouilles droi-
» tes en fonte, conformes au modèle adopté par l'ad-
» ministration.

» A droite et à gauche des portes cochères, les
» gargouilles pourront être disposées en S, ou, si
» elles sont droites, placées obliquement.

» Ces gargouilles devront être ajustées avec les
» tuyaux de descente prescrits par le présent arrêté.

» L'administration municipale pourra permettre
» l'emploi de rigoles en granit, lorsque la disposition
» des lieux l'exigera.

» Il est interdit de placer dans les trottoirs plu-
» sieurs gargouilles à côté les unes des autres ; l'es-
» pacement entre elles ne pourra être inférieur à 1
» mètre cinquante centimètres. »

2. — En ce qui concerne les particuliers entre eux,
chaque propriétaire doit établir son toit de manière
que les eaux pluviales ne s'écoulent pas sur le fonds
du voisin.

3. — Si la construction est établie sur l'extrême

limite de la propriété, le constructeur ne peut y placer ni gouttières avancées, ni larmiers à moins qu'il n'ait acquis le droit de saillie.

4. — Celui qui veut établir un larmier doit laisser entre son héritage et celni du voisin un espace suffisant pour recevoir les eaux du toît et disposé de manière qu'elles ne coulent pas sur le voisin qui n'est tenu de les supporter qu'autant qu'elles coulent naturellement sans le fait de l'homme.

5. — Quelle doit être l'étendue de l'espace à laisser par le propriétaire de la maison à laquelle appartient le larmier ? Desgodets fixait cet espace au double de la saillie du toit. En Normandie on décidait que suivant les anciens réglemens, on ne pouvait avoir un larmier à moins de 10 pouces (27 centimètres) du voisin. Caen, 6 janvier 1820. Dict. de juris. de la cour, v° servitude. N° 136.

Le code n'a prescrit aucune distance, il se borne à recommander au propriétaire d'établir son toit de manière que les eaux s'écoulent sur son terrain et de ne pas la faire verser sur le fonds de son voisin.

Le propriétaire ne pourrait pas diriger l'écoulement des eaux pluviales déversées par le toît de sa maison sur un terrain commun avec le voisin, si ce terrain n'est pas grevé de cette servitude.

Un arrêt de cass. du 31 mars 1851 n'est pas contraire à cette opinion. Dans l'espèce, la servitude de larmier existait ; seulement le voisin avait un peu avancé l'égout du toit. Routier, principes de la coutume, p. 72. Bordeaux, 20 juillet 1858. Dalloz, 1859, 2. 185.

6 — Le droit de larmier jure servitutis ne pouvait s'acqu'érir en Normandie sans titre ; la possession la plus longue, fut-elle de 100 ans, ne pouvait

constituer une servitude d'égouts. Art. 607 de la coutume.

Il y avait exception à cette règle lorsqu'on avait possédé d'une manière absolue le fonds sur lequel tombaient les eaux, ou au moins les ouvrages assis sur ce fonds et destinés à les recevoir. Par exemple, si depuis un temps suffisant pour prescrire, il existait une rigole servant uniquement à recevoir et conduire les eaux du larmier et toujours curée par le propriétaire de ce larmier. Caen, 21 avril 1831. Dict. de jurisp. de la cour, v° servitude, N° 139.

Sous l'empire du code la servitude d'égout peut s'acquérir par prescription. Art. 688, 689, 690, c. civ.

7 — En l'absence de toute preuve, l'espace que le larmier couvre est-il réputé appartenir au propriétaire du toît ? Une sentence du bailliage de Coutances avait jugé que l'existence d'un larmier n'était pas un titre suffisant pour donner le fonds sur lequel il tombe à celui qui le possède, parceque c'est une servitude qui ne peut s'acquérir sans titre. Le Parlement de Rouen confirma cette sentence par arrêt du 13 juillet 1742. Flaust T. 2 p. 884. Houard, V^{is}. égout, échelle.

Depuis la promulgation du code, le droit d'égout étant devenu prescriptible, la présomption naturelle est que le terrain couvert par le larmier appartient au propriétaire du toit. Daviel, T. 3, N° 943. Demolombe. T. 12 N° 592. Limoges, 26 décembre 1839. Cass. 28 juillet 1851.

ART. 682 — « Le propriétaire dont les fonds
» sont enclavés et qui n'a aucune issue sur
» la voie publique, peut réclamer un passage
» sur les fonds de ses voisins pour l'exploi-

» tation de son héritage, à la charge d'une
» indemnité proportionnée au dommage qu'il
» peut occasionner. »

1.— Le propriétaire d'un fonds enclavé peut réclamer un passage *sur les fonds de ses voisins*. Tous les
fonds qui touchent l'enclave sont donc frappés en
principe de l'obligation du droit de passage au profit
du fonds enclavé : tellement que le propriétaire de
ce fonds qui, avant tout réglement de l'assiette du
passage, passe sur l'un des fonds voisins avec ses bestiaux à travers des terres ensemencées ne commet pas
la contravention prévue par l'art. 475, N° 10 du code
pénal ; car on ne peut pas dire qu'il y a passé sans
droit. Cass. 25 avril 1846.— 16 Septembre 1853,—
7 juillet 1854,— 22 janvier 1857,— 21 avril 1860,—
2 mai 1861.

Ce droit qui résulte de la volonté de la loi n'est
point une aliénation, c'est un état particulier qui résulte de la position de ces fonds indépendamment de
la volonté de l'homme. Aussi l'art. 682 ne distingue
pas : *tous les fonds voisins* de l'enclave sont soumis à
fournir le passage. Il importe peu qu'ils soient do-
taux, qu'ils appartiennent à des mineurs, à des in-
terdits, à la couronne, qu'ils soient aliénables ou non,
qu'ils soient plus ou moins éloignés de la voie publique. Rodière et Pont. Cont. de mariage. T. 2 N° 537.
Carou, act. poss. N° 185. Cass. 7 mai 1829,— 20
janvier 1847,— Angers 20 mai 1842.

Non seulement ce n'est pas une aliénation, ce
n'est même pas une servitude proprement dite ; car
la servitude consiste essentiellement dans une **excep-**
tion hors du droit commun, dans une dérogation particulière aux règles communes à toutes les propriétés.

L'état d'un héritage conforme à la loi ne constitue pas une servitude. Les charges imposées par la loi soit à tous les fonds indistinctement, soit à tous ceux qui se trouvent dans une condition déterminée, étant générales pour tous ces fonds, ne sont pas des servitudes ; elles forment le droit commun de tous les fonds ou de tous les immeubles d'une certaine classe.

C'est donc improprement que le code range le droit de passage en cas d'enclave au nombre des *servitudes légales*.

Toutefois, comme nous ne voulons pas afficher une exactitude pédantesque, nous appellerons aussi servitude l'obligation de souffrir le passage forcé en ayant soin de faire remarquer en temps opportun les conséquences juridiques qui découlent de la vraie nature de ce droit.

2. — Une fois proclamé par la loi au profit du fonds enclavé, ce droit ne pouvait pas rester indéfini ; il fallait le mettre en exercice, c'est-à-dire le faire passer à l'état de fait, à l'état pratique sur l'un des fonds voisins ; à cette occasion, le législateur a prévu deux hypothèses : ou il s'élèverait des contestations ou il ne s'en élèverait pas. Le premier cas fait l'objet des art. 683 et 684 dont les dispositions indiquent aux juges deux règles de décision ; l'une abandonnée à leur pouvoir discrétionnaire, l'autre absolue et applicable en toute circonstance. La première est que le passage doit *régulièrement*, c'est-à-dire autant que possible, être pris du côté ou le trajet est le plus court du fonds enclavé à la voie publique. Nancy, 8 janvier 1838.

La seconde est qu'il doit être fixé dans l'endroit le moins dommageable à celui sur le fonds duquel il est accordé ; la loi ne laisse aucune latitude au

juge. L'endroit le moins dommageable doit être préféré, qu'il soit plus éloigné ou plus rapproché de la
voie publique, peu importe !

3. — En l'absence de contestation entre le propriétaire du fonds enclavé et les propriétaires des fonds
voisins, l'assiette du passage se fixe selon le consentement des parties ; ce consentement est exprimé ou
tacite ; quand il est exprimé, on suit la convention ;
l'enclave ayant cessé par ce moyen, le propriétaire
du fonds enclavé n'a plus d'action contre les autres
voisins. Cass. 27 février 1839. Quant le passage est
fixé par consentement mutuel, il importe peu que
l'héritage frappé du passage soit de libre disposition ;
car nous avons vu Suprà, Nº 1, que le fonds dotal
comme les fonds des mineurs ou de la couronne, sont
par le seul fait du voisinage d'un immeuble enclavé,
grevés du droit de passage indivisément avec les autres fonds voisins ; que la question de fixation du
chemin n'est qu'un fait secondaire rentrant dans les
actes de pure administration, puisqu'il ne constitue
ni aliénation ni même une servitude ; que dès lors, il
peut être fixé par le consentement mutuel tout aussi
bien que par la voie judiciaire ou par le consentement,
tacite qu'on appelle prescription.

4. — Si le propriétaire d'un héritage enclavé passe
sur l'un des fonds voisins sans résistance et sans le
consentement explicite du propriétaire de ce fonds ;
les choses ne peuvent rester ainsi indéfiniment, l'assiette du passage ne peut pas rester perpétuellement
indécise et être à tout moment remise en question.
L'art. 685 suppose alors le consentement tacite des
parties ; et, si le passage a duré plus de 30 ans, il déclare que l'indemnité est prescrite et que le passage
doit *continuer*.

Remarquons cette expression, doit *continuer* | Elle révéle le principe créateur du droit de passage. Le fonds enclavé n'acquiert pas la prescription un droit nouveau, et le fonds voisin ne se trouve pas grêvé d'une obligation nouvelle. Tous les héritages voisins de l'enclave étaient indivisément soumis à l'obligation du passage ; le consentement tacite, ou ce qui est la même chose, la prescription, en faisant cesser cette indivision, le passage qui en principe, était dû par tous, *se continue* définitivement sur l'un d'entre eux. Marcadé, art. 682, N° 2. En résumé, du moment où l'assiette du passage, dû par tous les fonds voisins, est fixée sur l'un d'entre eux, soit par jugement, soit par consentement explicite, soit par consentement tacite, le but de la loi est rempli ; le fonds enclavé est rendu à l'agriculture, et toute action est désormais éteinte contre les autres fonds voisins qui la repousseraient par une fin de non recevoir tirée de la cessation de l'enclave. Pardessus, N° 1,223. Toullier, 3, N° 553, Demante, 2, N° 558 bis, —Demolombe, 12 N° 624, cass. 29 décembre 1847,— 18 juillet 1848,— 19 janvier 1848,— Grenoble, 7 juin 1860, Nancy, 30 mars 1860, Paris, 5 avril 1861.

5—Quand l'enclave est l'effet d'un partage, le propriétaire du lot enclavé a droit de réclamer un passage sur le lot de son co-partageant, et ce droit doit être considéré comme une condition implicite du partage.

Ce principe a été aussi étendu aux ventes et aux échanges, de sorte que l'acheteur ou l'échangiste dont les fonds achetés ou échangés sont enclavés, peuvent exiger un passage sur le fonds de leur vendeur ou co-échangiste comme condition omise dans la vente ou dans l'échange. Cass. 14 novembre 1859,— 1er août 1861.

On n'applique pas dans ces cas les principes de l'enclave ; tous les fonds voisins ne sont pas soumis à l'exercice de ce droit de passage, mais seulement les fonds voisins appartenant à la succession partagée, au vendeur, au co-échangiste.

6. — Celui à qui un simple sentier est suffisant ne peut exiger un chemin. Le propriétaire du fonds voisin peut même refuser un droit de passage permanent et indéfini ; il peut ne le consentir que pour un temps et une destination spéciale, lorsque cela suffit pour l'exploitation du fonds enclavé. Pardessus N° 220.

7. — Le passage une fois établi peut être modifié et agrandi, moyennant indemnité si un nouveau mode d'exploitation du fonds l'exige. Favart, répert. V°. serv. sect. 2§ 7, N° 3, Teulet et D'Auvilliers sous l'art, 685, N° 42, Solon, N° 880, Demolombe, T. 12, N° 611, Toulouse, 16 mai 1829,—Montpellier, 2 janvier 1834,— Caen, 16 avril 1859 , 10 janvier 1861, Bordeaux, 9 janvier 1838, 18 juin 1840, cass. 8 juin 1836.

L'acquéreur d'un immeuble en faveur duquel le vendeur a constitué une servitude de passage sur son propre fonds à cause de l'enclave résultant de la vente, a le droit de réclamer ultérieurement un passage plus étendu que celui qui lui avait été primitivement concédé, en démontrant que ce dernier ne suffit plus aux besoins de l'exploitation par suite des progrès de l'agriculture. Mais il ne peut demander ce supplément que dans l'endroit ou la servitude avait été primitivement établie et moyennant indemnité. Demolombe, T. 12 N° 611, Favard, V°. servitude. Bordeaux, 9 janvier 1838, 18 juin 1840, Caen, 10 janvier 1861, cass. 8 juin 1836.

8. — De même encore, si l'assignation primitive du passage est devenue plus onéreuse au proprié-

taire du fonds assujetti, il pourra offrir au propriétaire de l'héritage enclavé un droit aussi commode pour l'exercice de son passage, art.701,civ. c. cass.1er août 1861.

9. — Le propriétaire de l'héritage servant peut-il clore son fonds ? La négative est enseignée par Duranton, T. 5, N° 434, et semble résulter de l'art. 647, tout propriétaire peut clore son héritage, « *sauf l'exception portée en l'art. 682* » Cette solution est trop absolue. Ce que veut dire l'art. 647, c'est que le propriétaire dont le fonds est soumis au droit de passage ne peut pas au moyen d'une clôture, s'en affranchir; il n'en résulte nullement qu'il ne puisse pas se clore, sous la condition de ne pas aggraver notablement l'exercice de la servitude, ce qui est une question de fait à décider d'après l'art. 701. Desgodets cite un arrêt du parlement du 19 février 1618 par lequel les heures d'ouvrir et de fermer un passage par une maison sise à Paris, furent réglées; il devait rester ouvert en été depuis quatre heures du matin à dix heures du soir ; en hiver depuis six heures du matin â neuf heures du soir. A la vérité, il s'agissait d'un passage établi par titre, mais le temps de l'ouvrir et de le fermer n'avait pas été spécifié ; ainsi c'était le même cas que s'il eût été question d'un passage forcé pour lequel il aurait fallu déterminer les heures auxquelles il devait être ouvert ou fermé. Demolombe, T. 12 N° 638, cass. 31 décembre 1839, Bordeaux, 4 mai 1832.

10. — L'indemnité doit-elle être nécessairement une somme en capital, ou une prestation annuelle ? Dans l'ancienne jurisprudence, la question se décidait selon que l'on considérait le droit de passage comme une vente ou comme un louage. En Normandie, l'indemnité était regardée plutôt comme une espèce de loyer dû en raison de la jouissance de la

chose pendant un certain temps, que comme le capital d'un prix de vente de terrain. Le passage n'était
accordé que moyennant une rétribution annuelle, il
n'était réputé que temporaire etconditionnel, puisque
comme aujourd'hui, il pouvait cesser du jour ou, par
une cause quelconque, la propriété n'était plus encla-
vée. Basnage, T. 2, p. 560. Caen, 1 décembre 1845,
jurisp. de la cour de Caen, T. 10, 37.

Sous l'empire du code, le droit de passage n'est
ni une vente, ni un loyer, ni même une servitude
dans l'acception vraie du mot, c'est l'état légal des
fonds voisins d'un héritage enclavé. La loi n'ayant
prescrit aucun mode de paiement pour l'indemnité
résultant de l'assiette du passage, nous pensons avec
un arrêt de la cour de cassation du 25 novembre
1845, que les tribunaux ont un pouvoir discrétionnaire et doivent s'inspirer des circonstances dans le
réglement de l'indemnité. Il peut arriver que le
propriétaire du fonds enclavé n'ait pas les moyens
d'acquitter un capital, faudra-t-il le laisser dans
l'impossibilité de jouir de sa propriété? Il peut se
faire que le passage ne soit pas de longue durée,
qu'il soit accordé pour quelques années seulement,
soit par ce qu'une route projetée, ou une acquisition
arrêtée doivent procurer une issue au terrain enclavé
dans un temps donné.

L'Etat, lorsqu'il n'y a pas dépossession définitive,
mais simple privation de jouissance du terrain, règle
l'indemnité par semestre ou par annuités. L'ordonnance du 1er août 1821 relative aux servitudes militaires qui ont quelque analogie avec ce que le code
appelle la servitude légale de passage, nous en donne
un exemple dans son art. 51. « Lorsque l'occupation
» d'une propriété par l'autorité militaire se prolon-
» géra au-delà de la rentrée ordinaire des revenus, -

» l'indemnité devra se régler et s'acquitter tous les
» six mois, si elle s'applique à une propriété bâtie ;
» et chaque année s'il s'agit d'une propriété rurale. »
Denizart, v° servitude, n° 42. Delvincourt, T. 1, p.
556. Le Page, T. 1, p. 239.

11. — Si l'indemnité peut être réglée en annuités,
il est évident qu'elle ne doit pas toujours être payée
préalablement à l'exercice du passage. Cependant,
des auteurs soutiennent qu'elle doit être préalable,
voyons leurs raisons :

Les uns argumentent de ce que le propriétaire d'un
mur de séparation peut exiger que le prix de la mitoyenneté soit acquitté avant que le voisin puisse se
servir du mur.

Nous répondons que la concession de la mitoyenneté contient une véritable vente, et qu'un vendeur
peut ne pas livrer l'objet vendu avant d'avoir touché le
prix convenu. Mais le droit de passage ne constitue pas
une vente, le propriétaire du fonds enclavé *n'acquiert*
pas ce droit qui découle de la seule volonté de la loi
et qui existe avant le réglement de l'indemnité. Ce
réglement est un acte secondaire qui se fait à l'occasion de l'exercice du passage et se traduit alors en
une créance au profit du propriétaire du fonds sur
lequel le passage s'exerce contre le propriétaire du
fonds enclavé. Dès lors, on ne voit pas pourquoi les
tribunaux chargés de la fixation de cette créance, qui
n'a pas la même nature que le prix d'une acquisition,
ne pourraient pas, par argument de l'art. 1243, autoriser l'usage du passage en accordant un délai pour
le paiement de l'indemnité.

Les autres, comme Duranton, T. 5, n° 429, invo-
quent l'art. 545 du code civil.

D'abord, nous dirons que dans le cas d'expro-
priation forcée, l'indemnité n'est pas nécessairement

préalable ; l'Etat peut, s'il y a urgence, se mettre en possession avant le paiement de l'indemnité. Art. 65 de la loi du 6 mai 1841.

Ensuite l'art. 545 suppose la vente de la propriété à l'Etat, et nous le répétons, le droit de passage ne constitue pas une aliénation du fonds. L'héritage assujetti au passage ne cesse pas d'appartenir à son propriétaire; souvent même l'assiette du passage n'est pas déterminée, il s'exerce tantôt à un endroit du fonds, tantôt à un autre, selon l'assolement et la récolte de chaque année. Pardessus, T. 1. N° 221. Le Page, T. 2, p. 449.

12. — Il ne faut pas confondre avec le droit de passage légale divers chemins ou petits sentiers appelés chemins de desserte, sentes de voisiné que l'intérêt commun a tracés pour l'exploitation de plusieurs fonds. Ces sentiers ne font point partie des chemins vicinaux, ils sont chose commune à tous ceux qui ont des héritages sur leur parcours, et chaque copropriétaire doit contribuer proportionnellement à leur entretien. Caen, 31 mars 1813, Jurisp. de la cour, V° Voirie, N° 48. Douai, 9 janvier 1838. Poitiers, 10 février 1853. Agen. 4 mai 1853. Cass. 14 janvier 1840. — 3 juillet, 3 août 1840.

Chaque co-propriétaire peut s'affranchir pour l'avenir de contribuer aux frais d'entretien en renonçant à s'en servir par la suite. Caen, 19 juillet 1813. Jurisp. de la Cour, V° Voirie, N° 49.

13. — L'existence des sentes de voisiné peut être prouvée par témoins et sans titres. Le même genre de preuve est admis pour établir la largeur de la sente et les empiètements commis sur elle. Caen, 17 juin 1823, — 22 juin 1827. Cass. 11 décembre 1830. Caen 14 février 1855.

Il est quelquefois difficile de distinguer une

sente de voisiné résultant de l'art. 83 de la coutume normande d'un chemin appartenant à la commune. Toutefois on peut considérer comme sente de voisiné, toute voie d'exploitation qui vient aboutir, non pas à un chemin public, mais à une ou plusieurs propriétés privées. Caen, 16 mars 1838. Jurisp. de la Cour, 1838, p. 53. Ibid. 1839, p. 555.

14. — Les co-propriétaires d'une cour, d'un passage communs ont le droit d'ouvrir des vues droites sur le terrain commun en observant la distance de 19 décimètres entre le mur où on les pratique, et l'héritage exclusif de l'autre communiste.

L'article 678 s'applique aux vues et non aux portes. Ces dernières ouvertures n'étant que le signe apparent d'un droit de passage, peuvent etre pratiquées sans observation de distance sur le terrain commun qui est destiné à l'accession des propriétés qui le bordent. Demolombe, 12, N° 565. Caen, 24 août 1842. Cass. 31 mars 1851. Montpellier, 14 novembre 1856. Bordeaux, 20 juillet 1858. Dalloz, 1859. 2. 185.

Quand la vue se prend sur une voie publique, rue, ruelle, venelle, la distance prescrite par l'art. 678 n'est pas observée, on peut ouvrir des fenêtres d'aspect à moins de 19 décimètres. Marcadé, art. 679.

15. — Le droit romain divisait les passages en trois classes : *iter*, Jus eundi, ambulandi homini ; *actus*, Jus agendi, jumentum vel vehiculum ; *via*, Jus vehendi, agendi et ambulandi. Le premier avait une largeur de deux pieds ; le deuxième, de 4 ; le troisième, de 8 en droite ligne et de 16 dans les détours. Dans les pays coutumiers, on suivait les dimensions fixées par les coutumes ou par les usages locaux.

Quoique ces coutumes ne soient plus en vigueur, il faut y recourir, dans chaque endroit, pour déterminer la largeur des passages dans le silence des conventions; car on doit supposer que les parties, en ne s'expliquant pas, ont entendu s'en rapporter à l'usage des lieux.

En Normandie, la coutume ne règle rien à ce sujet, mais les auteurs ont suppléé à son silence. Basnage, sous l'article 622, nous enseigne qu'on suivait le droit romain, légèrement modifié. Le chemin pour passer à pied (*iter*) devait avoir deux pieds et demi. Le chemin pour passer à pied et à cheval (*actus*) devait avoir quatre pieds. Le chemin à tout usage pour passer à pied, à cheval et voitures (*via*) quatre à cinq pieds en ligne droite; le double dans les anfractuosités.

Aujourd'hui, les voitures ayant une voie plus large qu'autrefois, la largeur d'un chemin de servitude pour voiture a été fixée à deux mètres trente-cinq centimètres en terrain libre, c'est-à-dire non bordé de murs, haies, fossés ou piliers. Caen, 5 août 1830. Dict. de jurisp. de la Cour. V° servitude. N° 167.

16. — En principe, le propriétaire d'un fonds grevé de la servitude de passage ne peut fermer le passage avec une barrière; ce serait une aggravation interdite par l'article 701. Néanmoins, comme le propriétaire assujetti est maître de faire sur son fonds tous les ouvrages qu'il croit nécessaire pour rendre cette servitude moins dommageable pour lui, sans nuire beaucoup au fonds dominant, il peut placer une barrière pourvu qu'elle ne gêne pas l'usage de la servitude, en l'établissant de manière à ouvrir facilement, et à n'être fermée ni par serrure, ni par cadenas. Suprà, n° 8.

17. — Si un chemin public est momentanément impraticable, le voisin est tenu de supporter le passage sur son fonds, sauf l'indemnité due par la commune, si elle a négligé de faire les réparations néces-

saires au chemin. Loi du 28 septembre 1790. Titre 2, art. 41. Pothier, Société, N° 246. Isambert, T. 1, p. 364.

Le passage dure tant que la voie n'est pas praticable et cesse lorsque le chemin est redevenu viable.

L'indemnité due par la commune ne doit pas être préalable ; elle peut être fixée en un capital, ou en annuités selon que l'interruption de la voie publique est de nature à durer plus ou moins longtemps. Suprà, n° 10.

La disposition de la loi de 1791 doit-elle être restreinte à la personne même du voyageur ou doit-elle aussi s'étendre au passage des chevaux et voitures ? La loi ne distingue pas, elle s'applique aux chevaux, aux voitures comme aux piétons. Isambert, Traité de la Voirie, T. 1, p. 366.

L'art 41 de la loi de 1791 ne dispose qu'à l'égard des *chemins publics* ; s'il s'agissait d'un chemin privé, c'est-à-dire d'un chemin dû par un fonds à un autre fonds, le créancier de la servitude ne pourrait déclore la propriété latérale pour passer en cas d'impraticabilité du passage. Isambert. Ibid.

18. — Le droit de tour d'échelle peut être considéré comme ayant quelque analogie avec le droit de passage forcé. Un acte de notoriété du Châtelet de l'année 1711, définit le droit de tour d'échelle de la manière suivante :

« Nous attestons que le tour de l'échelle est de
» trois pieds de distance du mur au rez-de-chaussée
« à laquelle distance, l'échelle doit-être mise pour
» être posée en haut du mur. lequel tour de l'échelle
» ne s'établit pas *sans titre* entre voisins, d'autant que
» celui qui bâtit peut bâtir sur son héritage jnsqu'à
» l'extrémité d'icelui, ou un mur mitoyen, auxquels
» cas il n'y a point de droit pour le tour de l'échelle;

» et s'il convient, faire quelque rétablissement à un
» mur non mitoyen, mais bâti entièrement sur l'hérita-
» ge de celui qui peut le faire rétablir, il doit faire
» le service et les ouvrages de son côté respective-
» ment ; et si une personne en bâtissant un mur
» s'est retirée sur soi de trois pieds, c'est en ce cas
» qu'il a droit du tour d'échelle, *ce qui n'est pas une
» servitude*, mais une jouissance du droit que chaque
» propriétaire a de jouir de son héritage.»

Ainsi le tour de l'échelle est pris dans deux accep-
tions différentes ; tantôt il signifie l'espèce de terrain
que le propriétaire a laissé autour de sa construction ;
tantôt il signifie une servitude de passage sur le fonds
d'autrui pour réparer l'édifice construit sur l'extrême
limite de l'héritage du constructeur.

Dans le premier cas, nulle difficulté, celui qui s'est
réservé un espace pour réparer son édifice jouit de
cet espace comme tout propriétaire *jure dominii*.
Seulement il agira prudemment en le faisant clore
ou en y plaçant des bornes pour le distinguer du terrain du voisin.

Dans le second cas, le tour de l'échelle est une servitude qu'il s'agit d'imposer au voisin et nous avons
à nous demander si elle doit être admise et de quelle
manière elle doit l'être.

19. — Dans plusieurs provinces, on l'admettait
comme une servitude légale résultant du fait seul du
voisinage. En Normandie où l'on professait la règle :
nulle servitude sans titre, le tour d'échelle comme
servitude, n'était accordé, de même que le passage forcé, que dans le cas d'absolue nécessité, quand l'édifice ne pouvait être réparé autrement. Flaust, T. 2 p.
907.

Et comme cette servitude n'était qu'accidentelle et
ne s'exerçait qu'à de certains intervalles ; l'indemni-

té, au lieu d'être réglée en rente comme pour le passage forcé, était réglée par chaque fois que l'exercice de la servitude était nécessaire. Flaust, T. 2, p. 908.

La cour de Caen, par arrêt du 8 juillet 1826, a jugé 1° que la servitude de tour d'échelle ne pouvait s'établir par prescription, quoique le prétendant droit eût sur la même maison et sur le même terrain la double servitude du larmier et de passage avec charrette ;

2° Qu'un titre est nécessaire pour l'acquisition du tour d'échelle, et que l'exercice de ce droit qui aurait eu lieu précédemment ne saurait être regardé que comme de pure tolérance ;

3° Qu'en vain on se prévaudrait de la nécessité, si cette nécessité n'est pas absolue en ce que s'agissant de faire des réparations au toît, il peut être établi des échelles volantes. Bourges, 3 août 1831.

20. — MM. Pardessus et Duranton, considèrent la servitude du tour de l'échelle comme l'accessoire obligé de la servitude d'egout, de sorte que celui qui a cette dernière doit avoir par cela même le tour de l'échelle. Cette erreur est victorieusement refutée par M. Toullier, 3 N° 560 dont la cour de Caen a adopté l'opinion par arrêt du 8 juillet 1826. Dict. de la jurisp. de la cour. V°. servit. N° 171. Carou, act. poss. N° 193. Bordeaux 20 décembre 1836.

21. — Quelle étendue de terrain doit, dans le silence du titre, être affectée à l'exercice de la servitude du tour d'échelle ?

Nous avons vu ci-dessus N° 18 que l'acte de notoriété du Châtelet fixait cette étendue à trois pieds. Toullier, N° 563 et Pardessus, N° 237, jugent raisonnable de suivre cette fixation, pour éviter l'arbitraire, *partout où il n'y a pas d'usage contraire.*

Un arrêt de la cour de Rouen, du 6 février 1841, décide aussi que l'étendue de la servitude de tour d'échelle est d'un mètre, si le titre constitutif n'annonce pas une délimitation différente.

Un arrêt de la cour de Caen, du 8 juillet 1826 a jugé que l'espace de terrain de la servitude du tour d'échelle est ordinairement de trois pieds. Mais une autre du 27 avril 1844, décide que la législation tant ancienne que moderne, n'eyant pas déterminé l'espace de terrain nécessaire pour l'exercice du tour d'échelle, c'est aujourd'hui une question de fait que des arbitres doivent juger. Jurisp. de la cour, T. 8 p. 239.

Ce dernier arrêt nous paraît dans le vrai. L'ancienne jurisprudence Normande admettait le tour d'échelle sans titre en cas d'absolue nécessité, elle l'admettait aussi comme résultant d'un titre, mais elle n'avait nulle part fixé son étendue et rien n'indique qu'elle ait voulu suivre l'édit de 1701 qui la fixait à trois pieds. Le code n'accorde le tour d'échelle qu'en vertu d'un titre, mais si le titre est muet relativement à l'espace à laisser, il n'existe aucune disposition législative, aucun usage qui puissent le déterminer. C'est donc le cas de l'application de l'art. 696 du c. civ. dont le principe était également admis par notre ancien droit Normand. D'après cet article quand on établit une servitude, on est censé accorder tout ce qui est nécessaire pour en user ; dès lors on doit régler l'espace à laisser selon les circonstances, espace d'autant plus grand que le toit sera plus élevé.

Quand la question se présentera, nous pensons qu'on fera bien de s'inspirer des observations de M. Aulanier fils, usages du département des côtes du Nord, N° 147.

« Dans le but, dit cet auteur, de connaître l'incli-

» naison à donner aux échelles pour les toits en
» ardoises, nous nous sommes adressé à des archi-
» tectes, à des entrepreneurs, à des couvreurs, toutes
» personnes compétentes. Voici le résultat des expé-
» riences auxquelles ils ont bien voulu se livrer sous
» nos yeux, et le résumé de leur opinion una-
» nime. »

» L'écartement ordinaire des échelles servant aux
» constructions est, au niveau du sol, du tiers de la
» hauteur du mur. Cet écartement, adopté par les
» manœuvres qui portent de lourds matériaux sur
» leurs épaules, est incontestablement le plus com-
» mode. »

» Toutefois, quand il s'agit de simples réparations
» et que les objets à élever ont peu de poids, on peut
» sans inconvénient réduire l'écartement, suivant les
» circonstances, au quart, au cinquième et même au
» sixième de la hauteur où l'on veut atteindre. Mais
» cette limite du sixième est un minimum qu'il est
» impossible de dépasser, sans rendre l'ascension
» toute à la fois difficile et dangereuse. »

» Si l'écartement doit égaler au moins le sixième
» de la hauteur, il faut évidemment donner à l'échelle
» d'autant plus de pied que l'édifice est plus
» élevé. »

» Quant aux maisons couvertes en paille, un
» usage constant veut que le couvreur applique son
» échelle à plat sur le toit, de façon qu'elle ait la
» même inclinaison que le toit, et que son extrémité
» repose au lieu où le plan de la couverture, suffi-
» samment prolongé, viendrait rencontrer la surface
» du sol. Ce mode exige pour le tour d'échelle une éten-
» due de terrain qui varie ordinairement de 2 à 4 m.
» selon l'élévation et l'inclination du toit. Cependant
» il est seul usité, et il serait très difficile, pour ne

» pas dire impossible, de trouver surtout dans nos
» campagnes, des couvreurs en mesure d'en emplo-
» yer un autre. Il leur faudrait pour cela deux
» échelles au lieu d'une ; il faudrait en outre dispo-
» ser différemment l'extrémité inférieure des toits
» pour que l'échelle pût y être assujettie solidement
» et sans les endommager. »

» Ces diverses considérations nous amènent à formuler de la manière suivante les règles de l'échelage. »

PREMIÈRE RÈGLE.

« Le terrain affecté à l'exercice du tour de l'échelle
» est d'un mètre au moins, cette largeur étant né-
» cessaire pour la libre circulation autour de l'édi-
» fice. »

DEUXIÈME RÈGLE.

» Cette largeur s'accroit de manière à égaler tou-
» jours le sixième de la hauteur de l'édifice à réparer.
» Quand il s'agit d'une couverture, on mesure ce
» sixième à partir du pied de la muraille, et on y
» ajoute la largeur de la partie saillante de la cou-
» verture. »

TROISIÈME RÈGLE.

» Dans les lieux où l'on a l'habitude de couvrir
» en chaume, avec une seule échelle, la servitude
» pour la réparation des couvertures, s'étend à tout
» le terrain nécessaire pour que l'échelle, dont l'ex-
» trémité repose à terre, s'applique à plat sur le
» toit. »

22. — Quand un mur est mitoyen, les deux voisins
devant faire les réparations à frais communs, il va
sans dire qu'ils doivent réciproquement fournir le pas

sage pour l'exécution de ces réparations. Mais si le mur n'est pas mitoyen, le voisin n'est pas tenu de fournir passage au propriétaire du mur. Demolombe, T. 11, N° 424. Toullier, T. 3, N° 560.

23. — La loi unique de glande ff. accordait au propriétaire d'un arbre. dont les branches s'étendaient sur le fonds voisin, le droit d'obtenir le passage pour ramasser ses fruits pendant 3 jours. M. Pardessus, N° 196, est d'avis que ce droit peut être accordé s'il est demandé dans un bref délai, et à charge d'indemnité s'il y a lieu. Nous pensons, avec M. Duranton que la loi romaine a été abolie par l'art. 7 de la loi de ventose an XII. et qu'aujourd'hui ce passage ne pourrait être reclamé. Demolombe, T, 11, N° 513.

ART. 717. — « Les droits sur les effets
» jetés à la mer, sur les objets que la mer
» rejette, de quelque nature qu'ils puissent
» être, sur les plantes et herbages qui
» croissent sur les rivages de la mer sont
» aussi réglés par des lois particulières. Il
» en est de même des choses perdues dont le
» maître ne se présente pas. »

1.—L'ordonnance de la marine de 1681, liv 4, tit. 10 a réglé ce qui concerne la récolte du varech. Cette ordonnance a été modifiée par une déclaration du roi du 30 mai 1781. Aujourd'hui cette matière est régie par le réglement du 4 juillet 1853 sur la police de la pêche.

2. — Les dispositions de ce réglemen. intéressant une grande partie des habitans de notre littoral, et ayant fait disparaître des usages profondément enra-

cinés, nous allons les transcrire en y joignant les réflexions qu'elles nous suggèreront.

Art. 103 — « Les diverses herbes marines connues » sous les noms de *varech, sart.* ou *goëmon* sont ainsi » classés: 1° goëmon tenant à la rive; 2° goëmon venant » épaves à la côte; 3° goëmon poussant en mer. »

Art. 104. — «Par goëmons tenant à la rive, on entend » ceux attenant à la partie du littoral que la mer » découvre aux basses mers d'équinoxe ; par goëmons » épaves, ceux qui, détachés par la mer, sont jour- » nellement portés à la côte par le flot; par goëmon » poussant en mer, ceux qui, tenant aux fonds et » aux rochers, ne peuvent être atteints de pied sec » aux basses mers d'équinoxe. »

GOËMON DE RIVE.

Art. 105. — « Abandon est fait exclusivement aux » habitans de chaque commune du goëmon attenant » au rivage de cette commune. »

Tout monceau de varech coupé et déposé sur le rivage est la propriété de celui qui la coupé et déposé; on ne pourrait le lui enlever sans vol, il en a acquis la propriété par l'occupation. Beaussant, N° 560.

La récolte du goëmon de rive ne peut être faite que par les habitants de la commune dans la circons- cription territoriale de laquelle il se trouve, ou par des possesseurs de terre dans cette commune, quoi- que non habitans. Ces ayant droit ne sauraient se faire aider dans cette récolte par des personnes étran- gères à la commune sans que ces personnes se rendent passibles de l'application de l'art. 9 du décret du 9 janvier 1852, qui punit cette contravention d'une amende de 2 à 50 fr. ou d'un emprisonnement de un

à 5 jours. Cass. 17 juillet 1839—22 août 1857.
Beaussant, N° 560.

Art. 106. — « Il est expressément défendu de
» vendre ce goëmon au forain et de le transporter
» hors du territoire de la commune, à moins de
» décision contraire du conseil municipal. » Beaus-
» sant, N° 566.

Art. 107. — « La coupe du goëmon ne peut avoir
» lieu qu'une fois par an, dans la période comprise
» entre le 1er octobre et le 31 mars, aux jours déter-
» minés par l'autorité municipale, qui les fait con-
» naître au commissaire du quartier d'inscription
» maritime dans lequel est située la commune. »
» Les municipalités sont chargées, sous la surveil-
» lance du préfet du département, des réglemens
» relatifs à la police et à l'ordre à observer dans
» l'enlèvement de ce goëmon. »

Art. 108. — « Les herbes marines attenant au sol,
» dans l'intérieur des pêcheries, sont également
» abandonnées aux habitans des communes, qui
» peuvent les couper, aux jours déterminés, ainsi
» qu'il a été dit à l'article précédent, sans que les
» détenteurs de ces établissemens aient le droit d'y
» mettre obstacle. » Beaussant, N° 502.

Art. 109. — « Les individus qui possèdent des
» terres dans des communes du littoral qu'ils n'ha-
» bitent pas peuvent couper ou récolter du goëmon
» sur les rivages de ces communes sous la condition
» de l'employer dans la circonscription des dites com-
» munes. » Beaussant, N° 560.

Art. 110. — « Il est expressément défendu aux
» marins pêcheurs de prendre part aux coupes qui
» se font sur le littoral d'une autre commune que
» celle où ils sont domiciliés. Toutefois, on ne peut,
» sous aucun prétexte priver les marins pêcheurs de

» participer à titre d'habitans et avec les moyens de
» transport qu'ils ont à leur disposition, aux coupes
» générales pratiquées sur le littoral des communes
» où ils sont domiciliés. »

Art. 111. — « Pour récolter le goëmon de rive et
» le goëmon épave qui se trouvent sur les parties de
» la côte inaccessibles par terre, les habitans des
» communes doivent employer, comme moyen de
» transport pour eux et pour les goëmons, des embar-
» cations montées par des inscrits maritimes et pour-
» vues de rôles d'équipage. »

Art. 112. — « Lorsque pour le transport de goë-
» mon réservé aux communes, il y a lieu de le dis-
» poser en drôme, ces drômes ne peuvent être con-
» duites à terre qu'à la remorque d'un ou de plu-
» sieurs bateaux montés par des inscrits et pourvus
» de rôle d'équipage. »

GOEMON ÉPAVE.

Art. 113. — « Il est permis à toute personne de
» recueillir, en tous temps et en tous lieux, les pê-
» cheries exceptés, les goëmons jetés par les flots sur
» les grèves et de les transporter où bon lui semble. »

Art. 114. — Il est expressément interdit d'établir
» des pêcheries à goëmon sur le littoral du premier
» arrondissement maritime. »

Voir l'art. 45 qui détermine l'étendue de l'arrondissement de Cherbourg.

Art 115. — Les goëmons épaves que la mer dé-
» pose dans l'intérieur des pêcheries appartiennent
» aux détenteurs de ces établissemens. » Beaussant,
N° 562.

GOEMONS POUSSANT EN MER.

Art. 116. — « La pêche ou récolte de goëmon et de
» toute autre espèce d'herbes marines est permise,

» pendant toute l'année sur les rochers situés en mer
» et sur les rives des îles désertes. On entend par
» rochers situés en mer ceux où l'on ne peut se
» rendre à pied sec à la basse mer des marées d'é-
» quinoxe. »

L'ordonnance de 1731 permettait de cueillir en
tout temps les herbes sur les îles et les rochers déserts
en pleine mer, mais il y avait souvent difficulté sur
le point de savoir si tel ou tel rocher était en pleine
mer ou faisait partie du territoire d'une commune.
Le nouveau réglement lève toute équivoque : tout
rocher où l'on ne peut se rendre à pied sec dans les
basses mers d'équinoxe est un rocher en mer. Beaussant, N° 561.

Art. 117. — « La récolte des goëmons poussant
» en mer ne peut être faite qu'au moyen de bâteaux
» conduits par des hommes appartenant à l'inscrip-
» tion maritime et pourvus de rôle d'équipage. »

Art. 118. — « Néanmoins, pour la récolte de
» ceux de ces goëmons qui sont destinés aux besoins
» particuliers des cultivateurs, ces derniers et leurs
» valets de ferme peuvent accidentellement s'adjoin-
» dre aux équipages réguliers des bateaux, sans
» toutefois que leur nombre excède deux individus
» par tonneau, non compris les hommes du bord. »

DISPOSITIONS COMMUNES A TOUS LES GOEMONS.

Art. 119. — La coupe et la récolte des goëmons
» ne doivent avoir lieu que pendant le jour, — il est
» permis de les arracher ou de les couper à la main
» avec couteau ou fossiles. La récolte des goëmons
» épaves est opérée avec des fourches ou des perches
» armées d'un seul croc. »

L'ordonnance de 1731 ne permettait pas l'arrache-
chement du varech de rive, mais seulement la coupe ;
notre réglement autorise l'arrachement *à la main ;*

tout autre arrachement avec des fourches ou râteaux est prohibé. Beaussant, N° 563.

3.— L'art.55, n° 25 interdit de se servir de la pelle en bois ou en fer sur les fonds ou croissent les herbes marines depuis le 1er avril jusqu'au 1er septembre.

Art. 120.—« L'usage de la drague est interdit pour recueillir les herbes marines. »

Les instruments de pêche autorisés prennent le caractère d'instruments prohibés, par cela seul qu'il en est fait usage en dehors des époques ou des conditions déterminées par les réglements. Aussi les couteaux et fossiles autorisés pour la pêche du goëmon pendant le jour sont des instruments prohibés si l'on s'en sert pendant la nuit. Cass. 10 avril 1856.

Art. 121.— » Il est défendu de récolter, à aucune
» époque les herbes marines qui croissent le long
» des quais ou des ouvrages en maçonnerie cons-
» truits en mer ou sur le rivage de la mer. Il est éga-
» lement défendu de récolter les herbes qui crois-
» sent sur les digues ou berges des fleuves, rivières
» ou canaux. »

COMPÉTENCE.

4.— Les infractions aux dispositions qui précédent doivent être portées devant le tribunal de police correctionnelle et poursuivies dans les trois mois qui suivront le jour où elles auront été constatées. Décret du 9 janvier 1852, art. 18, Beaussant, n° 568.

5. — L'art. 717 dit que les droits sur les choses perdues sont réglés par des lois particulières. Dans l'ancien usage, ces choses appartenaient au roi ou au seigneur haut justicier. Depuis le code, aucune loi particulière n'étant intervenue, plusieurs auteurs ont pensé qu'elles appartiennent à l'Etat qui remplace

aujourd'hui le roi ou le seigneur justicier. Mais cette opinion n'a pas prévalu, et l'on suit maintenant les circulaires du minist. des fin. en date du 16 juin 1809 et du 3 août 1825, d'après lesquelles les choses perdues, appartiennent à l'inventeur en cas de non réclamation du maître. Pothier, de la propriété, n° 68, Duranton, T. 4, No 326.

6. — L'inventeur doit déclarer et déposer, dans le plus bref délai, les objets trouvés ; car sa négligence pourrait faire douter de ces intentions, et l'exposer à des poursuites criminelles comme prévenu de vol. Chauveau et Hélie, c. p. T. 6. p. 533. Duranton, T. 4. N° 327.

7. — A Paris les objets trouvés sont déposés à la préfecture de police. A Cherbourg, l'usage est de les déposer au bureau central de police; et à la campagne à la mairie. L'inventeur doit retirer un certificat de dépôt afin de pouvoir retirer l'objet, ou le prix en provenant après les trois ans de dépôt. Dict. du not. V° épaves, N° 10

8. — Celui qui a fait le dépôt et auquel il a été restitué après les trois ans est soumis à l'action en restitution ou à des dommages et intérêts pendant 30 ans à partir du jour de l'invention, Duranton, T. 4, N° 330.

9. — Quant aux ballots, caisses, malles, paquets et autres objets confiés à des entrepreneurs de roulage ou de messageries et qui ne sont pas réclamés dans le délai de six mois, voir le décret du 13 août 1810. Dict. du not. V°. epaves, N° 19.

10. — Dans certaines localités, l'usage accorde aux indigens le droit de ramasser les épis perdus dans les champs après que la récolte en a été enlevée Ce droit qu'on appelle glanage avait été réglé par un arrêt de

réglement du parlement de Normandie du 20 juillet
1741 de la manière suivante :

Le présent arrêt fait défense à toutes personnes qui
sont en état de travailler à la récolte, de glaner dans
les champs, sous quelque prétexte que ce puisse
être, à peine de prison ; permet aux seuls infirmes,
vieillards et enfans de glaner : ce qu'ils ne pourront
faire toutefois qu'en plein jour, et après que les
gerbes auront été enlevées, à peine d'être poursuivis
et punis comme voleurs : fait défense aux propriétaires, fermiers et laboureurs, de glaner ou faire glaner par leurs préposés, dans leurs champs, après
qu'ils en auront enlevé leurs gerbes ; et à tous ber-
gers, porchers, vachers et autres, de mener leurs
bestiaux dans les terres moissonnées, plutôt que 24
heures après que les gerbes auront été enlevées, à
peine de 20 livres d'amende contre chacun des con-
trevenans, applicable au profit des pauvres de la
paroisse.

Aujourd'hui ce droit n'est pas admis par les usages
de notre canton, il y est seulement toléré. Les propriétaires ou fermiers peuvent refuser l'entrée de leurs
champs aux glaneurs qui se présentent et y mettre
leurs bestiaux immédiatemeut après l'enlèvement de
la récolte. Commis. des usages locaux.

ART. 1246. - « Le créancier ne peut
» être contraint de recevoir une autre chose
» que celle qui lui est due, quoique la
» valeur de la chose offerte soit égale, ou
» même plus grande. »

1. — Si la dette est d'une somme d'argent, le débiteur ne peut contraindre le créancier de recevoir
des billets, même actuellement exigibles ; mais il

peut à sa volonté payer en or ou en argent. Toullier, T. 7, N° 53.

2. — L'introduction des monnaies de cuivre et de billon de fabrique étrangère est interdite, et elles ne peuvent être admises dans aucune caisse publique en paiement de contributions et autres droits. Décret du 11 mai 1807.

3 —Toutefois, les pièces d'or et d'argent du ci-devant royaume d'Italie n'ont pas cessé d'avoir cours légal en France. Décret du 21 mars 1806, Cass. 10 août 1826.

4. — La monnaie de cuivre ou de billon ne peut être donnée que pour l'appoint de la pièce de 5 fr. Toullier, T. 7, N° 54.

5 —Quand un paiement est fait en espèces d'argent de la somme de 500 francs et au-dessus, le débiteur doit fournir le sac et la ficelle en retenant 15 c. par sac. Décret du 1er juillet 1809.

6 — Le débiteur peut-il contraindre le créancier à prendre son sac? Non, Les banquiers de Cherbourg ne sont point dans l'usage de forcer le créancier à les prendre, et le décret ci-dessus cité n'autorise pas une semblable prétention. Toullier, T. 7, N° 55. Contrà, Favard, V° Passe de sac.

7 — Lorsque le débiteur veut une quittance notariée, il a le choix du notaire, puisque c'est lui qui le paie. Art. 1248. Dict. du Not. V° quittance, N° 17.

8. — Le débiteur ne saurait contraindre le créancier à lui délivrer une quittance sur papier libre, car ce serait une contravention à la loi dont il serait solidairement responsable avec le débiteur. Loi du 28 avril 1816, art. 65. Dict. du Not. V° quittance, N° 16.

9. — Quant à la question de savoir si trois quit-

lances consécutives font présumer le paiement des années précédentes, Voir notre art. 1728, N° 40.

Art. 1386. — « Le propriétaire d'un
» bâtiment est responsable du dommage
» causé par sa ruine, lorsqu'elle est arri-
» vée par une suite de défaut d'entretien
» ou par le vice de sa construction. »

1. — Nous avons dit sous l'art, 655 qu'un voisin peut contraindre l'autre à réparer et même à refaire le mur mitoyen s'il est en mauvais état ou s'il est condamnable. La raison en est que l'un des communistes à l'action *pro socio* pour forcer l'autre à l'entretien de la chose commune dans un état tel qu'elle puisse servir à l'usage auquel elle est destinée.

2. — Si un bâtiment non mitoyen surplombe sur la propriété du voisin, celui-ci a une action civile pour faire cesser cette projection en vertu de l'art. 552 qui ne permet pas à un bâtiment de s'étendre sur le fonds voisin à moins d'avoir acquis la servitude de saillie. Jus non esse parietem ita projectum in suum esse invito se. L. 17 ff de serv. vend.

3. — Mais en est-il de même d'un mur ou bâtiment non mitoyens lorsqu'ils menacent ruine sans surplomber sur le voisin? Ce dernier peut-il obliger le propriétaire de l'édifice condamnable à le réparer ou à le démolir? En d'autres termes a-t-il contre ce propriétaire une action civile pour se garantir d'un dommage qui n'est pas encore arrivé ?

Le droit romain accordait au voisin d'une chose inanimée menaçant ruine une action particulière appelée *de damno infecto*. L. 7 ff de dam. infec.

Gaius définissait le *damnum infectum :* « damnum
» nondum factum, » quod futurum veremur: L. 2,

ff, ad. ed. prov. Un dommage *non encore éprouvé* mais qu'on craint pour l'avenir.

Le propriétaire de la chose menaçant ruine était actionné par le voisin devant le prêteur qui le condamnait à donner caution de réparer le dommage qui pourrait advenir; et en cas de refus, il envoyait le voisin en possession de la chose en péril.

Lorsque la ruine de la construction arrivait avant que le voisin n'eût fait usage de l'action de damno infecto, le propriétaire échappait aux dommages-intérêts en abandonnant la place et les matériaux dans l'état où ils se trouvaient, parce que celui qui avait souffert le dommage devait s'imputer de n'avoir pas assez tôt pourvu au danger qui le menaçait.

Ces règles du droit romain passèrent dans notre ancienne jurisprudence avec quelques légères modifications. Voici comme Domat s'explique sur ce point: « Si un bâtiment est en péril de ruine, le proprié-
» taire du bâtiment ou autre héritage voisin qui
» voit le sien en danger d'être endommagé par la
» chute de l'autre, peut sommer celui qui en est
» propriétaire de le démolir ou de le réparer de sorte
» qu'il fasse cesser le péril. »

« Si après la sommation, le propriétaire du bâti-
» ment dont la chute peut nuire au voisin, néglige
» d'y pourvoir, celui qui voit son héritage en danger
» par la ruine de l'autre peut demander par provi-
» sion qu'il lui soit permis de faire lui-même ce que
» les experts jugeront nécessaire pour prévenir la
» chute de ce bâtiment, soit en l'appuyant ou démo-
» lissant, s'il en est besoin; et, il recouvrera contre
» le propriétaire la dépense qu'il y aura faite. »

« Si le bâtiment tombe avant qu'il y ait eu dénon-
» ciation au propriétaire, il ne sera pas tenu du
» dommage s'il veut abandonner la place et les

» matériaux.» Domat, liv. 2, tit. 8, act. 3, Fournel, 1, p. 243.

Notre ancien droit donnait au voisin menacé de la ruine d'un bâtiment une seconde voie à suivre, la voie administrative. Fournel, T. 1, p. 243, nous la rapporte ainsi. « Lorsque quelques voisins conçoivent » des inquiétudes sur l'état d'un bâtiment, ils sont » autorisés à en donner avis au commissaire de » police. Aussitôt cet avis reçu, le commissaire doit se » transporter sur les lieux et dresser procès-verbal » de ce qu'il y aura remarqué qui puisse compro- » mettre la sûreté publique ou le voisinage ; ce pro- » cès-verbal est adressé sans délai au ministère » public qui fait assigner le propriétaire à la première » audience. » La suite de la procédure est tracée par les déclarations du 18 juillet 1729 et 18 août 1730 rapportées par Davenne, T. 1, p. 123.

Que doit-on décider sous l'empire du code? La plupart des auteurs pensent que l'action pour le dommage non encore causé qu'ils appellent *dommage imminent* est encore admissible. Henrion de Pansey, comp. de j. de paix, chap. 38. Malleville, sur l'art. 1386. Les auteurs des pandectes françaises, sur l'art. 1386. Le Page, T, 2, p. 116.

Tel n'est pas notre sentiment.

D'abord il est clair que l'art. 1386 ne donne pas au voisin menacé d'action pour un dommage *non fait* pro damno infecto; car il ne rend le propriétaire res- ponsable que du *dommage causé*, et cela sans distin- guer, comme on le faisait autrefois s'il y a eu ou non sommation avant la ruine du bâtiment.

Le silence de la loi sur le dommage imminent n'est pas le résultat de l'oubli, les rédacteurs du code connaissaient parfaitement l'action pro damno infecto du droit romain ; ils n'ignoraient pas que notre ancienne jurisprudence autorisait le voisin à agir civilement pour prévenir le dommage à venir d'un bâtiment menaçant ruine. Leur silence ne peut donc être interprété que dans le sens d'une proscription implicite d'une pareille action.

Le doute est d'autant moins permis que l'orateur du tribunat, dans son rapport du 16 pluviose an XII, déclare formellement que *contrairement à l'ancien droit, le fait seul de l'écroulement peut légitimer la demande du lésé.* « Le dernier article du projet, dit-il,
» décide que le propriétaire d'un bâtiment est res-
« ponsable du dommage qu'il a causé par sa ruine,
» lorsqu'elle est arrivée par le défaut d'entretien, ou
» par le vice de sa construction. Cette décision est
» bien moins rigoureuse et plus équitable que la
» disposition qui se trouve dans la loi romaine.
» Celle-ci autorisait l'individu dont le bâtiment
» pouvait être endommagé par la chute d'un autre
» qui était en péril de ruine, à se mettre en posses-
» sion de ces héritages voisins, si le propriétaire ne
» lui donnait des sûretés pour le dommage qu'on
» était fondé à craindre. Ainsi la seule appréhension
» du mal donnait ouverture à l'action et pouvait
» opérer la dépossession. Le projet, au contraire
» veut avant tout que le *mal soit constant ;* c'est donc
» *le fait seul de l'écroulement* qui peut légitimer la
» plainte et la demande du lésé. »

En présence d'un langage aussi précis, sur quoi se baserait aujourd'hui celui qui prétendrait obliger le propriétaire d'une construction en péril à le garantir d'un dommage à venir ?

Sur l'article 1386 ? il n'accorde d'action qu'en cas de *dommage causé,* et non en cas de dommage *non fait.*

Sur un contrat ? il n'en existe pas entre le voisin et le propriétaire de la construction vicieuse.

Sur un quasi-contrat? Les obligations qui en résultent naissent à l'occasion d'un fait licite accompli, et dans notre hypothèse, le fait, c'est-à-dire, le dommage n'est pas encore né.

Sur un quasi-délit? Les obligations qui en dérivent naissent à l'occasion d'un fait préjudiciable arrivé, et nous raisonnons en vue d'un dommage à craindre et à venir.

Ainsi de toutes les sources des obligations civiles, pas une seule ne vient prêter appui à celui qui a de justes raisons de craindre la chute d'un bâtiment. Il ne lui reste donc, dans l'état actuel de notre législation, que la seconde des voies accordées par notre ancien droit, la voie administrative et criminelle fondée sur l'art. 471, N° 5, c. p. Sirey, T. 25, p. 290. Davenne, de la voierie, T. 1, page 122. Duranton, T. 13, N° 729. Bruxelles, 17 mars 1825. Dalloz, 1833, 2, 165, contrà, Malleville, Henrion de Pensey, chap. 38. Le Page, T. 2, p. 116. Merlin, V° bâtiment. Delvincourt, T. 3. p. 683, Rennes, 23 mars 1843.

3. — Le réglement municipal du 15 novembre 1859 trace la marche à suivre, art. 139 et suivans, pour la démolition *des constructions de la ville* qui offrent un péril imminent.

4. — Le propriétaire d'un arbre pourri, ou mal assis sur ses racines est responsable du préjudice causé par sa chute arrivée par suite de sa négligence à l'abattre. Trib. de Bayeux, avril 1864.

Art.1648-1649. — « L'action résultant des
» vices redhibitoires doit être intentée par
» l'acquéreur dans un bref délai, suivant la
» nature des vices redhibitoires et l'usage du
» lieu où a été faite la vente.

» Elle n'a pas lieu dans les ventes faites
» par autorité de justice. »

1. — Aux termes de cet article, l'action résultant
des vices redhibitoires n'a pas lieu pour les ventes
faites par autorité de justice. Que faut-il entendre par
ces mots : *ventes faites par autorité de justice ?* Ces
sortes de ventes sont celles qui, d'après les prescriptions légales doivent avoir lieu aux enchères publiques, et pour lesquelles il n'est pas permis aux parties d'adopter un autre mode, telles sont celles qui
se font par suite de saisie gagerie, de saisie exécution, ou dans les cas prévus par les articles
452, 603, 796, 826, 2078 du code civ.; 945, 986,
1000 du code de procéd.; 95, 106 du code de comm.
etc. Ainsi, l'on ne peut pas considérer comme ventes
faites par autorité de justice celles qui bien que, re-
vêtues des formalités judiciaires, se font par la volonté ou avec le consentement du vendeur; car ce n'est
pas l'emploi de ces formalités qui confère à la vente
la qualification légale, mais uniquement la nécessité de cet emploi, prescrite par la loi elle-même.

Ce serait donc à bon droit que l'on intenterait
l'action redhibitoire contre le propriétaire d'un animal vendu *volontairement* aux enchères publiques,
par quelque officier ministériel que ce fût. Dejean,
Nº 59.

2. — L'action résultant des vices redhibitoires
doit être intentée dans un bref délai suivant la
nature des vices et l'usage du lieu où la vente a été
faite.

3. — A Cherbourg, on suivait autrefois pour les
chevaux l'usage de 30 jours de délai fixé par le réglement du 30 janvier 1728. Aujourd'hui on observe
les délais déterminés par la loi du 20 mai 1838, que

nous allons reproduire, en l'accompagnant de quelques notes.

Art. 1er. — « Sont réputés vices redhibitoires et
» donneront seuls ouverture à l'action résultant de
» l'article 1641 du code civ. dans les ventes ou
» échanges des animaux domestiques ci-dessous dé-
» nommés, sans distinction des localités où les ventes
» et échanges auront eu lieu, les maladies ou dé-
» fauts ci-après, savoir :

» *Pour le cheval, l'âne et le mulet,* la fluxion pé-
» riodique des yeux, l'épilepsie ou le mal caduc, la
» morve, le farcin, les maladies anciennes de poitrine
» ou vieilles courbatures, l'immobilite, la pousse, le
» cornage chronique, le tic sans usure des dents, la
» boiterie intermittente pour cause de vieux mal.

» *Pour l'espèce bovine* la pthisie pulmonaire ou
» pommelière, l'épilepsie ou mal caduc, les suites
» dé la non délivrance, le renversement du vagin ou
» de l'uterus après le part chez le vendeur.

» *Pour l'espèce ovine,* la clavelée : cette maladie
» reconnue chez un seul animal entraînera la redhi-
» bition de tout le troupeau. La redhibition n'aura
» lieu que si le troupeau porte la marque du ven-
» deur. Le sang de rate : cette maladie n'entraînera
» la redhibition du troupeau qu'autant que, dans le
» délai de la garantie, la perte constatée s'élèvera au
» quinzième au moins des animaux achetés. Dans ce
» dernier cas, la redhibition n'aura lieu également
» que si le troupeau porte la marque du vendeur. »

4. — Lorsque l'action redhibitoire est admise, les
obligations du vendeur se trouvent dans les dispositions des articles 1645 et 1646 du code civil. En sus
du prix qu'il a reçu, le vendeur doit le remboursement des frais que la vente a occasionnés; et s'il connaissait les vices de la chose, il est tenu en outre de

dommages-intérêts envers l'acheteur. Dans la première hypothèse, il doit le remboursement du coût
du contrat, la nourriture de l'animal et l'intérêt du
prix de vente depuis le jour du paiement, sauf déduction des produits si l'animal en a donné ; dans
la seconde hypothèse, il doit payer de plus tous les
dommages, toutes les pertes, de temps et autres, que
l'acheteur a souffert par suite de l'achat de l'animal.
Dejean, N° 47.

5. — Ainsi en cas de vente, l'effet de la résolution
du contrat s'opère facilement ; mais lorsqu'il s'agit
d'échange, que rendra l'échangiste condamné si l'a-
nimal qu'il a reçu est mort ou s'il la vendu à d'autres
personnes ? Voici la réponse de M. Gillon lors de la
discussion de la loi. « On insiste, dit ce député, pour
» savoir ce qui arrivera après l'échange rompu par
» le juge, si l'échangiste condamné ne peut rendre
» l'animal bien portant qu'il avait reçu. Il arrivera
» la chose la plus simple et la plus juste. L'équité
» veut qu'on regarde l'échange comme ayant compris
» deux animaux de valeur égale. En conséquence
» l'animal qu'on ne peut restituer est supposé mériter
» le même prix que vaudrait l'animal malade ou
» vivant, si ce dernier n'était pas infecté du mal qui
» a donné lieu à l'action redhibitoire. On l'estimera
» donc comme s'il était purgé ; et c'est ce prix, d'es-
» timation qui sera payé à l'échangiste qui a obtenu
» la rupture de l'échange. » Duvergier, coll. des lois
1838, p. 331.

6. — Le renversement du vagin ou de l'utérus est
un vice redhibitoire après le part chez le vendeur ;
si le part n'a pas eu lieu chez le vendeur, mais chez
un vendeur précédent, il n'y a pas d'action pour vice
redhibitoire. Dalloz, 1841, 3, 85.

7. — La loi exige la perte du quinzième des ani-

maux qu'autant qu'il est question de la redhibition du *troupeau entier*; mais si quelques bêtes seulement sont malades, la redhibition pourra être demandée à leur égard d'après le droit commun.

8. Art. 2. — « L'action en réduction du prix, auto-
ʒ risée par l'article 1644 du c. civ., ne pourra être
» exercée dans les ventes et échanges d'animaux
» énoncées dans l'article premier ci-dessus. »

La suppression de l'action en réduction de prix a pour conséquence nécessaire une extension de la garantie dans le cas de vente ayant pour objet un attelage. A moins qu'il ne résulte des circonstances du marché des motifs spéciaux de décider en sens contraire, la résolution du contrat devra toujours être étendue aux deux animaux, bien qu'il n'y en ait qu'un seul atteint de vice entraînant la redhibition. Dejean, de l'action redhi., N° 43. Paris, 2 février 1839.

9. Art. 3. — « Le délai pour intenter l'action redhi-
» bitoire sera, non compris le jour fixé pour la livrai-
» son, de 30 jours pour le cas de fluxion périodique
« et d'épilepsie ; de 9 jours pour les autres cas. »

L'action redhibitoire doit être *intentée*, c'est-à-dire formée par la signification d'un ajournement dans les délais mentionnés dans l'article 3. Malgré les termes précis de cette disposition, un jugement du tribunal de la Seine du 29 décembre 1840 avait décidé que l'action en résolution de la vente était *réputée intentée* dans le délai légal par cela seul que le vice avait été constaté avant l'expiration du temps fixé par l'art. 3. Mais la cour de cassation a repoussé cette extension de la la loi et a constamment décidé, avant comme après la loi de 1838, que l'action en résolution est non recevable si elle a été intentée après le délai établi par la loi, encore qu'avant l'expiration de ce délai, l'acheteur aurait provoqué la nomination d'un expert pour constater le vice et fait sommation au vendeur d'assister à l'expertise. La demande en résolution et celle en nomination d'experts doivent être formées dans le même délai sans que l'une puisse suppléer à l'autre. Cass. 18 mars 1833, 10 juillet 1839—28 mars 1840—17 mai 1847—15 mai 1854. Huzard, page 119. Troplong, vente, N.° 589.

10. — Le point de départ pour intenter l'action est le jour *fixé pour la livraison*, à moins que la livraison n'ait été retardée par la faute du vendeur réguliérement mis en demeure d'exécuter son obligation: au quel cas le délai ne court que du jour de la livraison, art. 1138, c. civ. Rapport de M. L'Herbette.

La loi suppose *un jour fixé* pour la livraison : quid s'il n'y en a pas eu? Il faudra appliquer la règle générale d'après laquelle la chose étant aux risques de l'acheteur dès que la vente est consommée, le délai doit courir du jour de la vente, à moins que le vendeur ne soit en demeure de livrer, cas dans lequel le délai ne courra que du jour de la livraison. Art. 1138. C. civ,

11. — Le délai dans lequel doit être exercée l'action redhibitoire est franc et entier, ou en d'autres termes, se calcule sans y comprendre ni le jour du point de départ du délai, ni le jour de son échéance. Art. 1033, c, de Pro. Cass. 24 janvier 1849, 3 mai 1859.

12. Art. 4.— Si la livraison de l'animal a été effec-
» tuée ou s'il a été conduit, dans les délais ci-dessus,
» hors du lieu du domicile du vendeur, les délais se-
» ront augmentés d'un jour par 5 myriamètres de
» distance du domicile du vendeur au lieu où l'ani-
» mal se trouve.»

13.Le sens de cet article, dit M⁰ Duvergier, bulletin des lois n'est pas parfaitement clair, mais les débats qui l'ont précédé aident à l'interpréter. Il suppose dabord que la livraison est faite hors du domicile du vendeur ; et dans ce cas, il n'accorde point pour faire constater les vices, un délai plus long que celui qui est fixé par l'art. 3 ; il dit seulement que pour donner l'assignation. le délai sera augmenté d'un jour par 5 myriamètres entre le lieu de la livraison et le domicile du vendeur. Il faut bien en effet que l'acheteur ait le temps d'aller lui-même ou d'écrire pour faire assigner son vendeur.

14.--- L'article prévoit aussi le cas où l'acheteur, après avoir conclu son marché, se met en route et conduit l'animal à une distance plus ou moins grande du domicile du vendeur. Si dans la route ou au terme du voyage, le vice redhibitoire se manifeste, l'acheteur doit le faire constater sur le champ. Aux termes de l'art. 5, si les délais prescrits par l'art. 3 étaient expirés, la constatation serait inutile ; mais si elle est faite en temps opportun, il faut bien que l'acheteur ait le temps de faire assigner son vendeur.

15. Art.5.--- *Dans tous les cas*, l'acheteur, à peine d'être non recevable, sera tenu de provoquer,dans les
» délais de l'art 3.la nomination d'experts chargés de
» dresser procès-verbal : la requête sera présentée au
» juge de-paix du lieu où se trouvera l'animal. Ce juge
» nommera immédiatement, suivant l'exigence des
» cas un ou trois experts, qui devront opérer dans le
» plus bref délai.»

16. Les formalités prescrites en matière d'expertise doivent être observées.

17. --- Le juge-de-paix du lieu où se trouve l'ani-

mal, nomme immédiatement un ou trois experts sur la requête qui lui est présentée.

18. — L'expert ou les experts prêtent serment. Toutefois, jugé que cette formalité n'est pas exigée à peine de nullité. Huzard, p. 318. Bioche et Gouget, V° redhibitoire. Contrà. Dejean, N° 253. Cass. 20 juillet 1843—29 janvier 1844.

Ils doivent procéder immédiatement à la visite de l'animal, constater s'il est atteint ou non de quelque vice redhibitoire, le spécifier, indiquer les caractères les indices de la maladie d'après les règles de l'art. Bioche et Gouget, V° redhibitoire.

19. — Cette constatation doit-elle être faite contradictoirement ? Un arrêt de réglement du parlement de Normandie du 30 janvier 1728, décide que l'expertise doit avoir lieu contradictoirement ; mais il paraît qu'aujourd'hui, les délais pour intenter l'action et faire constater le vice redhibitoire sont si courts qu'il serait souvent impossible de procéder contradictoirement si le vendeur était domicilié à de grandes distances. Dans ce cas, M. Huzard, p. 113, pense qu'on doit nommer un expert pour représenter le vendeur.

20. — Il a été reconnu dans la discussion de l'art. 5 que par dérogation anx règles ordinaires, la minute du procès-verbal n'est point déposée au greffe, elle est remise à la partie qui a provoqué l'expertise. Le coût en est taxé par le juge-de-paix.

Dejean, N° 260 prétend que la minute du procès-verbal doit être déposée au greffe conformément à l'art 319 du code de procédure.

21. — Copie du procès-verbal dûment enregistrée est notifiée au défendeur avec assignation dans les délais de la loi, ou à bref délai en vertu de permission du juge.

22.—L'expertise provoquée en temps utile, et l'assignation donnée dans le délai légal, l'action peut-être portée à l'audience après le délai fixé par l'art 3.

23. — Dès que la demande en résolution et l'expertise ont eu lieu en temps opportun, le vendeur est non recevable à prouver que le vice n'existait pas au moment de la vente, de même que l'acheteur ne peut plus prétendre que l'animal était malade avant la livraison, s'il a laissé écouler sans aucune réclamation les délais fixés pour intenter l'action redhibitoire. Nulle preuve contraire n'est admise contre la présomption de la loi, art. 1352. c. civ.

24. Art. 6. -- « La demande sera dispensée du préli-» minaire de conciliation, et l'affaire instruite et ju-» gée comme matière sommaire.»

25. L'action résolutoire doit-être portée devant le juge-de-paix du domicile du défendeur si le prix de la vente n'excède pas 200 fr., dans le cas contraire, devant le tribunal de première instance; s'il y a eu acte de commerce, devant le tribunal de commerce. Ce tribunal pourra nommer un ou plusieurs arbitres rapporteurs pour examiner les prétentions des parties, les entendre, les concilier si faire se peut, sinon donner leur avis sur le mérite des prétentions respectives. Dans ce cas, la nomination des arbitres est faite par jugement et non par ordonnance, Huzard, p. 130, Bioche et Gouget, V° redhibitoire.

26. Le tribunal de commerce n'est pas compétent, lorsque le défendeur n'est pas commerçant. Paris, 7 mars et 5 mai 1837.

27. Art.7.—Si pendant la durée des délais fixés par » l'art.3, l'animal vient à périr, le vendeur ne sera pas » tenu de la garantie, à moins que l'acheteur ne » prouve que la perte de l'animal provient de l'une » des maladies spécifiées dans l'art. 1er. »

28. M. L'Herbette rapporteur s'expliquait ainsi sur cet article : « Si l'action redhibitoire est admise pour une maladie du vivant de l'animal, à plus forte raison doit-elle l'être après la mort occasionnée par cette maladie. Telle est la disposition de l'art. 1647 du code civil, et telle est celle de l'art. 7 du projet de loi. Mais entre le code civil et le projet, il y a cette différence logique que le premier, admettant l'action redhibitoire pour tout vice qui rendrait l'animal impropre au service, l'admettait par conséquent pour tout vice qui avait entraîné la mort, et que l'art. 1er du projet ayant limité le nombre des cas redhibitoires, restreint dans cette limite les cas de perte qui donnent lieu à la redhibition, la restriction de l'art. 7 de la loi est la conséquence de son art. 1er, comme la généralité de l'art. 1647 du code était la conséquence de celle de son art. 1641. »

Il résulte de cette explication : qu'en cas de perte de l'animal, la loi ne donne ouverture à l'action redhibitoire que si la mort a pour cause un des vices énumérés dans l'art 1er.

29. — Les réglemens de police ordonnent d'enfouir le plus promptement possible les animaux morts de mal contagieux. L'acheteur, pour obéir à ces réglemens n'aura pas toujours le temps de faire constater par experts la nature de la maladie et de remplir les formalités prescrites par l'art. 5. Dans ce cas, a dit M. le rapporteur de la loi, l'acheteur pourra invoquer le procès-verbal d'enfouissement ou toute autre preuve quelconque pour établir que le cas de mort était un de ceux prévus par l'art. 1er.

30. Art. 8. — « Le vendeur sera dispensé de la ga-
» rantie résultant de la morve et du farcin pour le
» cheval, l'âne et le mulet, et de la clavelée pour
» l'espèce ovine, s'il prouve que l'animal, depuis la

» livraison, a été mis en contact avec des animaux
» atteints de cette maladie. »

31. Il a été jugé que la loi de 1838 ne s'applique ni
pour le fond, ni pour la forme aux ventes d'animaux
destinés à la consommation. Il n'est donc pas nécessaire de suivre les formes indiquées par cette loi pour
constater le décès de l'animal, il suffit d'établir que
l'animal était atteint avant la vente d'une maladie
qui lui a causé la mort. La vente des animaux de
boucherie rentre sous l'empire de l'art. 1641 ; il y a
vice redhibitoire dès que l'animal n'est plus propre
au commerce, à l'usage auquel il était destiné.

32. La vente d'animaux de boucherie faite aux mar-
chés de Sceaux et de Poissy est régie par des réglemens particuliers.

ART. 1709. — « Le louage des choses est
» un contrat par lequel l'une des parties
» s'oblige à faire jouir l'autre d'une chose
» pendant un certain temps et moyennant un
» certain prix que celle-ci s'oblige de lui
» payer. »

1. — Il est un contrat fort en usage dans notre localité, on l'appelle communément *louage à nourriture*.
Il consiste dans l'engagement d'un propriétaire d'herbages à y nourrir, ou à y laisser pâturer des bestiaux
pendant un certain temps, moyennant une somme
déterminée.

Cette dénomination de *louage à nourriture* est vicieuse, un pareil contrat n'est pas un louage. Pour
qu'il y ait bail, dit avec raison M. Troplong, il faut
que la chose soit livrée à un individu pour le mettre
à même de percevoir par lui-même les fruits que son
travail en a tirés. Or, dans notre hypothèse, le pro-

priétaire des animaux n'a pas cultivé le fonds où ils sont nourris, il profite seulement de fruits appartenant au propriétaire d'herbages, c'est donc une vente de récolte et non un louage.

Par suite de ce principe, la cour de Caen, le 13 décembre 1848, a décidé que la convention par laquelle un propriétaire d'herbage s'engage à y nourrir pendant un temps, un certain nombre de bestiaux moyennant un prix fixe par tête, ne constitue pas un bail, et, par suite ne donne pas au propriétaire le privilège du bailleur et le droit de révendication mentionné dans l'article 2102, c. civ. Voir aussi un arrêt de la même cour du 9 février 1848. Jurisp. 1848, p. 454.

2. — Une autre convention très usitée est celle par laquelle un propriétaire livre à un individu, moyennant un certain prix et pendant un temps nécessaire au dépouillement, la jouissance d'un regain d'herbes, ou d'une récolte de trèfles. Ce contrat n'est pas un louage, mais une véritable vente. La cour de cassation a décidé ce point de jurisprudence à propos d'une contestation célèbre entre les notaires et les huissiers de la ville de Caen, Nous allons rapporter l'espèce et l'arrêt à cause de l'importance de la question.

Le 8 mai 1852, le sieur Quesnot, huissier à Caen, agissant à la requête de l'administration de la succession de la dame de Lalen, mit en vente et adjugea à divers les herbes excrues sur plusieurs prés avec faculté de les faire dépouiller depuis le 15 avril jusqu'au 25 décembre.

M. Marc, syndic des notaires de l'arrondissement fit assigner l'huissier en paiement de 2000 fr. de dommages-intérêts par le motif qu'aux termes de la loi du 5 juin 1851, il n'avait pas le droit de faire cette vente, l'herbe étant reputée immeuble conformément à l'art. 520, c. civ.

Le tribunal civil statua en ces termes : attendu que la loi du 5 juin 1851, autorise les huissiers à faire, concurremment avec les notaires et autres officiers ministériels la vente des fruits et récoltes sur pied. Attendu que lors de la vente, l'herbe était une récolte, puisqu'elle était toute venue, elle devait être recueillie de suite, d'après le mode qui lui était propre, c'est-à-dire la *d'épaissance* et non le fauchage ; que la manière de faire la récolte, suivant l'espèce des produits, n'en change pas la nature ; qu'il importe peu que l'herbe se fauche ou soit pâturée: ce n'est jamais qu'une récolte et le produit annuel de l'immeuble ; que l'herbe repoussant au fur et à mesure qu'elle est dépouillée, depuis le 15 avril jusqu'au 25 décembre, n'est qu'une simple récolte annuelle et qu'en adjugeant celle alors pendant par racines, l'huissier n'a fait qu'user du droit que lui donne la loi du 5 juin 1851.

Sur l'appel, arrêt de la cour de Caen, du 12 mai 1856 qui confirme avec adoption des motifs.

Pourvoi fondé sur ce que l'arrêt ci-dessus a donné la qualification de vente immobilière à une adjudication d'herbes destinées non à être enlevées immédiatement par le fauchage, mais à être pâturées, ce qui donnait à l'acte litigieux le caractère d'un simple louage d'herbages.

La cour..... attendu que dans l'adjudication du 8 mai 1853, les héritiers de Lalen ont formellement exprimé l'intention de faire une vente ; que cette adjudication ne comprenait que les herbes excrues sur les pièces de terre dépendant de la sucession de Lalen ; qu'en dehors du droit de recueillir ces herbes, aucune autre jouissance sur les terres n'était accordée aux adjudicataires : qu'une pareille adjudication, quels qu'aient été le mode d'appropriation imposé à l'acquéreur, obligé de se conformer à des usages locaux appréciés souverainement par la cour impériale, et le temps accordé audit acquéreur pour consommer cette appropriation, ne constituait en définitive qu'une vente aux enchères de fruits et récoltes sur pied, vente que l'huissier Quesnot avait le droit de faire aux termes de l'art. 1, de la loi du 5 juin 1851. Cass. 13 décembre 1858.

3. — En 1846, nous avons été consulté sur la question suivante. Dans quelques communes de l'arrondissement, il est d'usage que les habitans conduisent pendant un certain temps leurs bestiaux à pâturer dans les marais communaux moyennant une minime redevance. Un cultivateur d'une de ces communes, fermier d'une terre située dans ce lieu, avait mis ses bestiaux à pâturer dans le marais, puis il les avait retirés sans acquitter la redevance, et les avait réintégrés sur la ferme. Le propriétaire de cette ferme n'étant pas payé de ses fermages fit saisir les bestiaux qui se trouvaient sur sa propriété.

La commune éleva la prétention d'être payée par préférence sur le prix des bestiaux ou tout au moins d'exercer le droit de revendication en vertu de l'art. 2102, c. civ.

Je répondis que cette prétention était inadmissible, parce que dans le cas particulier, il n'y avait pas de louage de la part de la commune, puisque les herbes dépouillées par les bestiaux n'étaient pas le résultat du travail du cultivateur, ni le produit de sa jouissance. Il n'y avait pas non plus de vente, parce que la redevance était si minime qu'elle ne pouvait être considérée comme le prix sérieux des herbes.

La convention intervenue entre les parties, était donc un de ces contrats appelés en droit romain *innommés*, *do ut des*, auquel on ne pouvait attacher le privilège du bailleur.

Art. 1714. — « On peut louer par écrit » ou verbalement. »

1. — La loi ne prescrit aucune forme particulière pour le contrat de louage. La location peut être verbale ou écrite; elle peut être rédigée par acte authentique ou par acte sous seing privé.

2. — Toutefois, l'art. 61 de la loi du 28 avril 1816 impose aux propriétaires qui reçoivent dans leurs maisons des boissons appartenant aux débitans de justifier par un bail authentique la location qu'ils auraient consentie à ces débitans. Cette obligation doit s'appliquer plus rigoureusement encore aux débitans eux-mêmes qui louent ou sous-louent à des tiers une partie de la maison où ils font leur commerce. A défaut de représentation d'un bail authentique, les locations all. 2 1. sont présumées frauduleuses, et toutes les boissons trouvées dans les lieux loués par acte non authentique sont aussi présumées de droit appartenir aux débitans. Cass. 15 juin 1826.

Dans l'usage, les propriétaires et les débitans se préoccupent peu de cette loi de 1816; mais c'est un tort, car elle est encore en vigueur.

3. — Quand le bail est fait devant notaire, il est d'usage que le propriétaire choisisse le notaire, rédacteur de l'acte. Ferriére, dict, de droit, Léopold, traite des locat. p. 9.

4. — Les frais du bail notarié sont à la charge du

locataire ou fermier à moins de stipulation contraire. Argt. de l'art. 1593, c. civ. Léopold, p. 9.

5. — Le bail sous seing privé doit être écrit sur papier timbré de dimension à peine de 50 fr. d'amende. Loi du 2 juillet 1862, art. 22.

6. — On doit éviter de couvrir d'écriture l'empreinte du timbre sous peine de 5 fr. d'amende. Toutefois il n'y a pas de contravention à couvrir le timbre au verso. Déc. minist. du 16 juin 1807.

7. — Le bail doit être enregistré dans les trois mois de sa date sous peine du double droit. L. du 22 frimaire, an VII, art. 22-38.

8 — Le droit d'enregistrement pour les baux à ferme ou à loyer est de 20 cent. par 100 fr. sur le prix cumulé de toutes les années. L. du 16 juin 1824, art. 1. La loi du 7 août 1850, art. 9 avait fixé le droit d'enregistrement des baux à un demi pour cent, mais la loi du 5 mai 1855, art. 15 a rétabli ce droit tel qu'il était sous l'empire de la loi du 16 juin 1824.

Art. 1716. — « Lorsqu'il y aura contesta-
» tion sur le prix du bail verbal dont l'exé-
» cution a commencé et qu'il n'existera point
» de quittance, le propriétaire en sera cru sur
» son serment ; si mieux n'aime le locataire
» demander l'estimation par experts ; auquel
» cas, les frais de l'expertise restent à sa char-
» ge, si l'estimation excède le prix qu'il à dé-
» claré. »

1. — Si la contestation s'élève entre le locataire et les héritiers du propriétaire, on doit s'en rapporter aux quittances; mais si le bail ne fait que commencer et qu'il n'y ait point de quittance, les héritiers ne

peuvent être crus sur serment, parcequ'ils n'ont point, comme le propriétaire, coopéré à la convention et que le code ne leur à point dévolu cette faveur toute d'exception. Dane ce cas, on doit suivre le droit commun et avoir recours à l'estimation dont les frais resteront à la charge de la partie qui succombera. Léopold, p. 68.

2.— Le propriétaire ne serait pas cru sur son serment à l'égard de l'échéance des termes ou de l'époque à laquelle a commencé le bail ; les tribunaux doivent suivre l'usage des lieux, Troplong, N° 120. Grenoble, 4 août 1832. Voir nos articles 1719, N°2, 1728 N° 28.

Art. 1719.— » Le bailleur est obligé par » la nature du contrat, et sans qu'il soit be- » soin d'aucune stipulation particulière.

» 1e De délivrer au preneur la chose » louée ;

2° » D'entretenir cette chose en état de » servir à l'usage pour lequel elle a été » louée ;

3° » D'en faire jouir paisiblement le pre- » neur pendant la durée du bail.»

1. La délivrance se fait aux frais du bailleur par argument de l'art. 1608. Je vous loue 50 mètres de terrain à prendre dans une plus grande étendue de terre ; le métré nécessaire pour vous délivrer la quantité louée, devra avoir lieu à mes frais.

2. — Lorsque le jour de la délivrance est fixé par la convention, le bailleur doit s'y conformer avec exactitude.

Dans les baux à loyer et à ferme, il y a un temps

réglé par l'usage auquel le preneur doit être mis en possession, lorsque le bail est verbal ou lorsque les parties ne s'en sont pas expliquées. Ce temps, dans l'arrondissement de Cherbourg, est le jour St-Michel, pour les maisons et les biens ruraux.

Ainsi nous n'avons qu'un terme auquel les baux qui ne contiennent aucune convention sur l'époque de l'entrée et de la sortie commencent et finissent, la St-Michel. Supposons donc un bail verbal d'une maison. Ce bail est sensé fait pour un an à commencer de la St-Michel. Si le locataire est entré en jouissance avant, à Pâques par exemple, le bail est censé fait tant pour le temps qui doit courir depuis Pâques jusqu'au terme St-Michel que pour un an depuis ce dernier terme. Pothier, N° 29, Troplong, N° 119. Voir notre art. 1736, N° 2 et Infrà, N° 11.

3. La délivrance doit être complète, et le locataire a droit non seulement à la jouissance de l'intérieur, mais encore à la jouissance de l'extérieur. D'après ce principe, il a été jugé que le locataire d'un appartement est, à moins de convention contraire, censé locataire de la partie extérieure de la façade correspondant à l'appartement loué depuis le niveau du plancher jusqu'à la hauteur du plafond. Cette décision est importante à l'égard des enseignes. Paris, 5 février 1858. Trib. civ. de la Seine, 26 janvier 1853.

4. — La délivrance doit comprendre les accessoires de la chose. Si c'est une maison, le bailleur doit délivrer au locataire toutes les clefs des appartements, des placards, lui remettre toutes les dépendances de la maison, comme le bûcher, la cour, les vestibules, les lieux. Le locataire a le droit de déposer dans la cour, son bois, de l'y faire casser ; s'il y a une porte cochère, il doit en avoir l'usage, entrer dans le vestibule en voiture et le faire ouvrir aux personnes qui viennent le visiter. Tronlong, N° 188.

5.— Une question bien controversée est celle de savoir si le droit de chasse appartient au fermier comme accessoire de la chose louée lorsque le bail est muet à cet égard.

Dabord il est bien entendu que si le fonds loué est par sa nature, par son mode d'exploitation, destiné à la chasse, comme une garenne ; la chasse étant alors le revenu de l'immeuble, un fruit de la chose, le fermier a droit au produit qu'elle procure. Troplong, N° 161.

Il est également hors de doute que s'il y a un enclos attenant à la maison de ferme, comme une cour un jardin clos, le propriétaire ne pourrait prétendre y excercer le droit de chasse sans violer le domicile du fermier.

Cela posé, revenons à notre question.

Trois systèmes se sont produits ; le premier, soutenu par Duvergier, N° 73, Gasparin, *guide des propriétaires ruraux* et par Philippe Dupin dans une consultation, accorde le droit de chasse au fermier et en exclut le propriétaire.

Le second, enseigné par Duranton, T. 4 N° 286 et Proudhon traité du domaine N° 382, attribue le droit de chasse concurremment au propriétaire et au fermier.

Le troisième fait jouir exclusivement le propriétaire de la chasse et nous paraît le plus conforme aux principes de la législation sur cette matière.

La chasse, en effet, n'est pas un fruit du fonds, lorsque le fonds n'est pas destiné à la chasse et que la chasse n'en est pas le revenu annuel et le produit régulier ; c'est un simple droit voluptuaire lié aux attributs de la propriété : venationem fructus fundi negavit esse, nisi fructus fundi ex venatione constet. L. 26 ff de usuris et fructibus. Le fermier ne

peut donc en général y prétendre, lui qui n'a droit qu'aux fruits du sol. Aussi l'art. 3 du décret du 11 août 1789, ne mentionne-t-il que le propriétaire! La loi du 30 avril 1790 dans son art. 1er ne se sert d'aucune expression qui puisse permettre d'étendre ses dispositions au fermier ; au contraire, il ne parle que des *propriétaires* ou *possesseurs et de leurs terres.* « Défen-
» ses sont faites, sous peine de 20 livres d'amende,
» aux *propriétaires* ou *possesseurs* de chasser dans
» *leurs terres* non closes, même en jachères, à comp-
» ter du jour de la publication du présent décret jus-
qu'au 1er septembie prochain, etc.».... On retrouve les mêmes expressions dans les articles 13 et 14 et ce n'est que dans l'art. 15 qu'il est question du fermier pour lui donner *exceptionnellement* le droit de re-pousser et détruire les animaux dévastateurs de ses récoltes « Il est libre en tout temps aux proprié-taires ou possesseurs, *et mêmes aux fermiers*, de dé-
» truire, le gibier dans les récoltes non closes en se
» servant de filets ou autres engins qui ne puissent
» pas nuire aux fruits de la terre, comme aussi de
» repousser avec des armes à feu les bêtes fauves qui
» se répandraient dans lesdites récoltes. « Cette dis-position, comme on le voit, n'accorde pas au fermier le droit de chasse ; il ne lui est même pas loisible de se servir d'armes à feu à moins qu'il ne s'agisse de repousser des bêtes fauves ; elle lui accorde, par ex-ception, comme propriétaire des fruits, le moyen d'en assurer la conservation.

Telle était l'opinion la plus généralement reçue et adoptée par la jurisprudence sous l'ancienne législa-tion. Favard, V° chasse, N° 15, Merlin, quest. V° chasse, N° 15, Toullier, 4, N° 19. Dict. du nota, V° chasse, N° 160. Zacharie, 3 p. 7. Dalloz, V° chasse, page 428. Petit, traité du droit de chasse T. 1 p. 229.

Paris, 19 mars 1812, Angers, 14 août 1826. Cass. 12 juin 1828. Consultation de M⁰ Loiseau, dans Dalloz, 1843, 3 21.

La loi du 3 mai a t-elle modifié cet état de chose et introduit un droit nouveau à l'égard du fermier ? Assurément non ; elle est même textuellement plus » favorable au propriétaire. L'art. 1er dit : « que *nul* » n'aura la faculté de chasser sur la propriété d'au- » trui *sans le consentiment du propriétaire ou de ses* » *ayants droit.* »

Donc le fermier qui n'est pas l'ayant-droit du propriétaire ne peut chasser sans le consentement de ce dernier sur la propriété louée.

L'art. 2 ajoute : « le *propriétaire* ou *possesseur* » peut chasser ou faire chasser etc.»... Or le fer- » mier, n'étant ni propriétaire, ni possesseur, ne peut chasser ni faire chasser dans le cas prévu par cet article.

L'art. 9 seul parle du fermier. « Les préfets détermi- « neront, les espèces d'animaux malfaisants ou nui- » sibles que le propriétaire, possessseur ou fermier » pourra en tout temps détruire sur ses terres et les » conditions de l'exercice de ce droit; sans préjudice » du droit appartenant au propriétaire ou au fermier « de repousser ou de détruire, même avec des armes » à feu, les bêtes fauves qui porteraient dommage à ses propriétés. »

L'art. 9 de la nouvelle loi, ainsi que la législation de 1790, n'accordent au fermier que le droit de détruire ou de repousser les animaux nuisibles. Ce droit n'est point un droit de chasse, ainsi que l'explique fort bien M. le Ministre de l'intérieur dans son instruction du 20 mai 1844 : « Vous aurez, après avoir pris » l'avis du conseil général, à déterminer les espèces » d'animaux malfaisants ou nuisibles que le proprié-

» taire possesseur ou fermier pourra en tout temps
» détruire sur ses terres, et les conditions de l'exer-
» cice de ce droit. Vous remarquerez que ce n'est
» plus ici *un fait de chasse* que vous avez à autoriser,
» il s'agit d'un acte de légitime défense qui a pour
» objet unique de préserver les récoltes des dégats
» qui y occasionneraient certaines espèces d'ani-
» maux. Il n'est donc pas nécessaire, pour l'exercice
» de ce droit, que les propriétaires soient munis d'un
» permis *de chasse* ; mais ils commettraient une
» contravention, et il y aurait lieu de verbaliser con-
» tre eux, si, à l'occasion de la défense de leurs ré-
» coltes, ils se livraient à l'exercice de la chasse.

La discussion de la loi de 1844 est également
contraire au fermier. Lors de la discussion sur l'art.
1er. M. de la Plesse dit : » Le projet est muet sur
» cette question extrêmement grave qui partage les
» auteurs et la jurisprudence, c'est la question rela-
» tive aux droits du fermier. Le fermier n'a le droit
» de chasse *qu'autant qu'il lui est accordé par une clau-*
» *se de son bail.* Cependant il peut sur sa propriété
» et dans l'intérêt de sa récolte, établir des lacets et
» autres engins. Je demande au gouvernement une
» explication à cet égard.»

M. le Garde des Sceaux a répondu : «nous faisons
» une loi sur la police de la chasse, nous n'avons pas
» entendu établir le principe relativement à l'exerci-
» ce de la chasse. La question posée par M. de la
» Plesse reste parfaitement entière *d'après les princi-*
» *pes du droit et de la jurisprudence.*»

M. Gillon termine la discussion en disant : »
» *la jurisprudence reste ce qu'elle est.*»

A propos de l'art. 2, M. de Remilly est revenu sur
la question : « Je ne conteste pas l'article, a-t-il dit,
» mais je présente un paragraphe additionnel : *il est*

» *reconnu que le droit de chasse n'apartient pas au fer-*
» *mier, il appartient au propriétaire ou possesseur*»...

M. Dupin a dit : « mais le fermier est posses-
» seur.»

Il résulte de 'cette discussion que la jurisprudence sur la question *reste ce qu'elle est.* Or nous avons vu que presque tous les auteurs et la jurisprudonce étaient contre le fermier. Reste une objection, l'exclamation de M. Dupin « le fermier est possesseur. » C'est là une grave erreur échappée à ce célèbre procureur-général à la cour de cassation. Le fermier ne *possède pas* il *détient.* L'art. 1727 du c. civ. est explicite à cet égard ; il accorde au fermier dans les instances en propriété ou en possession la faculté de demander sa mise hors de cause en nommant le bailleur *pour lequel il possède.* Le fermier n'est donc pas possesseur ; lorsqu'on possède pour autrui, on ne possède pas pour soi-même. C'est ce qu'explique parfaitement Pothier, ff dans son appendice au titre locati conducti N° 5 « *in contractu locationis, conductionis id duntaxat agitur, ut conductori re conductâ frui liceat ; non ut quodvis jus in re, aut rei possessionnem consequatur, quœ remanet apud locatorem cujus nomine rem detinet conductor.* Dans le contrat de louage, le bailleur n'est tenu que de faire jouir le preneur, celui-ci n'acquiert aucun droit réel sur la chose ni aucune possession, laquelle continue de reposer sur le propriétaire au nom duquel le preneur *détient.*

Depuis la mise en vigueur de la loi du 3 mai 1844, les auteurs et la jurisprudence ont continué, comme sous l'empire de l'ancienne loi, à voir dans la chasse, non un fruit de la chose louée, mais un simple droit voluptuaire exclusivement attaché au droit de propriété, lorsque le bail ne l'en a pas détaché pour le

faire passer au fermier. Gillon et Galoureau de Ville-
pin, nouveau code de la chasse. Curasson, T. 1, p.
373. p. 33; Berriat-St-Prix, législation de la chasse,
p. 133. Championnière, manuel du chasseur. p. 18;
Loiseau et Vergé, loi sur la chasse, p. 17. Marcadé,
sous l'art. 1719, Cass. 4 juillet 1845. Grenoble, 17
mars 1846.

6. — Sous l'empire de la loi de 1790, les auteurs
et la jurisprudence décidaient que le fermier avait
qualité, aussi bien que le propriétaire, pour poursuivre un fait de chasse commis sur la propriété qui
lui était affermée, encore bien que le droit de chasse
ne lui fût pas concédé. Bruxelles, 1822 Cass. 9 avril
1836. Angers, 20 janvier 1836. Toullier, T. 4, N° 21.
Cette opinion était fondée sur l'art. 1er de la loi de
1790 qui, en prononçant une amende de 20 livres
envers la commune et en accordant une indemnité
de 10 livres au propriétaire des *fruits*, désignait
également le propriétaire ou le fermier. L'art. 8 appu-
yait cette argumentation en parlant de la plainte du
propriétaire ou de *toute autre partie intéressée*.

La loi de 1844 à fait disparaître cette anomalie qui
conférait au fermier qui n'avait pas le droit de
chasse, la faculté de se plaindre d'un simple fait de
chasse. L'art. 26 n'accorde la plainte au criminel
qu'aux *parties lésés* ou à la *partie intéressée*. Or qui
est lésé par l'exercice du droit de chasse? qui est
intéressé? Ce n'est pas assurément le fermier, mais
le propriétaire auquel ce droit appartient, lorsqu'il
ne s'en est pas dépouillé par une clause du bail au
profit du fermier.

Ce dernier, il est vrai, peut être lésé à l'occasion
de l'exercice du droit de chasse; alors ce n'est pas
du fait de chasse qu'il peut se plaindre, mais de la
lésion qu'il a éprouvée; et il peut poursuivre la ré-

paration du dommage qu'il a souffert d'après les règles du droit commun, soit au civil en vertu de l'art 1382 du code Napoléon, soit au criminel selon la nature du fait nuisible commis par le chasseur. Le Petit, traité du droit de chasse, T. 1, p.372. Duvergier, bulletin des lois, 1844, p. 166. Grenoble, 19 mars 1846.

7. Le fermier auquel le bailleur a concédé le droit de chasse représente le proprietaire, et a, comme lui, qualité pour poursuivre le chasseur qui a chassé sur le fonds affermé sans sa permission, alors même qu'il n'aurait éprouvé aucun préjudice, et que son bail serait verbal ou sous seing privé.

Ici ne s'applique pas l'art. 1328 d'après lequel les actes sous seing privé n'ont d'effet contre les tiers que du jour où ils ont acquis date certaine.

Il suffit que le fermier établisse la date et la preuve de son bail par tous les moyens admis par la loi en matière de louage. Metz, 1er mars 1854—12 février 1857. Cass. 13 décembre 1855.

8. — Ce que nous avons dit du droit de chasse s'applique au droit de pêche. Si la propriété louée comprend des étangs, des biefs poissonneux dans lesquels la pêche s'exerce habituellement à titre de produit, le fermier peut y pêcher dans le silence du bail. Si au contraire, la propriété est traversée par un cours d'eau où l'on ne pêche qu'accidentellement et par plaisir, cette pêche n'est plus un fruit de la chose, et le fermier ne peut y prétendre sans une clause expresse du bail. Troplong, N° 163. Curasson, T. 1, p. 363. M Daviel qui avait été d'un avis contraire s'est rangé dans sa troisième édition, N° 685 à l'avis de M. Troplong, Rouen, 13 juin 1814. Contra Duvergier, louage, 1, N° 75. Proudhon du dom.

pub. N° 1251. Garnier, des eaux, N° 856, Vaudoré, droit rural, T. 2, N° 184.

9. Une question controversée est celle de savoir si le fermier doit jouir de l'alluvion sans augmentation de prix. Nous pensons avec Marcadé, sous l'art. 1722, N° 3, que si l'alluvion est minime, elle se confond avec l'ensemble de la chose louée de telle sorte qu'on peut dire que certe chose n'a pas changé ; dès lors le prix doit rester le même. Il en est autrement d'une alluvion considérable, elle forme alors, comme le dit Pothier, N° 278, une chose nouvelle qui est comprise dans le bail dont le fermier doit naturellement payer la jouissance.

10. Que faut-il décider au sujet des abeilles ? Il faut distinguer les ruches à miel des abeilles.

Le fermier a le droit de jouir des ruches d'abeilles qui sont établies sur l'héritage au moment de son entrée ; il doit en rendre le même nombre à la sortie à moins qu'elles n'aient péri sans sa faute.

Quant aux abeilles, les jurisconsultes romains les comparaient aux oiseaux et les considéraient comme animaux sauvages. Quand un essaim s'échappait de la ruche, le maître en conservait la propriété tant qu'il était à sa poursuite ; mais dès que la poursuite avait cessé, il appartenait à celui qui s'en emparait. Il en était de même dans notre ancien droit. Dans beaucoup de localités, nos aïeux avaient introduit l'usage de frapper sur des poêles ou chaudrons tant que la poursuite de l'essaim continuait ; la cessation du bruit annonçait l'abandon de la poursuite et les mouches appartenaient au premier occupant. Nos paysans font encore ce tapage dont ils ignorent l'origine ; ils s'imaginent que les abeilles, sensibles à cette infernale musique, s'arrêtent dans leur course et entrent plus volontiers dans la ruche qu'on leur présente.

La loi du 6 octobre 1791 a modifié l'ancien droit; elle reconnaît, comme autrefois, que le propriétaire conserve la propriété de son essaim, tant qu'il le suit; mais dès que la poursuite a cessé, l'essaim n'appartient plus au premier occupant, il devient la propriété *du propriétaire du terrain sur lequel il s'est fixé.* L'essaim forme alors un accessoire de l'héritage, tout individu qui s'en saisirait devrait être condamné à la restitution envers le maître du fond. Fournel, T. 2, p. 315. Toullier, T 4, N° 50.

Le fermier de l'héritage où l'essaim se serait fixé aurait le droit d'en jouir comme d'un accroissement peu sensible de la chose et comme récompense de ses soins; mais il ne pourrait l'emporter à l'expiration du bail. Chabrol-Chameane, V° abeille.

11. — Nous avons vu Suprà, N° 2, qu'il y a un temps réglé par l'usage pour l'entrée en jouissance et pour la sortie. A l'expiration de ce dernier terme, l'usage accorde au locataire de maisons le délai de trois jours pour faire les réparations locatives, et opérer son déménagement. Ce n'est pas à dire néanmoins que pendant ce temps, il doive rester inactif. Dès le jour de l'expiration du bail, il doit commencer son déménagement pour donner au locataire entrant la faculté de faire apporter et placer ses meubles, soit dans les appartemens, soit dans un espace suffisant selon l'importance de la maison. Ce roulement alternatif de meubles entrants et sortants commencé dès le jour St-Michel, doit être terminé le 2 octobre avant 9 heures du soir, moment auquel le locataire sortant est tenu de remettre les clefs au propriétaire et de laisser les lieux entièrement libres. *Commission des usages locaux du canton de Cherbourg.*

Si par une clause particulière, le bail n'expirait pas au jour St-Michel, mais à toute autre époque de l'année, devrait-on accorder au locataire sortant le délai de 3 jours dont nous venons de parler? Nous ne le pensons pas! Ce sursis a été accordé exceptionnellement par l'usage en faveur du terme d'usage. Dèsqu'on est en dehors de cette condition, il n'existe plus d'usage, on rentre dans le droit commun d'après lequel les obligations commencent et finissent au jour déterminé par la convention.

Le locataire, en quittant les lieux et faisant la remise des clefs, doit tirer une décharge des réparations locatives et de cette remise de clefs.

S'il y a contestation entre le propriétaire et le locataire sur l'heure à laquelle la remise des clefs a été offerte et refusée, ou s'il y a méconnaissance de la part du propriétaire et affirmation de la part du locataire de cette remise de clefs, la preuve testimoniale est admise ; à défaut de preuve, on s'en rapporte au serment du propriétaire, parce que c'était au locataire à faire constater le refus du propriétaire ou à tirer décharge de la remise des clefs. Léopold, p. 127.

12. L'entrée en jouissance et la sortie des jardins, comme celles des maisons, ont lieu à la St-Michel ; mais le locataire entrant doit laisser la clef à la disposition de celui qui sort pour qu'il puisse récolter les fruits d'une maturité tardive. Aulanier, réglements locaux des côtes du Nord, p. 134.

13. Faute par le bailleur de remplir l'obligation de délivrer la chose, le preneur a deux voies à suivre : ou demander la résiliation du bail avec dommages-intérêts, ou poursuivre sa mise en possession *manu militari*.

Sur ce dernier point, les anciens docteurs n'étaient pas d'accord : les uns invoquaient la règle : *nemo* potest cogi precisé ad factum ; d'où ils concluaient que la tradition étant un fait, le bailleur ne pouvait être contraint à livrer la chose, mais seulement être condamné aux dommages intérêts du preneur.

Les autres soutenaient que la maxime ci-dessus n'a d'application que lorsque le fait renfermé dans l'obligation est un pur fait de la personne obligée ; comme lorsqu'on s'est engagé à faire un tableau ; alors il est évident que le débiteur ne peut être forcé à peindre malgré lui ; mais il n'en est pas de même de la tradition ; ce fait, non est merum factum, sed magis ad dationem accedit. Ce sentiment avait prévalu et était exprimé en ces termes dans le rapport du tribun Mouricault ; « que si le bailleur pouvant » délivrer la chose s'y refuse, le preneur peut se » faire autoriser par justice à s'en mettre en posses- » sion. » Léopold, traité des loc., p. 35. Troplong, N° 169.

14. Après avoir établi les droits du preneur contre le locateur qui se refuse à la délivrance, il convient de s'occuper de ceux du propriétaire contre un locataire qui ne veut pas sortir à l'expiration du bail.

Nous avons vu des juges-de-paix, agissant dans ce cas comme en matière de référé, ordonner parties dûment appelées, par simple ordonnance, l'expulsion du locataire récalcitrant, le dépôt du mobilier dans un lieu public, si ce mobilier vaut les frais de garde, ou le jet dans la rue s'il ne les vaut pas, et autoriser l'huisier chargé de la signification de l'ordonnance à se faire assister de la force publique en cas de résistance.

Cette pratique, contraire aux principes, a été formellement repoussée dans la discussion de la loi du 25 mai 1838.

Dans la séance du 23 mai, M. Taillandier, propo-

sa l'amendement suivant : « en cas d'expulsion après
» vente du mobilier, ou sur procès-verbal de carence,
» l'expulsion sera ordonnée par simple ordonnance
» rendue contradictoirement par le juge-de-paix ou
» parties duement appelées. Cetre ordonnance sera
» exécutée par provision sur minute comme en ma-
» tière de référé. »

M. Amilhau, rapporteur, a soutenu : « que l'amen-
» dement ne pouvait pas être adopté, car il introdui-
» rait une disposition dont les juges-de-paix n'ont
» pas besoin ; le juge-de-paix a le pouvoir de faire
» tout ce qu'on demande, et la disposition que vous
» introduiriez serait contraire aux principes de l'ins-
» titution.

» Dans l'état actuel des choses, le référé est admis
» par les tribunaux qui ont plusieurs juges. Alors
» l'un d'eux prononce par provision, et plus tard, le
» tribunal complet apprécie la décision et juge au
» fond. Mais devant la justice de paix, il n'y a qu'un
» seul juge, il compose tout le tribunal, il peut faire
» citer à bref délai et faire exécuter sur la minute lés
» jugements même par provision, et dans ce cas, le
» référé, c'est le jugement que rend le juge-de-paix.
» Pourquoi donc une disposition qui l'autoriserait a
» juger en référé ? vous lui feriez prononcer d'abord
» provisoirement en référé, et ensuite définitivement
» sur le fond. Vous entraineriez nécessairement des
» longueurs et des frais et ne remédieriez à aucun des
» inconvénients qu'on a signalés.

» Lorsque les faits ne sont pas bien prouvés au
» juge-de-paix, laissez lui les moyens d'accorder des
» délais, de faire ce qu'il croira convenable dans l'in-
» térêt de la justice. »

D'après ces paroles conformes aux saines règles de
la procédure, voici la marche à suivre pour les ex-

pulsions urgentes : obtenir du juge-de-paix une cédule pour abréger les délais et permettre de citer à
heure indiquée ; signifier cette cédule au locataire
opiniâtre avec citation à comparaître à l'heure fixée.
Les parties en présence ou duement appelées, le
juge-de-paix prononce, s'il y a lieu, le jet du mobilier hors des appartements ou leur dépôt dans un
lieu public, ordonne l'emploi de la force publique en
cas de résistance et l'exécution de son jugement par
provision, nonobstant opposition ou appel. Art. 6 et
17 c. de procéd.

L'expulsion n'est pas toujours demandée par action
directe, elle peut être prononcée comme conséquence
d'une autre action ; par exemple, dans le cas d'un
congé, le juge-de-paix appelé à connaître de sa validité, peut en la prononçant condamner par le même
jugement le preneur à déguerpir dans un bref délai,
passé lequel le bailleur sera autorisé à faire procéder
au déguerpissement en jetant les meubles sur le pavé ou les faisant déposer dans un lieu public. Curasson, 1, N° 308.

M. Troplong, N° 435 indique un mode d'expulsion très expéditif ; il conseille au bailleur d'enlever
les portes et les fenêtres de la maison en ayant soin
de ne toucher ni aux meubles ni à la personne du
locataire. Sans rechercher jusqu'à quel point ce mode
de procéder est légal, disons qu'il est inoui dans les
usages de notre localité, qu'il a le grand inconvénient
de provoquer des voies de fait. Ajoutons qu'il ne ré-
médie à rien, puisque la maison ne cesse pas d'être
occupée par les meubles et par le locataire entêté.
Guy Pape, en ses décisions quæ. 408. rapporte un
usage contraire à Grenoble, lequel consiste, non à
enlever les portes, mais à les fermer après l'expiration
du bail. Imbert en son Enchiridion, p. 25, blâme

ce mode d'expultion. « Je trouverais bien meilleur, » dit il, *suivant notre commune usance*, qu'il intervint » sentence déclaratoire, par laquelle fut condamné » le fermier à vuider. » C'est cette vieille et raisonnable pratique que nous suivons. Voir aussi sur cette question. Carré et Thomines, sous l'art. 819, c. procéd.

15. — Le locateur étant obligé envers le conducteur à le faire jouir, prœstare ei frui licere ; il ne peut apporter aucun trouble à sa jouissance pendant toute la durée du bail. Ainsi le bailleur d'une maison trouble son locataire s'il établit des jours ou des égouts donnant sur la chose louée, s'il introduit des réunions bruyantes, comme bals publics, cafés, cercles, maisons de jeu, ateliers, établissemens de tolérance, etc. etc. Aussi a-t-il été jugé par la cour de Paris, le 6 décembre 1839, qu'un locataire qui avait loué bourgeoisement une partie de maison, pouvait s'opposer à ce que le surplus fut loué en hôtel garni.

16. — Un propriétaire n'est pas censé troubler son locataire, lorsque par lui-même ou ses agents il fait visiter les êtres de la maison pour s'assurer qu'il ne s'y commet pas de dégradations. Ces sortes de démarches ne peuvent être empêchées qu'autant que, par leur fréquence, ou vu les instants où elles se feraient, il serait évident qu'elles n'auraient que la curiosité ou l'humeur pour principe. Houard. V° Locataire.

17. — Le locataire peut être troublé par les réparations ou constructions d'un voisin qui nuit à ses jours ou issues. Si les jours ou issues que le voisin obstruent sont nécessaires au travail ou au commerce du locataire, le propriétaire lui doit des dédommagements. Si le préjudice éprouvé est considé-

rable, et l'incommodité très grande, la résiliation peut être ordonnée avec dommages-intérêts. De Jussieux de Montluel, p. 186.

18. — L'art. 1719 ne s'applique pas seulement au trouble matériel, mais encore au trouble moral, tel que celui résultant d'un propriétaire qui, ayant loué une partie de sa maison, avec affectation à l'exercice d'une industrie déterminée, louerait l'autre partie à une personne exerçant la même industrie. Nîmes, 2, 31 décembre 1855. Cass. 8 juillet 1850. Paris, 10 janvier 1842.

Il en serait autrement s'il s'agissait de la vente d'un établissement commercial ou industriel. Le vendeur, à la différence du bailleur, n'étant pas tenu de faire jouir l'acheteur, mais de lui livrer la propriété de la chose, il ne serait privé du droit de fonder dans le voisinage un établissement rival qu'autant qu'il s'en serait interdit la faculté par la convention. Cass. 17 juillet, 1844.

19. — Celui qui loue une partie de maison, d'un entrepôt, d'un magasin, d'une halle, et qui garde la clef, répond de ce que le locataire y met, à moins qu'il n'y ait force majeure, par exemple, si des voleurs ont forcé l'entrée. Loi 60, § 9, ff loc. conduc. Loi 1, cod. hoc, tit.

ART. 1720. — « Le bailleur est tenu de
» livrer la chose en bon état de réparations
» de toute espèce. Il doit y faire pendant la
» durée du bail toutes les réparations qui
» peuvent devenir nécessaires, autres que les
» locatives. »

1. A moins de convention contraire, le locateur doit délivrer la chose en bon état de réparations de toute espèce, ce qui comprend même les réparations locatives, et cela encore bien que le locataire eût visité les lieux avant la location. Duranton, 17, N° 61.

2. — Le locataire, avant son entrée en jouissance, a grand intérêt à exiger que la chose lui soit livrée en bon état de réparation de toute espèce, car les tribunaux se montrent avec raison, très difficiles à accorder des réparations pour des dégradations antérieures à l'entrée en jouissance. Paris, 24 août 1854.

3. — Après l'entrée en jouissance, les obligations du bailleur sont moins étendues, la loi ne lui impose pendant le cours du bail que les réparations *nécessaires*. On appelle ainsi les réparations qui ont pour objet d'entretenir la chose en état de servir à l'usage pour lequel elle a été livrée,

« Un locataire, dit M. Troplong, N° 177, ne serait
» pas écouté s'il prétendait que le propriétaire doit
» lui procurer toutes les commodités et les agréments
» dont on cherche à jouir dans la vie confortable de
» notre époque. » Aussi a-t-il été jugé que lorsqu'un locataire a reçu la maison en bon état, les peintures à faire, les papiers à remplacer, les plafonds à blanchir, constituaient des réparations d'entretien qui ne sauraient être mises à la charge du propriétaire dans le cours du bail. Rouen, 8 février 1853. Jurisp. des cours de Caen et de Rouen, 1853, p. 80. Leopold, traité des locations, p. 36. Le Page, lois des bât. Tome 2, p. 345.

4. — Le locataire ne peut faire de son chef les réparations dont la chose a besoin. Il doit assigner le propriétaire pour être condamné à les faire.

Si le bailleur prétend qu'elles ne sont pas à sa charge, ou ne sont pas nécessaires, des experts sont nommés, et lorsqu'ils ont reconnu la nécessité des réparations, un jugement le condamne à les faire. Le même jugement doit ajouter que faute par le bailleur de faire exécuter les ouvrages dans le temps prescrit, le preneur est autorisé à les faire exécuter, et à en retenir le prix sur les loyers ; s'il n'en est pas dû, il est ordonné que le bailleur le remboursera, et qu'à cet effet, il sera délivré un exécutoire sur le vu des quittances des ouvriers : si par le retard que le propriétaire à mis à faire les réparations depuis la demande qui lui en a été signifiée, le locataire à éprouvé quelque préjudice, le même jugement peut lui accorder des dommages-intérêts.

5. — Il peut arriver que le preneur au lieu de conclure à ce que les réparations soient exécutées, demande la résiliation du bail. Ces conclusions peuvent être accordées selon les circonstances, par exemple si les réparations sont considérables et en dehors des limites tracées par l'art. 1724. Le Page tôme 2, p. 177. Troplong, N° 183. Leopold, p. 37.

Art. 1721. — « Il est dû garantie au pre-
» neur pour tous les vices de la chose louée
» qui en empêchent l'usage, quand même le
» bailleur ne les aurait pas connus lors du
» bail. S'il résulte de ces vices ou dé-
» fauts quelque perte pour le preneur, le
» bailleur est tenu de l'indemniser. »

1. — Cette action en garantie est une des branches

de l'action ex conducto que le preneur a contre le bailleur; elle a pour objet principal la résolution du contrat et la décharge des loyers.

2. — Quelque fois cette action à un second chef, à savoir les dommages-intérêts pour le préjudice éprouvé par le locataire.

3. — Il n'y a pas lieu à dommages-intérêts pour les vices survenus depuis le contrat. A l'égard de ceux qui existaient dès le temps du contrat, il y a des distinctions à faire.

4. — Lorsque le bailleur connaissait le vice, il est coupable de mauvaise foi de l'avoir dissimulé, dès lors il est obligé aux dommages intérêts.

Il en serait de même, encore bien qu'il eût ignoré le vice, si par sa profession il devait le connaître.

5. — Hors ces cas, le bailleur qui n'a pas connu ni dû connaître le vice n'est pas tenu des dommages intérêts du locataire, il n'est tenu que du premier chef de l'action ex conducto, à savoir de reprendre la chose et de faire remise du loyer. Pothier, N° 120.

6. — Par les vices ou défauts qui donnent lieu à la garantie, on doit entendre les vices non apparents dont le locataire n'a pas été prévenu, comme un puits qui manque d'eau dans certains temps de l'année, ou dont l'eau est corrompue. La garantie ne s'étend pas aux vices ou défauts apparents qui existaient au moment du bail, et que le locataire pouvait par lui même découvrir, comme le manque de puits, de cave, le faux-jour, l'obscurité, l'humidité, une servitude apparente, etc., art. 1641, c. civ. Bordeaux 25 mai 1841 — Bourges, 4 juin 1840, Leopold, 40.

7. — L'innondation d'une cave pendant les grosses eaux ou quand il pleut est inconsidérée en général comme un vice non apparent donnant lieu à garantie

mais si cet inconvénient est naturel et inhérent au quartier, il devient défaut apparent dont le bailleur ne répond pas. A Cherbourg, ce vice est commun à toutes les caves qui avoisinent le port et le bassin du commerce ; le bailleur n'en est point garant. Paris, 29 janvier 1849.

8. — D'après l'usage du Châtelet, on considérait comme vice non apparent le défaut de lieux d'aisance, parceque outre que ces lieux sont ordinairement placés dans des endroits retirés peu à portée de la vue de celui qui visite une maison, un locataire est toujours présumé avoir cru qu'il en existait d'après l'ordonnance du 4 juin 1754, qui enjoint à tous les propriétaires de maisons dans la ville et faubourgs de Paris d'y faire construire des latrines. Comme l'article 52 du règlement du 15 novembre 1859 contient une disposition semblable pour Cherbourg, on doit suivre l'usage du Châtelet dans notre ville et ses faubourgs.

9. — La vétusté de la chose ou de l'une de ses parties ne doit point être considérée comme un défaut non apparent qui puisse faire condamner un propriétaire à des dommages intérêts envers un locataire pour un accident ou une perte résultant de ce défaut, à moins qu'il n'y eût eu, de la part du propriétaire averti du mauvais état de la chose louée et sommé de la réparer, négligence à prévenir l'accident ou la perte. Jussieux de Montluel, p. 186. Léopold, p. 41.

10. — Selon l'art. 1386, c. civ. le propriétaire d'un bâtiment est responsable du dommage causé par sa ruine, lorsqu'elle est arrivée par suite du défaut d'entretien ou par le vice de sa construction. Duranton, 17. N° 64 et Troplong, N° 201 enseignent que ces dispositions sont applicables entre le bailleur et le loca-

taire. Cette opinion ne nous paraît pas conforme à la saine doctrine . L'art. 1386 est placé sous la rubrique des *quasi-delits*, c'est-à-dire des engagements qui naissent d'un fait sans qu'il intervienne aucune convention entre les parties. Dès lors, du moment où l'un des deux faits prévus par cet article, (Ruine du bâtiment par défaut d'entretien ou ruine par vice de construction) se réalise, le propriétaire répond de tout le dommage arrivé sans égard à sa bonne ou mauvaise foi.

Il n'en est pas ainsi dans le louage. Les obligations du bailleur et du locataire prennent leur source dans un consentement mutuel qui forme entre eux un contrat bonæ fidei dans lequel la bonne ou mauvaise foi joue un grand rôle et modifie essentiellement la garantie.

Le droit romain, si exact dans ses déductions de principe, ne s'y était pas mépris et caractérisait avec soin la différence d'origine des obligations qui naissent d'un quasi-délit de celles qui naissent du contrat de louage. Il accordait au tiers lésé par la ruine d'un bâtiment faute de réparations ou par vice de construction une action *in factum* contre le propriétaire, laquelle consistait dans les dommages intérêts pour le préjudice occasionné. Le locataire lésé en pareil cas avait l'action *ex conducto* dans laquelle on tenait compte au propriétaire de sa bonne foi pour apprécier sa responsabilité. L. 19, § 1. ff, locati conducti. Pothier ad pandect. Nº 63, eod. tit.

Ces différences dans l'origine des obligations et dans la nature des actions produisent nécessairement des conséquences diverses dans l'application. Nous allons le démontrer par quelques exemples.

Un bâtiment vient à s'écrouler par suite du défaut de réparations :

Quid entre le propriétaire et le tiers lésé ?

Quid entre le bailleur et le locataire lésé ?

Dans le premier cas le propriétaire doit dédommager le tiers du préjudice qu'il a éprouvé ; il est tenu par conséquent de la perte de ses meubles et denrées.

Dans le second cas, il faut distinguer : si le bailleur a été averti par le locataire que la maison avait besoin de réparations urgentes, et qu'elle soit tombée par suite du retard à les faire, il est responsable des dommages-intérêts du locataire ; il doit l'indemniser de la perte de ses meubles et denrées, parce que dans ce cas, il ne peut arguer de sa bonne foi.

Mais si le locataire a négligé d'avertir le bailleur et si ce dernier a ignoré l'existence des réparations, il n'est tenu d'aucun dommage-intérêt à cause de sa bonne foi, et c'est le locataire au contraire qui est responsable envers le propriétaire, parce qu'il est en faute d'avoir négligé de prévenir son bailleur, art. 1732.

Supposons maintenant que le bâtiment soit tombé par suite d'un vice de construction.

Quid entre le propriétaire et le tiers ?

Quid entre le bailleur et le locataire ?

Dans le premier cas, le propriétaire doit des dommages-intérêts au tiers ; par le seul fait de la ruine du bâtiment, il doit réparer le préjudice causé. Art. 1386.

Dans le second cas, distinguons : si la maison s'est écroulée par suite d'un vice caché que le bailleur ignorait, sa bonne foi devra être prise en considération, il ne sera tenu d'aucun dommage-intérêt envers le locataire; il ne sera pas responsable de la perte de son mobilier et de ses denrées ; il devra seulement consentir à la résiliation du bail et à la remise des loyers. Art. 1646, c. civ. Pothier, Nº 120.

Si le bailleur connaissait le vice ou devait le connaître par sa profession, sa garantie s'étend plus loin que dans le cas précédent, il doit, outre la résiliation du bail et la remise des loyers, dédommager le locataire de tout le préjudice qu'il a éprouvé dans ses meubles et denrées, parce que la connaissance qu'il avait du vice le constitue en mauvaise foi. Art. 1645, Pothier, Nº 120.

On voit par ces exemples que l'application de l'art. 1386 doit être limitée aux propriétaires et aux tiers entre lesquels il n'existe d'autre lien d'obligation que celui résultant du fait même de la ruine du bâtiment ; elle ne doit pas être étendue aux bailleurs et locataires auxquels on doit appliquer les principes particuliers de garantie résultant de la nature de leur contrat.

11.— Il ne suffit pas, pour donner lieu à garantie, que le vice soit non apparent, il faut de plus qu'il soit de nature à empêcher l'usage ou la jouissance de la chose. Ainsi le propriétaire ne serait pas tenu de garantir un vice ou un défaut qui rendrait l'usage de la chose moins commode, comme une odeur désagréable, mais non insalubre ; l'incommodité du soleil, du vent dans certains temps ; un bruit provenant d'un établissement voisin, Léopold, p. 42, Marcadé, art. 1721.

Si les cheminées fument constamment et abondamment, de manière à rendre les appartements inhabitables, le propriétaire doit faire cesser cet état de chose ou résilier le bail ; mais si les cheminées fument peu ou de certains vents seulement, c'est une simple incommodité que le locataire doit supporter, surtout dans les ports de mer, qui toujours placés dans les bas fonds, sont sujets à être tourmentés par des vents variables qui rendent inévitable l'inconvénient de la fumée. Denisart, V° locataire, N° 15. Houard V° locataire, Léopold, p. 42.

Art. 1725.— « Le bailleur n'est pas tenu » de garantir le preneur du trouble que des » tiers apportent par voie de fait à sa jouis- » sance sans prétendre d'ailleurs aucun droit » sur la chose louée, sauf au preneur à les » poursuivre en son nom personnel.»

1.— L'art. 1722 prévoit le cas où la chose louée est détruite en tout ou partie par un *événement* fortuit ; l'art. 1725 et les suivans s'occupe de l'anéantissement total ou partiel de la jouissance par le *fait* d'un tiers.

2.— Lorsqu'à l'appui du fait qui anéantit ou diminue la jouissance, le tiers allègue un droit par rapport à la chose, on appelle cela trouble de droit ; si, au contraire, le tiers n'allègue aucun droit, le trouble prend le nom de trouble de fait.

3. — Ces deux sortes de troubles produisent des effets différents.

Le bailleur ne répond en rien du trouble de fait ; c'est au preneur à s'en défendre seul comme bon lui semble. Art. 1725.

Quand le trouble est de droit, c'est l'affaire du bailleur de défendre au procès, de lutter contre le tiers, et de garantir le preneur contre la privation totale ou partielle de la jouissance.

4. Cette garantie a deux chefs : dabord la résiliation du bail ou une diminution de prix ; ensuite les dommages-intérêts. Quand la cause du trouble est antérieure au contrat, le bailleur est tenu des deux

chefs envers le preneur. Ainsi un tiers m'évince de la chose louée en se fondant sur un titre antérieur à mon bail ; le bailleur doit me décharger des loyers pour l'avenir et me payer des dommages-intérêts qui se composeront des frais de contrat, de délogement, des impenses faites et qui ne sont pas de nature à être enlevées, etc.... En un mot sa garantie est fondée sur les mêmes principes que celle de la vente, Art. 1625, et s'étend à tout le préjudice éprouvé par suite de l'inexécution du contrat. Art. 1630, Pothier Nᵒˢ 83-92.

Si la cause du trouble de droit est postérieure au contrat, le bailleur n'est tenu que du premier chef de garantie, la résiliation ou la diminution de prix comme dans le cas de l'art. 1722, Pothier, Nᵒˢ 86-144. Par exemple, j'ai loué une maison avec un jardin, l'administration exproprie tout ou partie du jardin ; j'aurai le choix entre la résiliation ou une diminution de prix, mais le bailleur ne me devra aucuns dommages-intérêts ; seulement l'administration me devra une indemnité en vertu de l'art. 21 de la loi du 3 mai 1841.

5.— On sait que les fils électriques produisent un bourdonnement très incommode. Le locataire d'un hôtel auquel avaient été appliquées des consoles depuis le bail se plaignit que le bruit continu des fils avait fait déserter les voyageurs des chambres sur la rue. Il demanda une diminution du loyer. Le propriétaire refusa en soutenant qu'il y avait trouble de fait, et que le locataire devait, selon l'art. 1725, agir contre l'administration. Ce soutien était inadmissible. Nous avons vu, art. 550, que l'administration, en posant des consoles, agit en vertu d'un droit par rapport à la chose. Le trouble éprouvé par le locataire provenait donc d'un tiers prétendant un droit sur la chose, ce n'était donc pas un trouble de fait, par conséquent le propriétaire était tenu d'une diminution de loyer proportionnée à la diminution de jouissance, sauf recours contre l'administration. Angers, 26 juillet 1855.

6. — Il a été jugé en ce sens que les travaux de voierie exécutés par l'administration ne sauraient être considérés comme un simple trouble de fait, mais comme un trouble de droit dont le bailleur doit défendre le preneur. Paris, 19 février 1844, Dalloz, jur. gén. V° louage N° 210.

Nous ne pouvons donc approuver nn arrêt de la même cour du 16 mars 1860. Dans l'espèce, le trouble provenait de la démolition pour cause d'utilité publique de la maison voisine, démolition qui avait nécessité de nombreux étais pour soutenir la maison louée. La cour décida qu'en vertu de l'art. 1725, le locataire n'avait aucune action contre le bailleur, mais contre la ville.

Voici les motifs de l'arrêt :

« Attendu que l'art. 1722 n'est pas applicable parce » que l'immeuble n'a été détruit ni en totalité ni en partie. » D'abord il n'est pas exact de dire que l'art. 1722 ne s'applique qu'au cas de destruction totale ou partielle, il s'étend à tout anéantissement ou diminution de jouissance provenant d'un *évènement* fortuit, encore bien que la chose louée n'éprouve aucune altération matérielle. Marcadé, 1722. 2 La raison de ne pas appliquer l'art. 1722, était qu'il s'agissait dans l'espèce d'un trouble causé non par un *événement* fortuit, mais par le *fait* d'un tiers comme le reconnaît l'arrêt dans le considérant suivant :

» Attendu que le trouble n'est pas le fait du propriétaire, mais celui de la ville qui doit être considérée comme un tiers ordinaire par suite des ad-

» judications qui ont mis entre ses mains la maison
» voisine. » Mais précisément un tiers ordinaire qui
aurait acheté la maison voisine aurait eu, comme la
ville, le droit d'après les règles du quasi-contrat de
voisinage, d'abattre la maison achetée en étayant le
voisin. Ce trouble éprouvé par le locataire était donc
un trouble de droit, et non un trouble provenant du
fait d'un tiers ne prétendant aucun droit sur la chose
louée. Par conséquent le locataire n'avait aucune action contre la ville, il s'était adressé avec raison au
propriétaire, sauf à celui-ci son recours contre l'administration municipale.

7. — Si le bailleur doit défendre le preneur contre
tout trouble provenant d'un tiers prétendant agir en
vertu d'un droit sur la chose louée, il n'est pas tenu
de garantir le trouble que des tiers apportent à la
jouissance en vertu d'un droit par rapport à la personne du preneur. Ainsi, je loue une maison à usage
de cabaret. Le preneur n'obtient pas l'autorisation
pour ouvrir un débit, il ne sera pas admis à exiger
de moi une diminution de prix ni à exercer aucun
recours contre moi. Troplong, N° 254, Cass. 14 novembre 1827.

8. — De même l'acte du gouvernement qui change
la destination d'un officier ou d'un fonctionnaire, et
l'oblige à quitter la maison louée avant l'expiration
du bail, n'est pas un trouble ayant pour cause un
droit prétendu par rapport à la chose, mais un droit
par rapport à la personne du locataire ; dèslors le
bailleur n'en est responsable en aucune manière.

Quant à la sortie des officiers et fonctionnaires logés en garni, voir art 1736, N° 5.

ART. 1728. — « Le preneur est tenu de
» deux obligations principales, 1° d'user de

» la chose louée en bon père de famille et
» suivant la destination qui lui a été donnée
» par le bail, ou suivant celle présumée
» d'après les circonstances à défaut de con-
» vention ; 2° de payer le prix du bail aux
» termes convenus.»

1.— Le preneur doit jouir en bon père de famille, c'est-à-dire se servir de la chose louée avec le même soin que le ferait un propriétaire soucieux de ses intérêts.

2.— De cette nécessité de jouir en bon père de famille découle l'obligation pour le locataire d'une maison de la faire voir aux personnes qui viennent la visiter dans la dernière année du bail, lorsque le propriétaire a mis une affiche pour la louer ou a manifesté son intention de la relouer à une autre personne. Le locataire s'exposerait à des dommages-intérêts si, pour obliger le bailleur à le laisser dans la maison ou par malice, il écartait les personnes qui viendraient la visiter soit en supprimant l'affiche, soit en refusant de faire voir les appartements, soit en s'absentant à dessein pour fatiguer les visiteurs, soit en les recevant mal, soit en décriant la maison. Pothier, N° 203. Tribunal de la Seine, journal *le Droit* du 14 mars 1860. Léopold, traité des loc. p. 125.

3.— Par suite du même principe, un locataire qui ferait un bruit affecté sur la tête de son voisin ; qui interromprait son sommeil à toute heure de nuit par des coups redoublés, ou en rentrant à des heures indues ; qui l'insulterait continuellement ou ses domestiques ; en un mot qui *m'ésuserait* de la chose louée, se mettrait dans le cas d'en être expulsé par justice. Ainsi jugé par arrêt rendu en la Tournelle, le 7 février 1767. Denisart. V° locataire, N° 16.

4. — Un bon père de famille ne laisse jamais long-temps sa maison fermée, parce que le défaut d'air détériore les peintures et porte préjudice à tout l'intérieur. Un locataire ne peut donc pas laisser la maison inhabitée ; s'il est obligé de faire une absence de quelque durée, il doit charger quelqu'un d'ouvrir la maison de temps en temps. Duranton, 17, N° 175. Dalloz, V° louage, N°⁸ 475 et 637. Douai, 8 février 1854.

5. — Un locataire peut bien faire dans le local loué tel changement de distribution qu'il lui plaît, qui n'exige point de démolition importante, comme plâtres, menuiserie, portes, à la charge de rétablir les choses dans leur premier état ; mais il ne peut faire sans le consentement du propriétaire, des changements ou augmentations pour lesquels il faudrait percer des murs, des planchers, abattre des refends, changer des escaliers, couper des poutres, des solives, des enbrevoutes, démolir des cheminées, faire des constructions nouvelles sur celles qui existent. Léopold, p. 60.

6. — Il ne peut dans un jardin changer les distributions, détruire des allées sablées ou dallées, abattre les berceaux, les remplacer sans le consentement du bailleur. Léopold, ibid

7. — Il ne lui est pas permis de déplacer de sa propre autorité, les objets placés soit pour le service soit pour l'agrément, soit pour la commodité, lesquels ne pouvant être détachés sans être fracturés et détériorés, ou sans briser ou détériorer la partie du fonds sur lequel ils sont attachés, sont, par les art. 524, 525, réputés immeubles par destination, et attachés au fonds à perpétuelle demeure, tels que gouttières,

cuvettes, conduits en plomb ou en fer retenus par des liens de fer ; chaudières, cuves, fourneaux, alambics, tonnes, poëles scellés en plâtre ou à chaux ; tables, glaces, buffets, tableaux faisant corps avec la boiserie ; statues, vases placés dans des niches pratiquées exprès pour les recevoir. Léopold, ibid.

8.— Il ne doit pas surcharger les voûtes et planchers. L'usage du Châtelet en pareil cas, était de prononcer la résiliation. Jussieux de Montluel, p. 189.

9.— Quelques auteurs ont prétendu que le locataire ne pouvait placer un poële dans une cheminée sans faire monter les tuyaux dans toute la hauteur de la cheminée jusqu'au dessus de la mitre, par le motif que ces tuyaux vomissent une colonne de fumée qui pénétre les plâtres avec une telle force qu'en peu de temps les parois de la cheminée se trouvent desséchées et réduites en poussière.

Nous ne pouvons partager cet avis contre lequel d'ailleurs s'élève l'usage ; ce serait mettre un grand nombre de locataires dans l'impossibité de faire usage d'un poële à cause de la grande dépense qu'occasionnerait la pose des tuyaux et de la grande difficulté de les démonter pour les nettoyer. Un propriétaire en louant sa maison, en tire un produit qui le dédommage des frais de réparations d'un léger inconvénient qui doit être considéré comme le résultat inséparable de la jouissance et de l'usage de la chose. Nous pensons donc qu'un locataire peut installer un poële dans une cheminée en réparant la faible dégradation du trou par où passe le tuyau. Léopold, p. 62.

10.— A moins de convention expresse, le locataire ne peut, sans le consentement du propriétaire, introduire dans la chose louée, même pour l'utilité de l'industrie qu'il aurait déclarée, des appareils à vapeur. Ces machines offrent des incommodités et des dangers auxquels le bailleur n'aurait pas voulu soumettre sa maison, s'il eût été prévenu de l'emploi de moteurs aussi dangereux. Lyon, 26 janvier 1847.

11. — La cour de Paris, par arrêt du 22 décembre 1851, a décidé qu'un commerçant ne pouvait, à moins de stipulation expresse, introduire l'éclairage au gaz dans la boutique louée. Cet arrêt a été rendu probablement sous l'impression de quelques considérations particulières; il résulte du dernier considérant que le bailleur avait par le bail interdit au locataire *de faire* ou *apporter*, dans la chose louée, *aucun changement sans son autorisation préalable.* Autrement cet arrêt serait contraire aux art. 1159-1160 et 1162, et à l'état actuel de nos mœurs qui a introduit l'usage presque universel de l'éclairage au gaz. C'est du reste ce qui a été décidé par deux jugements du tribunal civil de la Seine:» attendu que le droit de se chauffer et de » s'éclairer de quelque façon que ce soit appartient » au locataire, pourvu qu'il ne résulte du mode adop- » té ni danger ni inconvénient, surtout lorsqu'il « n'existe aucune clause prohibitive dans le contrat.» Siècle, 18 janvier et 18 février 1862. Dalloz, 1852-2-233.

12. — Un locataire à qui une maison a été louée pour en faire seulement sa demeure comme simple particulier, doit l'occuper comme maison bourgeoise; il ne peut la convertir en un atelier, une usine, une forge, un four, y établir des fourneaux, des chaudières; en faire un cabaret, un café, un cercle, parce que le propriétaire en louant sa maison pour l'usage d'une personne qui ne lui a déclaré aucune profession n'a pas entendu la louer pour l'exercice d'une profession qui détériore et rend désagréable sa propriété. Aix, 31 janvier 1833.

Mais si la profession du locataire était connue du propriétaire au temps du bail, quoique l'usage auquel le locataire voulut faire servir sa location ne fût pas exprimé dans le bail, il n'en serait pas moins présumable que la maison lui aurait été louée pour l'usage de sa profession. Si donc un propriétaire avait loué à un serrurier, un maréchal, un chapelier, un teinturier, un charpentier, un cabaretier, connus pour tels, il serait censé avoir loué pour l'exercice de la profession du locataire, encore bien que la maison eût toujours été occupée bourgeoisement. Troplong, N° 306. Léopold, p. 57.

13. — Un propriétaire a le droit de demander la résiliation du bail d'un locataire qui d'une chambre ornée ferait un atelier, une cuisine; d'un rez de-chaussée qui aurait toujours servi soit de magasin, soit de boutique, soit de chambre, soit de cellier, ferait une étable, une écurie, etc., si ce changement de destination se faisait sans le consentement du bailleur. Léopold, p. 59. Jussieux de Montluel, p. 188.

14. — Le locataire d'une auberge, d'un café, d'une boutique bien achalandée est tenu d'entretenir pendant le temps de son bail le local dans l'usage pour lequel il a été loué; s'il en change l'usage, s'il le ferme, le propriétaire peut demander la résiliation par la raison que ce changement de destination lui ferait éprouver une diminution de valeur du loyer de sa maison. Pothier, N° 189. Troplong, N° 309.

15. — Il est néanmoins un cas dans lequel le locataire peut changer le commerce d'une boutique et même le cesser tout a fait, c'est lorsque le commerce a été créé par lui et que l'achalandage lui est personnel. Ainsi j'ai loué une boutique sans spécialité d'industrie ou dans laquelle il n'y avait pas de commerce semblable à celui que je me propose d'entre-

prendre ; j'y établis un commerce d'horlogerie qui devient très prospère ; dans le cours du bail, je peux cesser mon commerce, ou le transporter ailleurs, car l'achalandage m'appartient, et il m'est permis d'en disposer à mon gré.

Il faut faire bien attention à la distinction que nous venons d'établir en étudiant les nombreux arrêts rendus sur cette matière. Lyon, 26 mai 1824. Paris, 1er mars 1830. Bourges, 20 mars 1839 et 4 mars 1842. Douai, 7 avril 1842. Nancy, 26 février 1846. Troplong. 309.

16. — La seconde obligation du preneur est de payer le prix du bail aux termes convenus; si le prix est en denrées, il n'est pas tenu de les fournir de la meilleure qualité, et il ne peut les offrir de la plus mauvaise. Art. 1246, c. civ.

17. — Lorsque la femme ne s'est pas engagée à payer le prix du loyer conjointement avec son mari, ce dernier est seul obligé au paiement du loyer. Bordeaux, 22 juin 1849.

18. — Les pots de vin ne sont pas dans l'usage de notre arrondissement. S'il en est stipulé, ils font partie du prix, ils n'en sont que le paiement anticipé. C'est pourquoi en cas de cession de bail, on doit en fixer la répartition sur toute la durée du bail. De même si la durée du bail est abrégée, une portion proportionnelle du pot de vin doit être restituée au locataire. Douai, 28 juin et 20 décembre 1839. Jussieux de Montluel, p. 183.

19. — Souvent on joint au prix certaines faisances ou prestations comme des charrois, des voyages pour venir prendre le propriétaire à la ville, etc. Ces sortes de prestations ne s'arréragent pas, en ce sens que si le bailleur ne les a pas exigées au fur et à mesure de

l'échéance, il n'est pas fondé à en réclamer plusieurs années. Troplong, N° 330. Bourges, 6 avril 1833.

Le bailleur ne doit pas exiger les prestations à l'époque où les travaux pressans des récoltes occupent les chevaux et les voitures. L'usage et l'équité veulent qu'il attende un temps plus opportun, Pothier, N° 205.

Ces ménagemens devraient être observés même lorsque le bail porte que le preneur ferait les charrois *à la première réquisition*, formule de style qui doit être mitigée par la règle: res non sunt amarè tractandæ. Troplong, N° 673.

20. — Le fermier et le locataire sont personnellement débiteurs de l'impôt foncier envers le trésor, sauf à s'en faire rembourser par le propriétaire, s'ils n'en sont pas chargés par le bail. Loi du 3 frimaire an VII, art. 147. Durieu, poursuites, en matière de de contrib. T. 1, p. 262.

Ce remboursement ne pourrait pas être exigé immédiatement contre le propriétaire par action personnelle, comme l'enseigne Duranton, T. 17, N° 76; car la loi précitée autorise seulement le preneur à *imputer* le montant de la contribution par lui avancée sur les termes à échoir. Duvergier, T. 1, N° 348. Troplong, T. 2, N° 333.

Lorsqu'à l'expiration du bail, le fermier est remplacé par un autre, la question s'est élevée de savoir qui, du fermier entrant ou du fermier sortant, devait payer la contribution foncière de l'année? Le ministre des fiuances avait décidé en l'an X, que c'était le fermier sortant; mais la jurisprudence a jugé autrement en déclarant que c'était le fermier entrant. Durieu, T. 1, p. 268. Dalloz, jurisp. gen V° impôt. sect, 6, N° 7. Cass. 18 août 1813. Paris, 31 décembre 1816.

21. — La contribution des portes et fenêtres est à la charge du locataire quand même il n'en serait pas fait mention dans le bail ; mais d'après l'art. 12 de la loi du 4 frimaire, an VII, cette contribution peut être exigée du propriétaire par le trésor, sauf recours contre le locataire.

Si le bail n'exonère pas le preneur des portes et fenêtres, le propriétaire qui les a payées peut les réclamer contre lui, malgré les quittances sans réserves du prix du loyer. Et cette réclamation ne se prescrit pas par 3 ans, comme le prétend Carou, des jug. de paix, T. 1, Nº 292, mais par 30 ans Merlin, quest. Vº contrib. des port et fen. Dict. du Notar. id. Vº, Nº 7. Cass. 26 octobre 1814, 26 décembre 1816. 22 janvier 1828. Nancy, 21 août 1826.

22. — Quand la maison est occupée par le propriétaire et un ou plusieurs locataires, ou par plusieurs locataires seulement, la contribution des portes et fenêtres d'un usage commun, telles que la porte d'entrée, les fenêtres du palier ou de l'escalier, les portes et fenêtres qui n'appartiennent pas plus à un locataire qu'à l'autre doivent être acquittées par le propriétaire. Loi, ibid, art. 15.

23. — Le locataire doit le paiement de la taxe entière pour toute l'année, des portes et fenêtres du logement qu'il occupe pendant les 3 premiers mois de l'année, sans pouvoir prétendre une décharge pour les 9 mois restant ; mais aussi, il ne supporte aucune taxe pour le cours des 9 derniers mois de l'année, lorsqu'il est entré dans le local après l'expiration des 3 premiers mois. Décision ministérielle du 3 nivose, an IX. Léopold, p. 94.

24. — Cette circulaire du ministre des finances prouve que la loi du 4 frimaire an VII, ne s'applique pas aux locations en garni qui se font généralement

au mois. Dans l'usage, ce sont les locateurs en garni qui acquittent la contribution des portes et fenêtres sans aucun recours contre les locataires.

25. — Le preneur supporte comme habitant sa contribution au logement des gens de guerre. C'est une charge à laquelle il est assujetti, même lorsqu'il est en garni. Troplong, Nº 335.

26. — L'impôt mobilier personnel et celui des patentes sont à la charge du locataire. Mais le propriétaire est tenu, un mois avant l'époque du déménagement du locataire, de se faire représenter les quittances de ces contributions, à peine d'en demeurer responsable. En cas de refus de la part du locataire de produire les quittances, le propriétaire doit dans les 3 jours, en prévenir le percepteur et retirer de lui une reconnaissance par écrit de cet avertissement.

27. — En cas de déménagement furtif, le bailleur devient responsable des termes échus de la contribution du locataire, s'il n'a pas fait constater dans les trois jours ce déménagement par le maire, le juge-de-paix ou le commissaire de police.

Dans tous les cas, nonobstant toute déclaration, le propriétaire demeure responsable de la contribution des personnes suivantes, logées en garni : les fonctionnaires, les ecclésiastiques et les employés civils ou militaires. Loi du 21 avril 1832. Art. 15-22-23.

28. — Le preneur doit payer au terme fixé par le bail ; si le bail est verbal ou si le jour du paiement n'est point exprimé dans le bail écrit, on doit se conformer à l'usage pour le terme de paiement.

29. — D'après l'usage de notre arrondissement, les loyers et fermages se paient en deux termes, Pâques

et Saint-Michel. Toutefois dans le canton de Saint-Pierre-Église, les fermages se paient en trois termes, Noël, Pâques et Saint-Jean.

30. — Lorsqu'une métairie est louée pour une certaine somme de ferme par chaque année, chaque terme est proprement dû au jour fixé par le bail ; mais dans l'usage, il n'est pas aussitôt exigible ; il faut donner au fermier le temps de récolter et de faire de l'argent. C'est pourquoi dans le canton de Saint-Pierre-Église, il est d'usage que le fermier ait joui pendant un an et trois mois avant de payer le premier terme, c'est-à-dire que, entré au terme d'usage à la Saint-Michel 1861, il ne devra son premier terme qu'à Noël 1862.

Dans les autres cantons, le premier terme est exigible à l'expiration de la première année. Ainsi supposons le bail commencé le jour Saint-Michel 1861, le premier terme sera exigible le jour Saint-Michel 1862. Dans le langage usuel, on appelle cette année de faveur, année de dérogence. Comm. des usages locaux du canton de Cherbourg.

31.— Le fermier dans tous les cas, est obligé de se libérer complètement la dernière année avant de quitter la métairie, à moins qu'il ne fournisse caution ou qu'il ne laisse sur la ferme des récoltes et bestiaux suffisamment pour répondre du fermage qu'il doit. Comm. des usages locaux.

32.— Quoiqu'il soit accordé au locataire un délai après la fin du bail d'une maison pour opérer son déménagement et les réparations locatives, cela n'empêche pas que le paiement du loyer ne soit exigible du jour Saint-Michel. Léopold, p. 69.

33. — Lorsque le lieu du paiement est exprimé dans le bail, c'est en ce lieu que le paiement doit être fait. Quand les parties ne s'en sont pas expliquées, le paiement des loyers et fermages doit se faire

au domicile du preneur, Art. 1247. C. civ. Néanmoins
lorsque le propriétaire d'une ferme demeure dans un
lieu qui n'en est pas très éloigné et où va souvent le
fermier pour ses affaires, et que le prix consiste en
une somme d'argent, il est d'usage que par déférence, le fermier porte le fermage au domicile du bailleur. Pothier, n° 137.

Si le prix de la ferme est en denrées, le fermier,
lorsque les parties ne s'en sont pas expliquées, n'est
pas obligé de les voiturer, Pothier, n° 136.

34. — S'il a été stipulé que les denrées seraient li-
vrées au bailleur en sa maison, et que depuis le contrat, le bailleur ait établi sa demeure dans un lieu
plus éloigné, le fermier n'est pas tenu de les lui voiturer dans sa nouvelle demeure, à moins que la différence du nouveau domicile avec l'ancien fût peu
considérable, comme lorsque le locateur reste dans
la même ville et change seulement de quartier. Pothier,
n° 137.

Si le lieu de la nouvelle demeure n'était éloigné
que de quelques kilomètres de plus, il serait équitable d'obliger le fermier à y voiturer les denrées ; et,
dans ce cas, le bailleur lui tiendrait compte du prix
de la voiture pour ce qu'il y a de plus de chemin à
faire. Pothier, ibid,

35. — Lorsque le fermier s'est obligé de voiturer
des matériaux pour les réparations, il ne peut être
tenu à ce transport dans le cas où la totalité ou une
notable partie des bâtimens a été détruite par un cas
fortuit. Il en serait de même si le propriétaire voulait
couvrir en pierres les toîts en chaume. Dict. du not.
V° bail à ferme. n° 86.

36. — Les frais du paiement en denrées, comme
transport, octroi, sont à la charge du fermier, lorsqu'il

est tenu de payer au domicile du bailleur. Art. 1248, c. civ.

La clause portant que les denrées seront *livrables à la ferme*, doit s'entendre non-seulement en ce sens que le fermier n'est point assujetti aux frais de transports, mais même en ce sens qu'il peut se refuser à payer ailleurs, lors même que les frais de transport ne seraient pas à sa charge.

Cette distinction est importante, en ce que, si le fermier se chargeait du transport avant d'avoir fait la livraison à la ferme, les risques du transport le concerneraient ; tandis que s'il ne transporte qu'après livraison, il n'est pas tenu de la perte ou de la détérioration, à moins qu'elle ne provienne de sa faute ou de sa négligence. Dict. du not. Ibid. n° 139.

37. — La quittance que le locataire doit retirer est à sa charge. Art. 1248, c. civ. S'il veut une quittance notariée, il a le choix du notaire, puisqu'il paie les frais de l'acte. Dict. du not. V° minute, n° 102, et v° quittance, n° 17.

38.—La quittance sous seing privé doit être sur papier timbré, sous peine de payer les droits de timbre et d'une amende de 5 fr. Loi du 16 juin 1824, art. 10.

On excepte toutefois du timbre les quittances des sommes non excédant 10 fr. quand il ne s'agit pas d'un à-compte ou d'une quittance finale sur une plus forte somme. Loi du 13 brumaire, an vii, art. 16.

En cas de contravention aux lois du timbre, le paiement des droits et amendes est dû solidairement par le débiteur et par le créancier. Aussi le débiteur ne saurait contraindre son créancier à lui délivrer quittance sur papier libre.

39. — Les quittances données sans anticipation peuvent, quoique sans date certaine, être opposées ux tiers. Les art. 1322 et 1328, c. civ. ne s'appliquent

pas à ces sortes d'actes. Troplong, n° 327. Bordeaux,
24 février 1826. Besançon, 15 février 1827.

40. — Dans l'ancien droit, c'était une présomption
de paiement reçue dans l'usage que celui qui rapportait trois quittances de trois années ou même de
trois termes consécutifs de loyer était présumé avoir
payé les années précédentes. On allait même plus
loin, celui qui rapportait quittance du loyer de la
dernière année ou du dernier terme, était censé avoir
payé les autres, quand cette quittance ne portait point
de réserve ou qu'elle n'était point donnée à compte.
Aujourd'hui, on ne pourrait admettre ces faits comme
présomption de droit ; mais ils pourraient, suivant les
circonstances, fournir au juge une présomption grave,
précise et concordante de libération des années antérieures, car cette quittance sans reserve ou les quittances de plusieurs années sont des pièces émanées
du créancier, lesquelles en formant un commencement
de preuve par écrit, autorisent les juges à se déterminer
par de simples présomptions, Art. 1353. Danty sur
Boiceau, p. 297 et 301. Pothier, des oblig. n° 845.
Toullier. 7, n° 339. Duranton, 13, n° 433. Dict. du
not. v° présomption, n° 28, et arrérages, n° 7.

ART. 1730. — « S'il a été fait un état
» des lieux entre le bailleur et le preneur,
» celui-ci doit rendre la chose telle qu'il l'a
» reçue, suivant cet état, excepté ce qui a
» péri ou a été dégradé par vétusté ou force
» majeure. »

1. — Un état de lieux se fait par acte sous seing
privé, par acte notarié, ou par acte judiciaire en cas
de contestation.

2. — Lorsqu'il a lieu sous seing privé, il doit être fait comme le bail sur papier timbré, attendu qu'il est susceptible de faire titre et d'être produit en justice. Loi du 13 brum. an VII, art. 12.

3. — L'état de lieux est un acte synallagmatique qui doit se faire en autant d'originaux qu'il y a de parties intéressées et contenir sur chaque original la mention du nombre d'originaux qui en ont été faits.

4. — Dans l'usage, on convient généralement qu'il sera fait à frais communs. Mais en l'absence de convention à cet égard, l'état de lieux, étant un acte conservatoire de la propriété et servant ordinairement au propriétaire pour tous les baux qu'il passe successivement, il se fait à ses frais. Toutefois, le locataire doit payer la copie qui lui est remise : ce qui comprend le coût du papier, la peine du copiste et les frais de la vérification s'il a employé quelqu'un pour en vérifier l'exactitude. Le Page, 2, p. 200.

5. — Les états de lieux sont passibles d'un droit fixe de 1 fr. comme actes innommés. Loi du 22 frimaire an VII, art. 68.

6 — Quand l'une des parties ne sait pas signer, l'état des lieux doit se faire devant notaire.

7. — L'état des lieux étant utile à la conservation des droits du propriétaire et du preneur, chacun est fondé à demander qu'il en soit dressé un. La contestation est de la compétence des juges-de-paix de la situation, art. 41—42, c. procéd. Le Page, 2, p. 192.

9. — Un état des lieux n'est pas aussi nécessaire pour les locations en garni, parce que le propriétaire qui loue un appartement meublé est chargé des réparations locatives. Cependant cette formalité à encore son utilité pour les dégradations plus graves arrivées soit aux meubles soit à l'appartement. Ces dégradations seraient à la charge du locataire qui serait censé avoir reçu la chose louée en bon état, si un acte ne venait constater que ces dégradations existaient au moment de l'entrée en jouissance. Voir, art. 1754, N° 1.

ART. 1731. — « S'il n'a pas été fait
» d'état de lieux, le preneur est présumé
» les avoir reçus en bon état de réparations
» locatives, et doit les rendre tels, sauf la
» preuve contraire. »

1. — Quand il existe un état des lieux, il fait la loi des parties. En l'absence de cet acte, voici ce qui arrive au sujet des réparations locatives. Le locataire prétend-il qu'elles sont antérieures à son entrée en jouissance? c'est à lui à en fournir la preuve, sinon il en est responsable, parce qu'il y a présomption légale qu'il a exigé, comme il en avait le droit en vertu de l'art. 1720, la délivrance de la chose en bon état. Prétend-il qu'elles sont postérieures à la délivrance, il en est également tenu à moins qu'il ne prouve qu'elles proviennent de force majeure ou de vétusté, art. 1755.

Dans ce cas, la preuve testimoniale est admise encore bien que l'objet du litige excède 150 fr.: car il s'agit de prouver *un fait* et non une *convention*. C'est à tort que Delvincourt, 3, p. 194, et Le Page, T 2, p. 347, ont soutenu le contraire. Duranton, T. 17. N° 101. Duvergier, T. 1, N° 443. Troplong, N° 340.

Le preneur devant rendre la chose louée telle qu'il l'a reçue, il s'en suit qu'il a le droit d'enlever ce qu'il y a placé en le fixant à l'immeuble à charge de réparer le dommage que causera l'enlèvement.

Nous avons vu aussi sous l'art. 555, N° 10 que le preneur peut détruire les constructions par lui édifiées et enlever les matériaux à l'expiration du bail. Teulet et Dauvilliers sous l'art. 1728, N° 8 et suiv.

3. — Un arrêt de la cour de Nîmes du 22 mai 1855 décide que jusqu'à l'expiration du bail, le bailleur est non recevable à exercer une action en dommages-intérêts contre le preneur pour détériorations de la chose louée. Cette décision est fondée sur ce que le locataire a jusquà l'expiration de sa location pour rendre la chose louée en l'état où il l'a reçue.

D'abord, il est évident que cet arrêt, fondé sur l'art. 1731 qui déclare que le locataire doit *rendre* les lieux en bon état de réparations, ne parle que de *réparations locatives* : par conséquent il ne peut faire autorité pour les autres réparations qui seraient à la charge du locataire, soit parce que le bail les lui aurait imposées soit parce qu'il les aurait occasionnées par son fait ou celui de ses gens.

Les réparations non locatives ont un caractère plus grave et aucun texte n'autorise le locataire à les remettre à la fin du bail quand pour une cause ou pour une autre, il en est chargé.

Ensuite, même limité aux réparations locatives, cet arrêt ne serait pas encore concluant ; car s'il est quelques réparations de cette nature qui peuvent être différées sans inconvénient, il faut reconnaître qu'il en est peu que le propriétaire n'ait pas d'intérêt à exiger sans délai, ainsi les vitres cassées doivent être remplacées sans retard de crainte que la pluie ne pourrisse le plancher et n'entraîne des réparations plus graves.

Par la nature du contrat de louage, le preneur est

tenu de jouir en bon père de famille, art. 1728. Or, un bon père de famille s'empresse toujours de faire les réparations qui ne peuvent être différées sans nuire à la chose. Telle est la règle qu'il faut suivre et les juges doivent apprécier le degré d'urgence des réparations locatives et même aussi la solvabilité du locataire qui demande un délai. Troplong, louage, N° 346. Duvergier, T. 1, N° 448. Curasson, compét. des ju. de p. page 352, Le Page, T. 2, p. 179. Voir notre art. 1754, N° 43.

Art. 1732.— « Il répond des dégradations » ou des pertes qui arrivent pendant sa » jouissance, à moins qu'il ne prouve qu'elles » ont eu lieu sans sa faute. »

1. — D'après l'art. précédent, les réparations loca-tives, sauf preuve contraire. sont toujours présumées provenir de dégradations imputables au locataire. Selon notre article, il n'en est pas de même des autres réparations d'entretien, c'est au propriétaire à établir que ces dégradations sont arrivées *pendant la jouissance.* Tant qu'il n'a pas fait cette preuve, il y a présomption contre lui que la chose n'a pas été livrée en bon état de réparations de cette nature. Mais dès qu'il a prouvé que la dégradation n'existait pas au moment de l'entrée en jouissance, elle est censée provenir du fait du locataire, et c'est à celui-ci à jus-tifier qu'elle est arrivée par cas fortuit ou force ma-jeure ou vice de construction, sinon il en reste chargé. Troplong, N° 342. dict. du nota, V° bail à ferme, N° 75.

2. — S'il arrive souvent que le locataire dégrade la maison, il arrive parfois qu'il l'améliore en y plaçant des ornements, des tableaux, des glaces, des

plaques de fonte, des cramaillères, des ouvrages de menuiserie, des cloisons, des alcôves et autres choses scellées dans les gros murs avec du plâtre, de la chaux, des pattes de fer, etc. Pourra-t-il en sortant les enlever sans le consentement du propriétaire? Pour la négative, on invoque l'art. 525, c. civ ; mais Bourjon, chap. 4, N° 10, titre des loyers. répond vic-victorieusement à cette objection.

« On ne peut, dit-il, empêcher le locataire d'empor-
» ter les ajustemens par lui faits, en remettant les
» lieux comme ils étaient ; l'incorporation des agen-
» cemens n'a lieu que lorsqu'ils ont été faits
» *par un propriétaire*, non par un locataire. »

C'est ce qui se pratique au Châtelet, et cela est in-contestable. Pothier, des choses, § 1. Le Page, T. 2, p. 349. Troplong, T. 2, N° 354.

3. — « Le Page fait observer que le locataire ne
» sera pas toujours dans la position d'exercer ce
» droit, s'il n'a pas fait d'état de lieux ; car il est à
» craindre que le propriétaire, par mauvaise foi ou
» défaut de mémoire, ne soutienne que les choses
» placées avec scellement existaient antérieurement
» au bail ; dans ce cas, si l'objet est d'une valeur au-
» dessus de 150 fr., la preuve testimoniale sera
» refusée au locataire. » On est surpris qu'un jurisconsulte aussi éclairé commette une pareille erreur. Il ne s'agit pas dans l'espèce de prouver une *convention*, mais *un fait*, ce qui est toujours permis, ainsi que nous le disons sous l'art. 1731, N° 1.

Il est un cas où le locataire ne devrait pas être admis à enlever ou à détruire ce qu'il a fait en offrant de rétablir les lieux dans leur état primitif, c'est celui où la chose une fois enlevée ne peut plus subsister et servir à aucun usage, par exemple l'ar-rachement des papiers collés sur des lambris, le grattage des peintures, des plafonds; dans ces cas, l'action ex conducto serait repoussée par la maxime : malitiis non est indulgendum, Le Page, 2, p. 138. De Ferrière institutes, tit. de rer. divis. § 30.

4. — A l'égard des abeilles, il faut distinguer : quand elles ont été placées sur le fonds par le propriétaire, elles sont immeubles, et elles lui appartiennent; le fermier a le droit d'en jouir comme chose faisant partie de l'immeuble, si le bail ne contient aucune clause contraire. Art. 524.

Si les abeilles ont été placées par le fermier, elles lui appartiennent, il peut les enlever et en disposer par la raison que donne Bourjon, ci-dessus, N° 2.

Lorsque les abeilles sont venues s'abattre d'elles même sur le fonds, le bailleur en devient propriépriétaire, et le fermier à le droit d'en jouir sans pouvoir les enlever à la fin du bail. Loi du 28 septembre 1791. Sect. 3, art. 5. Voir notre art. 1719, N° 10.

5. — D'après l'art. 517 de notre coutume. « Les
» fermiers ayant planté des pépinières, les peuvent
» enlever après leur bail expiré, en laissant la moitié
» aux propriétaires, pourvu qu'elles aient été faites
» du consentement du propriétaire ou 6 ans avant la
» fin du bail. »

Déjà sous l'empire de la coutume, cette disposition était considérée comme inique, Pesnel, sous cet article, s'écriait : « Pourquoi les fermiers ne pour-
» ront-ils pas enlever tous les arbres de leurs pépi-
» nières comme provenus de leur industrie, de leur
» culture, de leurs impenses ? et pourquoi sont ils
» obligés d'en laisser la moitié au propriétaire?... »

Aujourd'hui, il est hors de doute que le fermier peut enlever à la fin de son bail les pépinières qu'il a plantées quelqu'en soit l'âge, parce que à son égard, ce sont choses mobilières qui lui appartiennent à titre de fruits, de revenu du fonds dont il paie le fermage. Duranton, 4, N⁰ˢ 40—44.

Nous avons établi sous l'art. 555 que le fermier n'étant pas un tiers par rapport au propriétaire, peut à l'expiration du bail, enlever les constructions nonobstant les offres du bailleur de les conserver moyennant indemnité.

Les mêmes principes permettent à bien plus forte raison au fermier d'enlever les arbres qu'il a plantés de quelque nature qu'ils soient.

6. — L'action pour dégradation contre le preneur est une action personnelle et mobilière qui devrait à ce titre être portée devant le tribunal du domicile du défendeur. Cependant l'art. 3, c. proc. déclare formellement qu'elle doit être intentée devant le juge-de-paix de la situation de l'objet litigieux. Carou, T. 1, N° 277

ART. 1736. « Si le bail a été fait sans écrit,
» l'une des parties ne pourra donner congé
» à l'autre qu'en observant les délais fixés
» par l'usage des lieux.»

1. — Cet article est mal rédigé sous un double rapport : dabord il est incontestable qu'il s'applique non seulement aux baux *sans écrit*, mais encore aux *baux écrits*, qui ne fixent pas de durée.

Ensuite on s'accorde à reconnaître que la règle qu'il énonce doit être limitée aux baux de maisons et ne pas s'étendre aux baux de biens ruraux, quoiqu'il soit placé sous la rubrique : *des règles communes aux baux des maisons et des biens ruraux.*

Nous nous occuperons des baux ruraux sous les articles 1774 et 1775 ; ici nous parlerons seulement des baux de maisons.

2. — Notre coutume ne s'explique point sur la durée des baux-verbaux ou qui ne fixent aucune durée. Flaust, 2 p. 644, semble penser comme Pothier, N° 29, que les parties ne s'étant pas expliquées, le bail est censé fait pour un an et expire de plein droit au bout de l'année, sans qu'il soit besoin de signifier de congé. Houard, dict. de droit Normand, V° bail, N° 3, diffère un peu de ce sentiment ; selon lui, de droit, tout bail verbal de biens de ville est d'une année; et après la jouissance d'une année, le propriétaire doit avertir le locataire six mois avant l'expiration de la deuxième année. Flaust et Houard, diffèrent en ce que selon le premier, le bail finissait de droit au bout de chaque année ; tandis que selon le second, le bail finissait bien de droit à l'expiration de la première année ; mais s'il était continué une seconde année, il fallait un congé pour le faire cesser.

Aujourd'hui ces difficultés n'existent plus ; lorsque les parties ne se sont pas expliquées sur la durée d'un bail de biens urbains, l'usage fixe cette durée à une année qui commence au jour Saint-Michel. Celle des parties qui veut faire cesser le bail à l'expiration de l'année est tenu de donner congé *avant* la Saint-Jean-Baptiste, c'est-à-dire le 23 juin au plus tard. Commis. des usages locaux. Voir notre art. 1719 N° 25 et 11.

3. — Si le locataire est entré avant le jour Saint-Michel. le bail est censé fait tant pour le temps qui doit courir depuis qu'il est entré, jusqu'à la Saint-Michel, que pour un an à partir de ce jour ; et dans ce cas, le congé doit être donné avant la Saint-Jean-Baptiste, qui précède la seconde Saint-Michel. Pothier, N° 29.

4. — Il arrive très fréquemment de faire des baux

de trois, six ou neuf années. Ces baux sont en réalité des baux de 9 ans, qui contiennent la faculté en faveur de chacune des parties, de les résilier à l'expiration des trois ou six premières années, après avoir donne congé dans le délai d'usage, c'est-à-dire avant la Saint-Jean-Baptiste. Delvincourt, 3 p. 176, Merlin, V° bail, § 14, art. 2. N° 55.

Si après le congé donné pour l'une des périodes, le locataire continue à occuper les lieux, il s'opère un nouveau bail, il y a tacite reconduction régie, non par les stipulations du premier bail, mais par les règles des locations verbales. Le locataire ne pourra pas prétendre avoir le droit de jouir pendant trois ans, mais seulement un an à partir de sa continuation de jouissance. Paris, 5 avril 1850.

5. — Les appartements garnis se louent au mois, et le loyer se paie à la fin de chaque mois. Les congés sont donnés soit par les propriétaires. soit par les locataires, quinze jours avant la fin du mois. Les militaires, les marins, les personnes faisant partie des administrations publiques, logés en garni sont dispensés de donner congé lorsqu'ils quittent la ville par ordre de service. Ils ne paient le loyer que jusqu'au jour de leur départ. Comm. des usages locaux.

6. — La sortie des appartemens en garni ne se règle pas d'après les mêmes principes que les locations ordinaires. Le congé dans l'usage se donne verbalement et la preuve peut en être faite par témoins. Commis. des usages locaux.

7. — Dans les locations ordinaires, la loi n'a point prescrit de forme particulière pour le congé; il est toujours valable dès qu'il est avoué; mais s'il est méconnu, la preuve testimoniale n'est pas admise quelque minime que soit la valeur du loyer; il ne reste alors d'autre ressource que le serment et l'in-

terrogatoire sur faits et articles. Troplong, N° 422. Corse, 15 novembre 1826.

8. — Quand le congé a lieu à l'amiable, il est prudent de le rédiger en double, non pas que ce soit un acte synallagmatique, mais pour éviter que l'une des parties ne soit à la merci de l'autre en ne produisant pas son titre. Troplong, 423, Benech, p. 126.

9. — Beaucoup de propriétaires et locataires sont dans l'usage d'inscrire le congé au bas de la quittance des loyers. C'est une mauvaise habitude ; car, outre que le locataire s'expose s'il était obligé à produire sa quittance à une amende pour contravention à l'art. 23 de la loi du 13 brumaire an VII, qui défend de mettre deux actes à la suite l'un de l'autre sur la même feuille de papier, le propriétaire n'a aucun titre contre le locataire qui trouve plus avantageux de payer à nouveau le terme en dissimulant sa quittance. Troplong, N° 425.

10.— Quand le congé ne se fait pas par voie amiable, il doit être signifié par un huissier.

11—Lorsqu'il s'élève des contestations sur la validité des congés, elles doivent être portées devant le juge-de-paix, si les locations n'excèdent pas 400 fr.; devant les tribunaux civils, si elles excèdent cette somme. La sentence est susceptible d'appel, car la demande est indéterminée. Troplong, N° 431, art. 3 de la loi du 25 mars 1838, modifié par la loi du 2 mai 1854.

12. — Les baux de maisons sans fixation de durée étant limités à une année par l'art. 1736 combiné avec l'usage local, il s'en suit que la durée d'un bail ne peut jamais être prouvée par témoins, même à l'aide d'un commencement de preuve par écrit. Metz, 10 avril 1856.

Art. 1741. — « Le contrat de louage se
» résout par la perte de la chose louée,
» et par le défaut respectif du bailleur
» et du preneur de remplir leurs engage-
» mens. »

1. — L'appréciation de la gravité des infractions qui peut motiver la résiliation est dans le domaine souverain des Cours Impériales. Cassation 23 novembre 1841.

2. — Une demande en résolution de bail pour inéxécution des conditions est non recevable si le bailleur n'a pas été mis en demeure d'exécuter ses obligations, art. 1046. Douai, 14 juillet 1843.

3, — En principe, la faillite du locataire n'est pas de plein droit et par elle-même un motif péremptoire de résiliation, le failli peut prévenir l'action résolutoire en donnant une caution, une hypothèque, ou en consignant somme suffisante pour répondre de tous les loyers jusqu'à l'expiration de sa jouissance. Pardessus, Droit. comm, T. 4, Nº 1128, Carré T. 3, Nº 2279. Duvergier, T. 1. Nº 538, cass, 16 décembre 1807. Paris, 16 août 1825, 24 août 1839, 16 mars 1840, 23 janvier 1840. Cass. 16 décembre 1807.

4 — Lorsque la demande en résiliation est fondée sur le défaut de paiement, elle est de la compétence des juges-de-paix, si le prix de location n'excède pas annuellement 400 fr. Loi du 25 mai 1855.

5.— Le juge-de-paix saisi de la demande n'est pas forcé de prononcer la résiliation. Cela dépend des circonstances dont l'appréciation lui est abandonnée. M. Amilhau, rapporteur de la loi du 25 mai 1838 l'a déclaré positivement. « Nous demeurons d'ailleurs,

» dit-il, dans les termes du droit commun, notre
» disposition n'impose au juge-de-paix aucune obli-
» gation de prononcer la résiliation dans le cas où
» il croit devoir adopter un autre tempéramment. »

6. — Le paiement des loyers doit être fait au domicile du preneur à défaut de stipulation contraire,
d'où il suit qu'il ne peut être considéré en retard de
payer que s'il a été mis en demeure de le faire. Au-
gier, V° bail, N° 22. Carou, jurisp. des jug. de paix
T. 1, N° 195.

Art. 1743. — « Si le bailleur vend la cho-
» se louée, l'acquéreur ne peut expulser le
» fermier ou le locataire qui a un bail au-
» thentique ou dont la date est certaine, à
» moins qu'il ne se soit réservé ce droit par
» le contrat de bail.»

1. — M. Troplong, enseigne que l'art.1743 a trans-
formé l'ancien droit personnel du bailliste en un droit
réel. Et comme cette doctrine nouvelle résistait à
l'application des principes inhérens aù *jus in re*, il a
imaginé un droit réel d'une nature toute particulière
qui n'est point une fraction de la propriété, mais une
adjonction à la propriété. Cette appendice, qu'il com-
pare à un réservoir de lampe, est pour nous incom-
préhensible ; nous ne pouvons concevoir un droit
réel qui ne soit point un démembrement de la propriété.

Entre le bailleur et le preneur, nous ne voyons
qu'une *obligation de faire* dérivant du contrat de
louage, obligation qui passe à l'acquéreur par la toute puissance de la loi qui est une des principales

sources des obligations, art. 1370 et 1709. Aussi la neuvelle théorie, contrairement aux prévisions du savant président, n'a pas fait beaucoup de prosélytes. La plupart des auteurs l'ont repoussée, Marcadé surtout, art. 526 et 1743, l'a combattue avec une vigueur de logique irrésistible. La cour de cassation la rejetée le 6 mars 1861, et la cour de Caen, le 24 janvier 1848.

2. — Le bail ayant date certaine est obligatoire pour l'acquéreur encore bien que le fermier ne soit pas en jouissance au moment de la vente. Troplong, N° 495, Toullier, T. 3, N° 338, Marcadé, art. 1743, Dalloz, V° louage, sect. 1, art. 4, N° 12, Dijon. 11 avril 1827. Chambéry, 28 novembre 1862.

3. — Le bail sans date certaine n'oblige nullement l'acquereur ; toutefois s'il est commencé au moment de la vente, le preneur ne peut pas être immédiatement expulsé.

Pothier, N° 297 se demande d'où peut naître cette obligation de surseoir à l'expulsion, car l'acquéreur n'y peut être obligé du chef de son auteur, puisqu'il ne succède pas à ses obligations; ni de son chef, puisqu'il n'est intervenu aucun contrat entre lui et le preneur. Et il répond: que cette obligation naît du quasi-contrat d'équité qui ne permet pas qu'en usant à la rigueur de notre droit, nous causions à autrui un grand préjudice que nous pouvons lui éviter, sine nostro magno dispendio.

Ces raisons sont encore vraies aujourd'hui. Le code, à la vérité, à modifié les anciens principes en faisant passer à l'acquéreur les obligations du vendeur quand le bail à date certaine; mais rien n'a été changé pour les autres baux. Maintenant comme autrefois, le bail sans date certaine est à l'égard de l'acquéreur res inter alios acta, une convention qui lui est étrangère et qui ne peut l'obliger. La prolongation de jouissance accordée au preneur ne dérive point du bail, c'est un délai de faveur qui prend sa source dans l'humanité qui ne permet pas de jeter à l'improviste sur le pavé le preneur, sa famille et ses meubles.

3.— On est donc généralement d'avis que l'acquéreur doit ebserver les dispositions de l'art 1748 à l'égard du preneur qui jouit en vertu d'un bail sans date certaine.

Celà, du reste, ressort avec évidence du rapprochement des textes. Quand il s'agit d'un bail ayant date certaine avec clause d'expulsion en cas de vente, la loi impose à l'acquéreur qui veut user de la clause d'expulsion deux obligations : la première, d'accorder au preneur un délai, art. 1748 ; la seconde, de lui payer les dommages-intérêts à défaut du bailleur, art. 1749.

S'il s'agit d'un bail sans date certaine, l'art. 1750 dispense l'acquéreur de payer les dommages-intérêts à défaut du bailleur ; mais il ne l'exonère pas de l'obligation d'observer les délais prescrits par l'art. 1748. Marcadé, art. 1750.

Quels sont ces délais ?

L'art. 1745 distingue le fermier du locataire : « l'acquéreur qui veut user de la faculté réservée par le bail d'expulser le *fermier* ou *locataire*. »

5. — Si c'est un *locataire*, l'acquéreur est tenu de l'avertir au temps d'avance usité pour les congés. Cette disposition se rattache à l'art. 1736 qui, encore bien qu'il soit placé sous la rubrique *des règles communes aux baux des maisons et des biens ruraux* s'applique uniquement aux baux des maisons et jardins pour lesquels il faut un congé, acte absolument inutile pour les baux des biens ruraux, lesquels cessent de plein droit selon les distinctions de l'art. 1774.

D'après cela, si la vente a lieu avant la St-Jean,

l'acquéreur se trouve dans le délai utile pour donner congé à la St-Michel. Si le locataire jouissait en vertu d'un bail écrit portant un autre terme de sortie, celui de Noël, par exemple, l'acquéreur pourrait néanmoins donner congé pour la St-Michel ; car ce bail écrit sans date certaine est sans valeur à son égard ; ce n'est pas dans ce contrat où il n'a point figuré qu'il puise l'obligation d'accorder un délai, mais dans la loi qui l'oblige à observer le temps d'avance usité pour les congés, temps qui est, selon notre usage, la St-Jean pour la St-Michel, voir art. 1736.

Si la vente est consentie après la St-Jean, au mois de juillet, par exemple, l'acquéreur ne peut donner congé pour la St-Michel alors prochaine, parce qu'il ne se trouve plus dans le délai usité ; il doit, dans ce cas, supporter la jouissance jusqu'à l'autre St-Michel suivante.

6. — S'il s'agit d'un *fermier*, l'acquéreur doit l'avertir au moins un an à l'avance.

Cette disposition, en apparence si claire, ne nous semble pas avoir été convenablement interprétée par M. Duranton. T. 17, N° 144. Cet auteur, invoquant l'autorité de Pothier, dit que la jouissance actuelle du fermier, attestant au moins un bail verbal entre lui et le vendeur, l'acquéreur doit supporter la durée d'un bail verbal et observer à l'égard du fermier les règles tracées par l'art. 1774. Par conséquent, en supposant une terre labourable divisée en plusieurs soles, le fermier doit pouvoir jouir pendant le temps nécessaire pour percevoir la récolte de toutes les soles.

D'abord, Pothier, N° 297 ne dit point que l'acquéreur sera tenu de souffrir l'exécution d'un bail verbal ; il dit que l'acquéreur doit laisser jouir le fermier

pendant l'année courante et ne pas l'expulser en sur-
terme, c'est-à-dire en dehors du terme d'usage. Tel
était le sentiment de tous les anciens auteurs, Denisart. V° bail, N° 44 est très explicite sur ce point.

« L'acquéreur, dit-il, ne peut expulser subitement
» le fermier. Mon avis serait que quand il s'agit de
» terres cultivées par soles, il ne peut lui donner
» congé que pour l'expiration de chaque sole. Mais
» il paraît que la jurisprudence est contraire, et
» qu'on adopte les congés donnés après la sole com-
» mencée, pourvu qu'ils soient signifiés à la St-Bar-
» nabé pour la Toussaint, la St-Martin ou Noël, et
» que l'acquéreur laisse ensemencer et récolter les
» terres emblavées. » La Combe, V° bail. Dumoulin,
cout. de Paris, § 151. Houard, V° acquéreur.

L'ancienne jurisprudence qui n'accordait que
l'année commencée fut modifiée par la loi du 28 septembre 1791 dans laquelle les auteurs du code ont
puisé l'idée des art. 1743 et 1748.

Cette loi sect. 2, art. 3 obligeait l'acquéreur qui
voulait expulser le fermier à lui signifier un congé
*au moins un an à l'avance, pour qu'il sorte à pareils
mois et jour que ceux auxquels le bail aurait fini.*

Il est évident que le dernier alinéa de l'art. 1748
reproduit cette disposition, sauf les mots : *pour qu'il
sorte à pareils mois et jour que ceux auxquels le bail
aurait fini,* reproduction inutile, puisqu'il est de principe que le bail sans date certaine étant censé ne
pas exister à l'égard de l'acquéreur, il n'est pas tenu
de s'y conformer; mais de suivre la règle qui défend
d'expulser en sur-terme, c'est-à-dire en dehors du
terme d'usage qui est la St-Michel dans notre localité.

D'après cela, supposons une terre labourable divisée en 3 soles. Le fermier est entré en jouissance le

jour St-Michel 1861, et la vente consentie en juin 1862 pendant la première sole. Selon M. Duranton, le fermier aura le droit de jouir encore deux soles, c'est-à-dire jusqu'à la St-Michel 1864.

Or, nous le demandons, où est le texte qui impose à l'acquéreur l'obligation de supporter cette jouissance ? que le fermier jouisse en vertu d'un bail verbal ou d'un bail écrit sans date certaine, la convention lui est étrangère. S'il est tenu à l'observation d'un *délai*, cette obligation ne prend pas sa source dans le bail, mais dans l'art. 1758 qui l'oblige à avertir le fermier *un an à l'avance*, et non à souffrir l'exécution d'un bail-verbal. Par conséquent, dans notre hypothèse, il lui suffira de signifier au fermier de sortir pour la St-Michel 1863.

Dans le cas où le bail écrit sans date certaine porterait, pour la sortie, un autre temps que celui de la St-Michel, l'acquéreur devrait néanmoins donner congé, ainsi que nous venons de le dire précédemment, pour le terme St-Michel.

7. On comprend qu'un avertissement est inutile quand le bail sans date certaine (verbal ou écrit) n'a pas plus d'une année à courir selon les règles ordinaires du droit ; car ces baux ne peuvent avoir une durée plus longue à l'égard de l'acquéreur qu'à l'égard de son auteur. Ainsi, le bail écrit finira à l'expiration du temps convenu, le bail verbal cessera de plein droit à l'expiration du temps pour lequel il est censé fait d'après les distinctions de l'art. 1774.

8. — De même que l'acquéreur n'est pas tenu d'entretenir les baux sans date certaine consentis par le vendeur ; de même le preneur n'est pas obligé de les respecter ; car l'acquéreur ne représentant pas le bailleur dans ses obligations, ne peut pas le représenter dans ses droits. Pothier, N° 298.

9. — En matière de vente forcée, l'art. 684 code de procédure trace les règles à suivre à l'égard des baux consentis par le saisi.

Les baux ayant date certaine avant le commandement sont valables, qu'ils aient commencé ou non avant l'adjudication.

Ceux qui n'auront pas acquis date certaine, avant le commandement *pourront* être annulés. Cette annullation est facultative pour les tribunaux, le texte de l'art. 684 est formel. Chauveau, de la saisie imm. 2282.

Si la nullité est prononcée et que le preneur soit en jouissance, l'adjudicataire sera tenu d'observer les délais dont nous avons parlé en matière de vente volontaire. Duvergier, collection des lois, 1841, p. 239.

Après le commandement, et avant la transcription, si le bail acquiert date certaine, ou si le saisi passe bail ayant date certaine, la nullité pourra en être prononcée, parce que la date certaine est postérieure au commandement.

Après la transcription, le saisi étant dépouillé de l'administration de la propriété qui fait l'objet des poursuites, il ne peut plus la louer valablement. Cass. 28 février 1852.

10. — L'art 1743 est applicable au cas de résolution de vente par défaut de paiement. Le vendeur est tenu d'entretenir les baux ayant date certaine consentis par l'acquéreur. Duranton, T. 17, N° 134.

11. — L'adjudicataire sur folle enchère est aussi tenu d'entretenir les baux ayant date certaine passés sans fraude par le fol enchérisseur. Toullier, T. 6, N° 576. Duvergier, N° 84. Sachariæ, T. 3, N° 369. Chauveau, de la saisie imm. p. 805. Bioche et Goujet, V° folle enchère, § 6.

Art. 1752. — « Le locataire qui ne garnit
» pas la maison de meubles suffisans peut
» être expulsé à moins qu'il ne donne des
» sûretés capables de répondre du loyer. »

1.— M. Troplong, N° 533, prétend que l'expulsion
ne doit pas être prononcée directement, mais comme
conséquence de la résiliation qui doit être préalablement prononcée. Le texte de l'art. 1752, n'impose
pas cette obligation, il dit formellement que le locataire *peut être expulsé*, s'il ne garnit pas suffisamment.

2. — Il suit de là que le juge-de-paix qui ne con-
naît des demandes en résiliation qu'autant qu'elles
sont fondées sur le défaut de paiement, peut connaître
de l'action en expulsion faute de garnissement dans
les limites de l'art. 3 de la loi de 1838, modifié par la
loi du 2 mai 1854.

Si le prix de location excède la compétence du
juge-de-paix, l'action en expulsion peut être portée
devant le juge des référés. Dalloz, 1853. 2, 16.
Debelleyme, formule. N° 66, p. 104.

Il en serait autrement d'un fermier qui ne garni-
rait pas sa ferme, il faudrait agir contre lui par voie
de résiliation ; car l'art. 1766, spécial pour les baux
à ferme, n'accorde pas l'action directe en expulsion
comme l'art. 1752 qui se trouve sous la rubrique des
règles particulières aux baux à loyer. Paris, 10 décembre 1851.

3. — Si au moment de son entrée, le preneur
trouve la maison inhabitable par des réparations à y
faire, il ne peut être contraint à y porter ses meubles ;
il peut même, dans ce cas, demander la résiliation
avec dommages-intérêts, car il n'est pas tenu de rester sans logis en attendant les réparations.

4. — Dans l'usage, il n'est pas nécessaire, pour que les meubles soient reputés suffisans, qu'ils égalent en valeur le montant de tous les loyers, il suffit qu'ils puissent payer une année et les frais de saisie et de vente en cas de non paiement. Duranton, T. 17, N° 59. Pothier, N° 318.

En cas de contestation sur la valeur des meubles, le juge ordonne un rapport d'expert pour en faire l'estimation.

5. — La destination des lieux ou la profession du locataire peuvent modifier l'obligation de garnir. Ainsi le locataire d'une salle d'arme n'est pas tenu de la garnir comme un appartement destiné à l'habitation. Merlin, V° bail, § 7. Troplong, N° 536.

6. — Le 28 octobre 1806, la cour de Paris a décidé que les meubles une fois entrés ne peuvent être enlevés pendant le cours du bail, lors même qu'il y en aurait plus qu'il n'en faut pour la garantie du loyer. Nous préférons un arrêt de la cour de Bordeaux, du 11 janvier 1826, qui admet l'enlèvement de quelques meubles, pourvu qu'il en reste assez pour garantir le bailleur. Troplong, N° 532.

7. — Le locataire qui n'a pas de meubles suffisans peut en payant chaque terme à l'avance ou en fournissant caution ou une hypothèque empêcher l'expulsion.

8. — La location des appartemens garnis présente un caractère particulier. Dans l'usage, le locataire ne garnit pas et le bailleur n'a pas le droit de le forcer à déposer des effets mobiliers d'une valeur suffisante pour répondre du loyer. Teulet-Dauvilliers, art. 1752, N° 33.

Art. 1754.— « Les réparations locatives
» ou de menue entretien dont le locataire est

» tenu, s'il n'y a clause contraire, sont celles
» désignées comme telles par l'usage des
« lieux et entre autres les réparations à fai-
» re ; aux âtres, contre-cœurs, chambranles
» et tablettes de cheminées ; au recrépiment
» du bas des murailles des appartements et
» autres lieux d'habitation à la hauteur d'un
» mètre ; aux pavés et carreaux des chambres
» lorsqu'il y en a seulement quelques-uns de
» cassés, aux vitres, à moins qu'elles ne
» soient cassées par la grêle ou autres acci-
» dents extraordinaires et de force majeure
» dont le locataire ne peut être tenu ; aux
» portes, croisées, planches de cloison ou de
» fermeture de boutiques, gonds, targettes et
» serrures. »

1. — Cet article ne s'applique pas aux locations en garni. Le propriétaire est tenu de l'entretien des meubles qui sont sa chose et dont le locataire doit user dans l'état où ils lui ont été remis. Le bailleur conserve l'administration de ses meubles et la surveillance de son appartement, ce qui entraîne pour lui les réparations de toutes les parties de la chose louée. Ainsi les réparations aux âtres, contre-cœurs, chambranles, tablettes de cheminées, etc., sont à sa charge. Teulet et d'Auvilliers, art. 1730—1752, cod. civ.

2.— L'article 1754 divise les réparations locatives en deux classes, d'abord celles qu'il énumère, ensuite celles qui résultent de l'usage des lieux. Commençons par les premières.

3.— Ce sont celles à faire :

1° Aux âtres, chambranles, tablettes de cheminées. Celles à faire aux contre-cœurs en plaque de fonte. aux scellements qui les retiennent, aux croissans à pelles et à pincettes sont aussi à la charge du locataire lorsqu'ils sont cassés, descellés, ou perdus.

Il importe peu que les chambranles et tablettes soient en bois, en marbre ou toute autre pierre, il suffit qu'ils soient cassés ou détériorés par violence ou par la trop grande activité du feu. Toutefois, Goupy fait observer que ces réparations, souvent d'un grand prix, ont besoin d'être soigneusement examinées avant de décider par qui elles seront supportées, parcequ'il n'est pas toujours facile de juger sainement si un chambranle, une tablette en marbre ou autre pierre sont détériorés par la faute du locataire, ou par l'effort des plâtres, ou par un tassement, ou par toute autre cause dont il n'est pas responsable ; d'autant mieux qu'il arrive souvent que les marbriers vendent comme sains et entiers des marbres défectueux, tranchés par des fils qu'ils ont soin de dissimuler avec du mastic mêlé de poudre de marbre.

4.— Ce que nous venons de dire s'applique aux tables, buffets, coquilles et cuvettes de marbre qui dépendent de la maison.

5.— 2° Aux récrépiments du bas des murailles à la hauteur d'un mètre.

6.— 3°Aux pavés et carreaux des chambres lorsqu'il y en a seulement quelques-uns de cassés. Quand une grande partie des carreaux de terre cuite, de pierre, ou de marbre se trouvent feuilletés ou cassés, le législateur présume que cela tient à leur mauvaise qualité, à la vétusté ou à l'humidité; c'est pourquoi il met cette réparation à la charge du bailleur à moins qu'il ne prouve que le locataire a occasionné la détérioration.

Dans les pièces carrelées de carreaux blancs et noirs, il y a des plates-bandes de pierres au pourtour qui font partie du carreau. Si elles viennent à être cassées par la faute du locataire, il doit les réparer à moins que la dégradation ne provienne des charges de plâtre mises sur ces pierres en induisant les murs contre lesquels elles sont posées, ou de lambris placés à force dessus, ou de tout autre fait non imputable au preneur.

7. — Celui-ci est tenu de réparer les panneaux ou battants du parquet qui se trouvent enfoncés ou cassés par violence ; mais il ne répond pas d'un parquet détérioré en grande partie, à moins qu'il n'ait causé lui-même ce dommage.

8. — Les pavés des cours, des remises, des écuries, des bûchers, des halliers et autres lieux destinés à supporter de lourds fardeaux sont réparés par le propriétaire lorsqu'ils sont cassés ou ébranlés. La raison en est que ces lieux étant destinés à supporter des voitures, des chevaux et autres choses d'un poids considérable, ce n'est pas la faute du preneur si des pavés sont brisés ou ébranlés. Pothier, N° 220, Troplong, N° 556.

A l'égard des pavés des petites cours où il n'entre pas de voitures, des pavés des cuisines, offices, laboratoires et autres lieux où l'on introduit pas de choses lourdes, le preneur doit réparer ceux qui sont brisés, remplacer ceux qui manquent, à moins que ces défauts ne proviennent de vétusté, laquelle se présume quand une grande partie se trouve en mauvais état.

Mais les pavés qui ne sont qu'ébranlés sont à la charge du bailleur par la raison que cette dégradation provient communément des intemperies de l'air, des gouttières, des égouts, des lavages, et non de la faute du locataire qui use de ces lieux selon leur usage naturel. Merlin, V° bail, § 8.

9. — 4° Aux vitres, à moins qu'elles ne soient cassées par la grèle ou autres accidents extraordinaires et de force majeure. Ainsi les vitres cassées par la violence du vent ne devraient pas être à la charge du locataire, à moins qu'il n'eût laisse les fenêtres ouvertes ou négligé de fermer les persiennes ou les contrevents dès le commencement de la tempête.

10. — Le nettoyage des vitres regarde le locataire qui est présumé les avoir trouvées propres s'il ne peut prouver qu'il les a reçues non nettoyées. Il en est de même des cassures et fêlures, elles sont à sa charge s'il n'établit pas qu'il les a trouvées en cet état.

Lorsque les vitres sont enchassés dans des panneaux de plomb, le preneur est tenu de remettre des lozanges ou carreaux et des verges de fer pour les soutenir à la place des vitres et verges qui manquent ou sont cassées, parce que la présomption est, jusqu'à preuve du contraire, que ces détériorations viennent de la faute du locataire ou de ses gens. Les réparations à faire aux plombs est à la charge du propriétaire; on présume facilement que la vétusté à causé cette dégradation. Goupy.

11. — Les glaces cassées, félées, écornées sont au compte du preneur qui doit les remplacer par d'autres de même dimension et qualité, s'il ne justifie pas que cela est arrivé par l'effet des bois du parquet ou par le tassement et gonflement des plâtres.

12. — 5° Aux portes, croisées, planches de cloison

ou de fermeture de boutique, gonds, targettes et serrures :

Les volets, les contrevents, les persiennes, les chambranles et embrasemens des portes et fenêtres, les fermetures, non seulement des boutiques, mais encore des autres pièces, les lambris d'appui ou à hauteur de plancher, en un mot toutes les menuiseries qui dépendent d'une maison doivent être reparés par le preneur lorsqu'ils sont détériorés à moins que ce ne soit par vétusté ou force majeure. Le Page, 2, p. 153.

13. — Le locataire doit laisser des volets à toutes les croisées où il paraît qu'il y en a déjà eu, et il n'en est point dispensé en disant qu'il n'y en avait pas lors de son entrée. La présomption est contre lui, s'il n'y a pas d'état des lieux. Cependant les circonstances peuvent déterminer souvent à admettre la preuve sur cela, du moins c'était l'usage du Châtelet. Denizart, V° réparations locatives, N° 7.

14. — Si le preneur faisait une chattière ou autre trou semblable dans une porte ou une cloison, le bailleur pourrait l'obliger de remetre à la fin du bail une planche entière pour boucher le trou. De même si le locataire déplace une serrure ou en fait placer une seconde, et qu'à cet effet il pratique des trous ou entailles, le bailleur peut exiger qu'il soit remis une planche neuve et peinte de la même couleur que le reste. Troplong, N° 567

Il en serait autrement des trous pratiqués dans les murs ou dans les plafonds pour accrocher les tableaux, poser des patères, des tringles, des couronnes de lit, etc.; car, dans ce cas, le preneur ne fait qu'user de la chose suivant sa destination.

15. — Lorsque le dessus des portes et autres tableaux, leurs bordures ou ornements sont endomma-

gés, c'est au preneur à les réparer. S'ils sont tellement détériorés qu'on ne puisse pas les raccomoder,
le locataire doit les payer suivant l'estimation.

Il en est de même des ornements de sculpture, des
papiers et tapisseries détruits ou gâtés par le locataire. Le Page, 2, 153. Troplong, 568.

Les enduits, les peintures sont rendus dans l'état
où ils se trouvent à fin de bail, à moins qu'ils n'aient
été salis ou dégradés par la faute du locataire et non
par le simple usage de la chose. Aulanier fils, N°
138.

16. — Les tringles de fer des croisées qui portent
des rideaux, les poulies et les croissants destinés à
tenir les rideaux ouverts sont à la charge du locataire
s'ils viennent à se casser ou à manquer.

Il faut en dire autant des sonnettes, ressorts, mouve-
mens, équerres, fils de fer, cordons brisés ou man-
quants. Troplong, 569.

17. — Les balcons, les grilles de fer auxquels il
manque quelqu'enroulement ou barreaux, les treillis
de fer ou de laiton lorsqu'ils se trouvent endommagés autrement que par vétusté ou force majeure doivent être reparés par le locataire. Quand aux rampes
de fer, il n'est tenu de les réparer que s'il est prouvé
qu'elles ont été faussées ou cassées par son fait.
Denizart, actes de notoriété, p. 410, Le Page, 2, p.
154.

18. — Le preneur est tenu de représenter en bon
état à la fin du bail toute la serrurerie des portes et
fenêtres, des armoires. Si quelques fers sont descellés,
cassés, si les serrures sont forcées, si les clefs sont
tordues, brisées ou perdues, le locataire en est responsable. Le Page, ibid.

19. Nous allons maintenant nous occuper des réparations locatives dérivant de l'usage des lieux ; nous les

emprunterons en grande partie à Goupy, cet architecte si compétent en cette matière.

20. — Si les pièces d'un appartement ne sont pas carrelées, on ne regarde pas comme réparations locatives les trous qui se font dans les aires de plâtre ou de terre, parceque le moindre frottement suffit pour occasionner ces trous sans la faute du locataire,

21. Il en est de même des marches des escaliers dont les dessus sont en platre ; mais si les marches sont carrelées entre les bois, les carreaux qui se déplacent ou se cassent doivent être réparés par le preneur, à moins que ces dégradations ne proviennent de vétusté ou de force majeure ou que la plus grande partie se trouve cassés.

22. — Dans les écuries les trous faits à la maçonnerie et à la mangeoire doivent être réparés par le locataire. Si les chevaux ont rongé le devant des mangeoires ou les râteliers, ces réparations sont aux dépens du preneur, car il doit s'imputer d'avoir placé dans l'écurie des chevaux ayant le tic de ronger le bois. Goupy fait observer qu'on évite cet inconvénient en faisant recouvrir de tôle le devant de la mangeoire, mais c'est au locataire à exiger, avant d'entrer en jouissance, que cette précaution soit prise par le bailleur, ou à la prendre lui-même.

23 — Si les râteliers se trouvent endommagés autrement que par vétusté, c'est au locataire à les réparer. Il en est de même des piliers et barres servant à la séparation des chevaux. Troplong, N° 571.

24. — Le ramonage des cheminées est une charge du locataire. Si par sa négligence à ne pas faire ramoner, le feu à pris dans la cheminée et en à fait crever le tuyau, il est tenu de le rétablir, à moins qu'il ne se trouvât dans la cheminée quelque pièce de bois qui

eût pu être la cause de l'accident. Le page, 2. p. 155.
Curasson, N° 427.

25. — Lorsque le propriétaire habite la maison,
le soin du balayage de la voie publique le concerne,
encore bien qu'un locataire habitât le rez-de-chaussée.

Lorsque la maison entière est habitée par des locataires, et que l'arrêté municipal oblige les propriétaires ou les locataires au balayage, le propriétaire
peut néammoins être poursuivi; parce que le balayage
est considéré comme une charge de la propriété ;
mais dans l'usage, on poursuit le locataire du rez-
de-chaussée que l'on regarde comme plus spéciale-
ment obligé au balayage.

Cet usage est tellement reconnu qu'on doit, en
vertu de l'art. 1160, suppléer dans le bail du locataire du rez-de-chaussée, la clause qui l'oblige au balayage; de sorte que si le propriétaire est poursuivi,
il pourra demander son recours contre ce locataire.
Cass. 11 août 1833, — 13 novembre 1834, — 25 juillet 1845, — 11 septembre 1847, — 4 mai 1848, —
24 mai 1855, — 28 mars 1857, — 15 juillet 1859, —
28 Juin 1861. Dalloz, 1861. V° autorité municipale.

26. — La jurisprudence de la chambre de police
du Châtelet a toujours été dans l'usage de regarder
les propriétaires des maisons, comme *garans* des locataires qui jettent des ordures par les fenêtres ; et
elle admettait toujours l'action directe contre les propriétaires, soit des particuliers dont les habits avaient
été gâtés, soit relativement aux rapports de police que
font les commissaires, sauf le recours du propriétaire
contre le locataire. Denizart, V° garantie, N° 43.

Le projet de code civil avait un article ainsi conçu :
« Si d'une maison habitée par plusieurs personnes,

il est jeté sur un passant de l'eau ou quelque chose qui cause un dommage, ceux qui habitent l'appartement d'où on la jeté sont *tous solidairement responsables* à moins que celui qui a jeté ne soit connu, auquel cas, il doit seul la réparation du dommage. »

Cet article tiré de la loi 2 ff de his qui effud a été retranché, de sorte que maintenant on ne répond des faits d'autrui que dans les cas prévus par l'art. 1384, ou par une loi spéciale.

Au civil, quand l'auteur du jet est inconnu, il y a impossibilité de poursuivre ; nous ne pouvons pas admettre le sentiment de Toullier, 11, N° 234, qui, dans ce cas déclare responsable le maître du logement d'où le jet a eu lieu, parce que le préjudice est censé avoir été causé par ses domestiques. Cette présomption est tout-à-fait arbitraire, et n'est établie par aucune loi. Dalloz, jurisp. V° obligation, p. 795.

Au criminel, aussi, celui la seul qui a jeté, peut être puni ; l'art. 471, N°s 6 et 12 du c. p. le dit formellement : *ceux qui auront jeté*..... Le fait du jet est une contravention *personnelle*, l'amende dont elle est punie ne peut être prononcée contre les personnes civilement responsables, mais seulement les dommages-intérêts et les frais. Cass. 30 mai 1840.

27. — Les fourneaux de cuisine, potagers ou autres, leurs voûtes, murs et planchers, sont à la charge du bailleur. Le locataire est tenu d'entretenir le carreau placé sur le plancher où tombe les cendres des réchauds, et celui du dessus des fourneaux : Il doit aussi faire refaire le scellement des réchauds, remplacer les réchauds potagers qui sont cassés et leurs grilles quand elles sont brulées. Troglong, N° 575, Le Page, 2, p 155.

Quant aux paillasses de cuisine, le locataire n'est

tenu que du carreau de dessus. On appelle *paillasse* de petits massifs de maçonnerie cerclées pardessus, élevés de terre d'environ 36 centimètres sur lesquels on met du charbon ou de la cendre chaude pour faire cuire doucement les viandes.

28. — L'usage est que le bailleur entretienne les murs des fours, la voûte du dessous, le tuyau de la cheminée. Le locataire est tenu de réparer l'âtre qui est en terre ou carrelée et la chapelle du four, c'est-à-dire la voûte de briques qui le couvre. Le Page, 2, p. 156.

29. — Lorsque les pierres à laver sont cassées ou écornées, le preneur en répond à moins que le dommage ne soit l'effet de quelque fil dans la pierre. Le Page, ibid,

S'il y a une grille sur l'orifice du tuyau destiné à recevoir les eaux du lavoir, le locataire ne doit pas entretenir le tuyau, mais la grille.

Il y a des experts qui, dans le cas ou un tuyau est joint avec une pierre à laver par un collet de mastic, chargent le locataire de l'entretien de ce collet, attendu qu'il est souvent détruit par la trop grande chaleur de l'eau de vaisselle. Goupy n'est pas de cet avis, parce qu'il y a un moyen solide de souder le tuyau en employant du plomb ou bien du mastic ; dès lors il n'est pas juste de faire supporter au preneur l'entretien d'une chose que le propriétaire a négligé de livrer solide par une économie mal entendue. Troplong, 579.

30. — Goupy critique l'usage de mettre à la charge du locataire les barrières de charpente et les bornes qui se trouvent dans les cours ou sous les remises ; nous pensons que quand les bornes et barrières ne sont point en état de vétusté et qu'elles sont brisées ou endommagées par la maladreese des cochers,

le locataire doit les réparer par la raison qu'il est responsable de tous les dommages provenant de sa faute ou de celle de ses gens. Troplong, 580.

31. — Goupy étend sa critique à l'usage de mettre à la charge du locataire le dommage causé aux auges de pierre destinées à abreuver les chevaux. Nous préférons l'opinion de Le Page, 2, p. 157 qui pense que la pierre est une matière assez dure pour qu'une auge puisse servir à sa destination sans crainte d'être détruite. Troplong, 580.

32. — Les poulies des puits et des greniers, leurs chappes, les cordes ou chaînes, ainsi que les mains de fer des puits et les sceaux, doivent être réparés par les locataires. Le Page, 2, p. 156.

33. — Lorsque l'eau est tirée à l'aide d'une pompe, l'entretien du piston, de la tringle qui sert à la mouvoir, du balancier sont à la charge du preneur. Le Page, ibid.

34. — Les tuyaux de descente établis pour conduire les eaux des toits et des appartemens et leurs engorgemens sont à la charge du bailleur. Le Page, ibid.

35. — Le locataire d'un jardin doit l'entretenir et le remettre à la fin du bail en aussi bon état qu'à l'entrée en jouissance. S'il n'y a pas eu d'état de lieux, on présume qu'il était en bon état, et le locataire est obligé d'entretenir de cette manière les allées, les parterres, les plates-bandes, les bordures, les gazons.

Les arbres et arbrisseaux doivent être rendus de même espèce et en même nombre, et s'il en meure quelques-uns, ils doivent être remplacés.

Toutefois, M. Troplong, N° 583, contrairement à M. Duvergier, ne pense pas que les arbrisseaux qui meurent naturellement doivent être remplacés, parce

que c'est un fait de force majeure qui n'est pas imputable au preneur. Pour nous, nous croyons qu'il
est juste de faire une distinction. La règle est de soumettre au remplacement les arbrisseaux ordinaires,
d'une culture peu difficile, et d'un prix généralement-
ment modéré, parce que la présomption doit être
qu'ils ont péri par la faute ou la négligence du locataire, à moins qu'il ne prouve que la perte vient de
force majeure ou de la mauvaise nature de l'ar-
brisseau. Mais s'il s'agit d'arbrisseaux exotiques qui
d'habitude sont d'un prix élevé, exigent des soins extraordinaires et souvent infructueux, leur mort doit
être attribuée, jusqu'à preuve du contraire, au
défaut d'acclimatation, aux difficultés de la culture,
et le propriétaire, qui le premier est en faute d'avoir
planté dans un jardin destiné à la location des essences aussi délicates, doit en supporter la perte.

36. — Le sarclage, la taille des arbres fruitiers, des
haies et bordures, l'angrais de la terre, le sable pour
les allées sont à la charge du preneur.

37. — On ne regarde pas comme réparations locatives celles des treilllages placés le long des murs ou
dans les autres parties du jardin, en telle forme que
ce puisse être, tels que palissages, berceaux, porti-
ques; le locataire n'en est tenu qu'autant qu'il est
prouvé que ces objets ont été détériorés par son fait.
Le Page, 2, p. 158.

38. — S'il y a des bassins ou jets d'eau, le locataire n'est pas soumis à leur entretien, à moins qu'il
n'y ait faute de sa part, par exemple si les tuyaux ou
réservoirs sont endommagés par la gelée, par suite
de la négligence à les vider en temps opportun.
Troplong, 583.

39. — Les robinets des bassins, des jets d'eau doivent être entretenus par le locataire.

40. — A l'égard des vases, des pots de fleurs, des bancs, des chaises, des caisses, Goupy distingue : les vases de faïence, de fonte ou de fer, les caisses et les bancs de bois, s'ils se trouvent cassés ou dégradés autrement que par vétusté ou force majeure, sont réparés par le locataire, la présomption étant que ces accidents sont arrivés par sa faute ou celle de ses gens. Mais la dégradation des vases, des bancs de marbre de pierre, de terre cuite pouvant venir de l'intempérie de l'air, le locataire n'en est pas tenu, à moins de prouver que la détérioration vient de son fait. Troplong, ibid.

41. — Les plombs, les fers et les autres choses dépendantes d'une maison qui viennent à être volés doivent être rétablis par le locataire, à moins qu'il ne justifie qu'on ne peut lui imputer ni négligence, ni défaut de précaution. Le Page, 2, p. 259.

42. Lorsque la maison est louée à plusieurs locataires, qui doit supporter les réparations locatives des choses communes à tous, comme les passages, corridors, escaliers, cours, pompes, etc.? On doit faire supporter chaque réparation locative à celui des locataires qui l'a occasionné.

Mais que décider s'il est impossible de savoir quel est celui qui a commis la dégradation ? Pothier, N° 223, soutient que tous les locataires sont responsables. Goupy, dont l'opinion est admise par les bons auteurs modernes, pense que le propriétaire ne pouvant avec justice, s'adresser à un locataire plutôt qu'à un autre, il doit seul supporter ces réparations. Merlin, V° bail, § 8. Troplong, N° 590, Duvergier, 2, N° 25, Le Page, 2, p. 168.

43. — Règle générale, les réparations locatives ne doivent être faites qu'à la fin du bail, à la sortie du locataire qui en est chargé. Néanmoins, le propriétai-

re peut forcer le locataire à les faire avant ce terme si le retard était de nature à occasionner du dommage ou des dégradations plus graves. Il y a même des réparations locatives qui, faute d'avoir été faites de suite, peuvent donner lieu à des demandes en dommage-intérêts envers le locataire, comme : les carreaux cassés par lesquels les eaux tombées auraient détérioré les plafonds, les planchers, les parquets, etc.

Les pavés ou dalles brisés ou enlevés par lesquels les eaux auraient filtré dans les caves et dégradé les voûtes. Léopold, p. 110, Troplong, N° 346, voir notre art. 1731, N° 2.

Si le locataire prétend que les réparations ne sont pas urgentes, des experts en font la visite, et s'ils décident qu'elles ne peuvent être retardées, il est condamné à les faire dans un délai fixé. Il est bon dans ce cas de faire décider par le même jugement que si les travaux ordonnés ne sont pas exécutés dans le temps prescrit, le propriétaire pourra les faire faire aux dépens du locataire, et qu'à cet effet un exécutoire lui sera délivré sur le vu des quittances des ouvriers. L'art. 2102, donnant sur les meubles qui garnissent la maison, un privilège pour les réparations locatives, le bailleur est assuré du paiement de ses avances. Le Page, 2, p. 180.

44.— Les fermiers des héritages ruraux, à l'égard des bâtiments qu'ils occupent, sont tenus des mêmes réparations locatives que les locataires des héritages urbains. Néanmoins, il en est quelques-unes qui leur sont particulières.

Le fermier, dans une grande partie de la France est tenu de l'entretien des couvertures en chaume. Veaudoré, 2, N° 90, Duvergier, 4, N° 104.

Dans notre arrondissement, souvent les baux chargent le fermier de fournir le glui, le lattage, de nourir les ouvriers ; mais ces stipulations n'ont pas un caractère assez général pour faire usage et être supplées dans le silence des baux.

45.— Quand l'entretien des chaumes est une charge du bail, les réparations doivent être faites chaque année ; car en les ajournant à la fin du bail, outre que les bâtiments pourraient souffrir, il faudrait une plus grande quantité de glui qui serait prise sur les pailles de la dernière récolte au préjudice du propriétaire qui a droit aux pailles. Aulanier fils, N° 170.

46.— En Bretagne l'entretien et même la réfection des barrières sont au compte du fermier à charge par le propriétaire de fournir le bois nécessaire. Dans notre localité, cet usage n'est pas observé ; le fermier est tenu de leur entretien de la même manière que le locataire urbain est tenu de celui des portes, c'est-à-dire qu'il doit les réparations à faire aux gonds, targettes, serrures et autres ferrures des barrières.

47.— Les menues réparations des pressoirs, tels que le remplacement des clefs brisées, des chevilles du rouet, sont à la charge du fermier. Il doit aussi entretenir les cuves, les tonnes de cercles en bois ; les cercles en fer sont au compte du propriétaire.

48.— Les talus ou rejets de terre, les douves ou fossés, les repaires, les haies vives, les canaux d'irrigation, les aires des granges et autres logements doivent être entretenus par le fermier ; mais les réparations des murs, et des parties de talus en pierres sont à la charge du propriétaire comme œuvres d'art.

Veaudoré, N° 88, Duvergier, N° 104, Aulanier, 171-173, Troplong, N° 179.

49.— Le fermier est tenu d'entourer les jeunes pommiers de glui, ronces ou épines ; de défendre par des ronces piquées en terre, vulgairement appelées dentelles, les jeunes plants des haies et de les gratter et sarcler. Il doit charfouir et regratter le plant fruitier, arracher deux fois l'an, en juillet et septembre, les ronces et autres mauvaises productions qui croissent sur le fonds ; curer de trois ans en trois ans les rigoles des prés, les abreuvoirs et les marres destinés à abreuver les bestiaux ; détruire les taupes et fourmillières. Troplong. n° 669, Vaudoré. 90.

Les taupes prises doivent être enfouies dans la journée, à un mètre de profondeur. Expresse défense est faite d'en exposer, de les suspendre aux branches des arbres, ou de les jeter dans les cours d'eau. Arrêté préfectoral du 1er mai 1863.

50. — Les bâtiments qui contiennent des moulins sont soumis aux mêmes réparations que les héritages urbains ; mais le matériel est soumis à des réparations locatives particulières.

Il arrive quelquefois que le locataire d'un moulin achète à son entrée tout le matériel et qu'il en soit remboursé à sa sortie par son successeur sur estimation contradictoire entre eux. Aulanier fils, n° 151.

Le plus souvent, le matériel reste la propriété du bailleur. Dans ce cas, il est d'usage de faire avant l'entrée en jouissance l'état et estimation des palées, vannes, tournans, travaillons, câbles et ustensiles du moulin, et de faire une autre estimation à l'expiration du bail ; de telle sorte que si la dernière estimation est plus forte que la première, le propriétaire rembourse le fermier du surplus ; et qu'au contraire, si la dernière estimation est plus faible, c'est le fermier qui tient compte de la différence. Le Page, **2**, 161. Daviel, n° 659.

Fréquemment, le bailleur reste maître du matériel et n'en fait aucune estimation ; alors on rentre dans les règles ordinaires du louage. S'il a été dressé un état du matériel, le preneur doit le rendre tel qu'il l'a reçu ; s'il n'en a pas été dressé, il est censé l'avoir reçu en bon état, et il doit le rendre en bon état.

Quant à l'énumération des diverses pièces soumises à l'entretien du locataire, au mode d'estimation du matériel et autres renseignements techniques, voir Goupy, Le Page, **2**, p. 160, Daviel, N° 659, Ruelle, manuel des propriét., N° 428, Curasson, compétence, N° 429.

Art. 1756. — « Le curement des puits » et celui des fosses d'aisance sont à la » charge du bailleur, s'il n'y a clause » contraire. »

1. — Dans l'ancien droit, le curement des puits était à la charge du preneur et celui des fosses d'aisance à la charge du bailleur. Le code a supprimé cette distinction et a imposé au bailleur seul l'obligation de curer les puits et les fosses d'aisance. Pothier, N° 222. Desgodets. Merlin, V° bail, § 8.

2. — L'article 1756 fait une seule exception à cette règle, à savoir: une clause du bail qui délie le bailleur de l'obligation que la loi lui impose.

3. — C'est donc avec étonnement que nous lisons dans M. Troplong, N° 674, le passage suivant :

« Le curement des puits et des fosses d'aisance est une dépense du propriétaire à moins de clause *ou d'usage* contraires ; l'art. 1756, qui le décide ainsi *est en harmonie avec l'ancien droit.* »

D'abord, l'article 1756, loin d'être en harmonie avec l'ancien droit, y déroge formellement. Les auteurs ci-dessus cités attestent que le curement des puits était autrefois à la charge du preneur et celui des fosses d'aisance à la charge du bailleur.

Ensuite, cet article dispense bien le propriétaire du curement dans le cas de clause contraire mais non dans le cas *d'usage* contraire. Il ne pouvait pas sans contradiction, mentionner cette seconde exception, puisque contrairement aux anciens usages, il décide que le curement des puits et des fosses d'aisance sera à la charge du bailleur seulement.

Ajoutons que si le législateur eût voulu s'en référer aux usages locaux, il n'aurait pas manqué de le dire comme dans les articles 1737, 1754, 1758, 1759 qui précèdent ou suivent l'article 1756.

4. — La règle relative au curement des puits et des fosses d'aisance, s'applique par analogie, aux cloaques, fosses à eau, citernes, puisards, etc.

Art. 1757.— « Le bail de meubles fournis
» pour garnir une maison entière, un corps
» de logis entier, une boutique, ou tous
» autres appartemens, est censé fait pour la
» durée ordinaire des beaux de maisons,
» selon l'usage des lieux. »

1. — Quand la durée d'un bail de meuble est fixée par la convention, il faut exécuter le contrat selon sa teneur ; mais quand cette durée n'est pas déterminée, la loi pourvoit au silence des parties en déclarant que le bail est censé fait pour la durée des baux de maisons selon l'usage des lieux, durée qui

est d'une année comme nous l'avons vu sous l'art. 1736.

2. — Si la maison était louée par bail écrit pour un temps plus long, le bail des meubles n'en serait pas moins d'une année.

3. — M. Troplong, N° 599, Duvergier, 2, 233, pensent que si le locataire de la maison a donné connaissance de son bail écrit au loueur de meubles, le louage des meubles sera censé s'accorder avec le temps déterminé par le bail de la maison. Nous ne pouvons adopter cette opinion.

L'art. 1757 ne s'occupe nullement des conditions de la location de la maison; qu'elle soit louée verbalement ou par écrit, avec durée fixe ou sans durée déterminée, peu importe! Ce que la loi veut uniquement, c'est de fixer la durée des baux de meubles sans terme convenu comme elle a déterminé, par l'article 1736, la durée des baux de maisons sans fixation de durée. Cette association d'idée est tellement arrêtée dans l'esprit du législateur qu'il prescrit le même laps de temps pour les baux de maisons et pour les baux de meubles quand les parties ne se sont pas expliquées sur leur durée.

La présomption que le propriétaire des meubles auquel le bail de la maison a été communiqué a entendu les louer pour la durée de ce bail est purement gratuite; et, dans bien des cas, elle sera contraire à la vérité. Supposons un bail de maison de 9 ans et même de 20 ans, exemple que nous avons sous les yeux au moment où nous écrivons ces lignes, serait-il rationnel de soutenir que les meubles sont loués pour 9 ou 20 ans? au bout de ce temps les meubles seront usés, démodés et sans valeur locatives.

Il est si vrai que la loi n'a eu en vue que de fixer la durée des baux de meubles, abstraction faite du caractère et de la durée de la possession de celui qui les prend à loyer, qu'un propriétaire de maison qui louerait des meubles pour la garnir serait également soumis à l'art. 1757. Troplong, N° 600. Il serait absurde de soutenir que le loueur de meubles, connaissant la qualité de propriétaire de la maison à celui qui lui demande un mobilier à louage, a entendu engager ses meubles pour tout le temps que le propriétaire habitera sa maison.

Autre argument qui nous paraît décisif. Primus a loué des meubles par bail écrit pour plusieurs années. Il les a placés dans une maison qu'il a louée verbalement de Secundus en lui donnant connaissance du bail des meubles. Pourra-t-on soutenir que Secundus est présumé avoir loué sa maison pour le temps de la durée du bail des meubles. Cette prétention serait repoussée par la présomption légale de l'art. 1736 qui fixe la durée des baux de maisons sans terme déterminé à une année selon notre usage. La présomption tirée de la communication du bail des meubles ne peut l'emporter sur le texte précis de l'art. 1736.

Pourquoi en serait-il autrement dans le cas où le bail de la maison a précédé celui des meubles ? Les raisons sont les mêmes. L'art. 1757 détermine la durée des baux de meubles avec la même précision que l'art 1736 détermine celle des baux de maisons.

L'opinion que nous combattons est fondée sur ce que le locataire de la maison, ayant donné connaissance de son bail au loueur de meubles, celui-ci est présumé avoir consenti un bail de même durée. Cette présomption n'étant pas légale, peut seulement être prise en considération dans le cas où la preuve testimoniale est admissible, art. 1353 ; or, la durée d'un bail de meubles, ne peut-être prouvée par témoins, M. Troplong, lui-même en convient, N° 118; par conséquent elle ne peut être réglée par une simple présomption, mais bien par la présomption établie par la loi dans l'art. 1757.

4. — La loi semble supposer que la maison, le corps de logis, etc., sont tenus à loyer par celui qui veut les garnir, néanmoins l'art. 1757 est également applicable à un propriétaire qui loue des meubles pour garnir sa propriété. Troplong, N° 600.

5. — La tacite reconduction s'applique-t-elle aux louage de meubles? oui; mais quelque soit la durée du bail de meubles, la tacite reconduction n'a lieu que pour le temps pendant lequel le locataire les a gardés depuis l'expiration de son bail. Ainsi un tapissier m'a loué des meubles à raison de 365 fr. par au, je les ai gardés pendant 15 jours depuis l'expiration de mon bail, je puis les lui rendre en lui offrant 15 francs. Vice versà, le locateur de meubles est libre de me les redemander quand il voudra après le bail expiré. En cela, la reconduction des meubles diffère de celle des maisons, par la raison qu'il y a certains temps auxquels il est d'usage que commencent les baux de maisons, tandis que le louage des meubles commence en tout temps. Pothier, N° 371. Troplong, N° 461.

Art. 1758. — « Le bail d'un appartement
» meublé est censé fait à l'année, quand il
» a été fait à tant par an : au mois, quand il
» a été fait à tant par mois ; au jour quand
» il a été fait à tant par jour ; si rien ne cons-
» tate que le bail soit fait à tant par an, par

» mois, ou par jour, la location est censée
» faite suivant l'usage des lieux. »

1.— Dans notre arrondissement, la durée d'un
bail d'appartement garni est fixée par l'usage à un
mois et le loyer se paie à la fin de chaque mois. Commission des usages locaux.

2.— Les dispositions de l'art. 1758 ne sont applicables qu'aux baux d'appartements *meublés* ; la durée des baux d'appartements non garnis est fixée par
l'usage à une année. Ainsi, je vous loue une maison
non meublée à tant par mois, le bail n'est pas censé
fait pour un mois, mais pour la durée déterminée par
l'art. 1736. Troplong, N° 604.

3.— Par suite du même principe, le bail des meubles pour garnir une maison fait à tant par mois, par
semaine, n'est pas censé fait pour un mois, une semaine, mais pour la durée ordinaire des baux de
maisons selon l'usage, durée qui est d'un an dans notre arrondissement.

Art. 1759.— « Si le locataire d'une mai-
» son ou d'un appartement continue sa jouis-
» sance après l'expiration du bail par écrit,
» sans opposition de la part du bailleur, il
» sera censé les occuper aux mêmes condi-
» tions pour le terme fixé par l'usage des
» lieux, et ne pourra plus en sortir, ni en être
» expulsé qu'après un congé donné suivant
» le délai fixé par l'usage des lieux. »

1. D'après l'art. 1738, si, à l'expiration des baux écrits
le preneur reste et est laissé en possession, il s'opère
un nouveau bail ; ce n'est pas celui qui est expiré qui

continue, mais un autre bail formé par une nouvelle convention tacite qu'on appelle tacite reconduction.

2.— De ce que la reconduction est un nouveau bail, il s'en suit que si celui qui est expiré est notarié et comme telle exécutoire pendant sa durée ; le nouveau ne l'est pas, le bailleur doit se pourvoir par action pour son exécution. Pothier, N° 367.

3.— Par suite du même principe, la caution et les hypothèques convenues pour la sûreté du premier bail ne s'étendent pas à la reconduction.

4.—Les parties ne s'étant pas ex appliquées sur les obligations du nouveau bail résultant de la reconduction, la loi présume qu'elle a eu lieu aux mêmes conditions que le précédent contrat. Si donc, par le bail primitif, il y avait un pot de vin convenu, on doit présumer la convention d'un semblable pot de vin proportionné à la durée de la reconduction. Pothier, N° 365.

5.— De même, si un bail porte que la résolution aura lieu de plein droit dans le cas où le preneur, fonctionnaire public, obtiendrait un changement de résidence, cette clause doit être censée retenue et conservée dans la reconduction. Rouen, le 14 janvier 1849.

6.— Le prix du loyer reste le même, le bailleur ne pourrait pas demander pour la fixation à en être cru sur son serment conformément à l'art. 1716. Cet article ne s'applique qu'aux baux verbaux et non aux baux écrits dans lesquels un prix a été déterminé. Caen, 23 mai 1842, Troplong, N° 442.

7.— Quel est le temps de jouissance nécessaire pour faire présumer la reconduction ? Houard, V° reconduction, nous apprend qu'en Normandie, quelques heures après le bail expiré sans avoir reçu ordre de sortir suffisaient pour la reconduction. Un espace de temps aussi court fait supposer qu'on était dans l'usage de signifier un congé avant l'expiration du bail écrit. Loysel, règle 11, fixait un délai de huitaine ; et Jussieux de Montluel, dans son excellente instruction sur les conventions, page 209, adopte ce sentiment.

La cour de Caen, avait demandé un temps de possession de dix jours. MM. Bigot et Portalis, pensèrent qu'il valait mieux s'en rapporter à la sagesse du juge qui déciderait par l'appréciation du caractère et de la durée de la jouissance.

Dans notre localité, l'usage rapporté par Houard, n'est point suivi ; bien plus il est impossible de le suivre, puisque l'usage accorde trois jours pour déménager ; il faut donc s'en tenir au sentiment des rédacteurs du code, et s'en rapporter à l'appréciation discrétionnaire du juge qui devra prendre en considération, les faits, les circonstances qui ont précédé ou suivi la continuation de jouissance. Troplong, N° 446.

8. — Le bailleur qui veut éviter toute difficulté, agira prudemment en donnant au locataire un congé ou une sommation de vuider les lieux. Ce congé dont parle l'art. 1739 n'est assujetti à aucun délai d'usage comme celui dont s'occupe l'art. 1736. Signifié la veille, le lendemain de l'expiration du bail, il remplit son but en empêchant le preneur de se prévaloir du consentement tacite à une reconduction. Delvincourt, p. 97, note 7.

9. — La reconduction opérant un bail nouveau, ce bail est nécessairement un bail sans écrit auquel il faut appliquer les dispositions de l'art. 1736, pour la durée et les délais du congé. Ainsi ce bail sera censé

commencer au jour Saint-Michel, terme d'usage ; il sera d'une année à partir de ce jour ; et le congé devra être signifié avant la Saint-Jean. Et comme nous avons vu sous l'art. 1736, qu'un bail verbal, commencé avant la Saint-Michel, n'était néanmoins censé prendre cours que de ce moment, il faut décider qu'un bail écrit consenti pour une année à partir du 1er juillet 1859, finissant à pareille date 1860, mais continué par reconduction, ce nouveau bail sera présumé commencé au jour Saint-Michel 1860, consenti pour une année à partir de ce jour, et celles des parties qui voudra le faire cesser au jour Saint-Michel 1861, devra donner congé avant la Saint-Jean-Baptiste de la même année.

ART. 1760. — « En cas de résiliation par
» la faute du locataire, celui-ci est tenu de
» payer le prix du bail pendant le temps né-
» cessaire à la relocation, sans préjudice des
» dommages-intérêts qui ont pu résulter de
» l'abus. »

1. — L'art. 2102 s'occupe de l'étendue du privilège du bailleur dans le cas où le locataire se retire sans que la résiliation du bail soit prononcée ; l'art. 1760 détermine les droits du locateur qui demande et obtient la résiliation du bail.

La résiliation par la faute du locataire entraîne pour celui-ci le paiement du prix du bail pendant le temps *nécessaire* à la relocation. Mais quel est ce temps nécessaire ? On convient généralement que c'est le temps légalement nécessaire à la relocation tel qu'il est déterminé par l'usage pour les congés. Duranton, 17, 172, Troplong, Marcadé, Mourlon, sous l'art 1760, Toulier, p. 263, Sachariæ, T. 3, p. 172.

D'après cela supposons un bail de trois ans, commencé à la Saint-Michel 1862, et résilié avant la Saint-Jean 1863 ; le bailleur aura droit à tout ce qui est èchu au moment de la résiliation et à tout le temps à courir jusqu'à la Saint-Michel 1863 ; car le terme d'usage pour les congés, qui est la Saint-Jean, (art. 1736) n'étant pas encore expiré, le propriétaire a eu le temps nécessaire pour relouer.

Si, au contraire, la résiliation a été prononcée après la St Jean 1863, le juge devra allouer tout ce qui est échu au moment de la résiliation et tout le temps à courir depuis, jusqu'au jour St-Michel 1864; puisque la résiliation ayant eu lieu après l'expiration du délai des congés en 1863, le bailleur n'a pas eu le temps nécessaire pour relouer au terme St-Michel de cette même année.

Dans le cas où le bail devrait finir dans l'année de la résiliation, il est évident que le bailleur n'aurait droit au paiement des loyers que jusqu'à la fin de l'année courante ; car, averti par la convention de l'expiration du bail, il devait être en mesure de se pourvoir d'un locataire pour ce moment.

2. — L'indemnité une fois fixée d'après le temps déterminé par l'usage pour les congés, le bailleur qui, sans négligence, n'a pas reloué dans ce délai peut-il demander un supplément d'indemnité ? Les auteurs ci-dessus cités décident cette question négativement et la jurisprudence est établie dans ce sens. En effet, l'art. 1760 n'oblige pas le preneur au paiement des loyers pendant tout le temps que le propriétaire n'a pas reloué, mais pendant le temps *nécessaire* à la relocation, temps qui est celui fixé par l'usage pour les congés. L'indemnité une fois calcu-

lée sur cette base, le législateur a pensé que le tort éprouvé par le bailleur était rationnellement et irrévocablement réparé et la faute du locataire suffisamment punie. Bordeaux, 19 mai 1849. Cass. 17 juillet 1851.

3. — Quid, si le propriétaire reloue avant l'expiration du temps pour lequel l'indemnité lui a été accordée conformément au texte de l'art. 1760? Devra-t-il rapporter au preneur? Marcadé et Troplong semblent être d'avis de l'affirmative. Ce sentiment ne nous semble pas équitable. Du moment où il est admis que le bailleur n'a pas droit à un supplément d'indemnité s'il ne reloue pas dans le délai des congés ; il ne doit pas rapporter s'il reloue avant; *nam secundum naturam est, commoda cujus que rei eum sequi, quem sequuntur incommoda. L. 10, ff de reg. jur.*

4. — Quand le prix annuel du loyer n'excède pas 400 francs, le juge-de-paix est compétent pour prononcer la résiliation et statuer sur les dommages-intérêts, lorsque la demande est fondée sur le défaut de paiement ou de garnissement. Loi du 2 mai 1854. Carou, 1, N° 192. Benech, de Just. de Paix, p. 130.

ART. 1765. — « Si dans un bail à ferme,
» on donne au fonds une contenance moin-
» dre ou plus grande que celle qu'ils ont
» réellement, il n'y a lieu à augmentation
» de prix pour le fermier que dans les cas
» et suivant les règles exprimées au titre de
» la vente. »

1. — Lorsqu'un immeuble a été affermé à tant l'are, les talus et les fossés, quoiqu'improductifs,

doivent entrer dans la mesure à estimer pour déterminer le prix du bail. Caen, 14 novembre 1852.
Dalloz, 1844, table, V° louage.

2. — Le mesurage, rentrant dans les actes de
délivrance, doit se faire aux frais du vendeur. Art.
1608.

ART. 1766. — « Si le preneur d'un héri-
» tage rural ne le garnit pas de bestiaux et
» des ustensiles nécessaires à son exploita-
» tion ; s'il abandonne la culture ; s'il ne
» cultive pas en bon père de famille ; s'il
» emploie la chose louée à un autre usage
» que celui auquel elle a été destinée,
» ou en général s'il n'exécute pas les
» clauses du bail et qu'il en résulte un
» dommage pour le bailleur, celui-ci peut,
» suivant les circonstances, faire résilier le
» bail. En cas de résiliation provenant du
» fait du preneur, celui-ci est tenu des
» dommages-intérêts, ainsi qu'il est dit en
» l'art. 1764.

1. — Nous avons vu sous l'art. 1728 les obligations
du fermier relativement au paiement du prix de
ferme ; nous avons énuméré sous l'art. 1754 les réparations locatives auxquelles il est soumis par la loi
ou par l'usage ; l'art. 1766 va nous fournir l'occasion
d'exposer quelques autres obligations dérivant des
baux à ferme.

2. — Le garnissement de la ferme a bien moins
pour but de donner au bailleur un gage pour le
paiement des fermages que de fournir à la culture

des terres une garantie de bonne exploitation. C'est pourquoi il suffit que les bestiaux et les instrumens aratoires soient proportionnés aux besoins d'une bonne culture de la ferme, bien qu'ils soient insuffisans pour répondre du terme courant et du terme à échoir. Troplong, N° 660.

2. — Nous avons dit sous l'art. 1752 que le propriétaire d'une maison pouvait *expulser* son locataire qui ne garnissait pas suffisamment; il n'en est pas de même du fermier qui ne garnit pas la ferme de bestiaux et d'ustensiles d'une valeur suffisante, il ne peut être *expulsé* que par la voie de l'action en résiliation du bail. Paris, 10 décembre 1851.

3. — Cette obligation de garnir de bestiaux et d'ustensiles ne s'applique qu'aux exploitations en corps de ferme, elle est impossible dans les baux de pièces séparées sur lesquelles il n'existe pas de bâtimens d'exploitation.

4. — Il arrive quelquefois que pour garnir la ferme. le propriétaire avance au fermier les bestiaux, les ustensiles, les semences, on demande si ce propriétaire à le privilège mentionné dans l'art. 2102 ? Pothier, N° 254 s'explique ainsi sur la question : si ces avances ont été faites par le bail même, il n'est pas douteux que le propriétaire doit être préféré suivant le principe qui lui accorde privilège pour toutes les obligations du bail. Il y a plus de difficulté si les avances n'ont été faites que depuis le bail ; car la créance de ses avances naît d'un contrat de prêt, séparé et distingué du bail. Néanmoins, il paraît que l'usage a étendu à cette créance, les droits de privilège surtout lorsque ces avances ont été faites en grains et autres espèces et qu'on ne peut douter qu'elles ont été faites pour faire valoir la métairie, car alors il y a même raison que pour le bail.

Troplong, privilèges, 1, Nᵒ 454. Angers, 27 août 1821.

5. — Lorsque le bailleur fournit les bestiaux et ustensiles, le fermier doit les recevoir d'après un état dressé entre lui et le propriétaire, parce que à la fin du bail, à défaut d'état, il est d'usage que le propriétaire soit cru sur son serment du nombre et de la nature de ces objets. Dans ce cas, l'usage est aussi d'assujettir le fermier à la remise de ce qu'il a reçu sous la contrainte par corps. Art. 2062, Léopold, p. 139.

6. — Le code ne permet pas au fermier *d'abandonner* la culture. Par ce mot, il ne faut pas seulement entendre le fermier qui déserte la métairie, mais encore celui qui laisse les fonds incultes, ou qui cultive mal, et qui ôte l'espérance de la récolte, garantie du bailleur.

7. — Le fermier doit cultiver en bon père de famille, c'est-à-dire comme un homme diligent et soucieux de ses intérêts. Ainsi il doit cultiver selon l'usage de la localité, graisser les fonds suivant leur nature dans les temps nécessaires, observer les façons accoutumées et les assolemens dont nous parlerons sous l'art. 1774.

Plusieurs cours avaient décidé que le propriétaire ne pouvait pas, pendant la durée du bail, réclamer aucune indemnité contre le fermier qui ne respectait pas les assolemens, qu'il pouvait seulement, ou demander la résiliation du bail si l'abus de jouissance était très grave, ou faire constater le préjudice pour appeler les tribunaux à statuer à la fin du bail sur les dommages-intérêts si le préjudice n'était pas réparé à cette époque par l'état satisfaisant de la chose louée. Paris, 20 mars 1835 et 27 décembre 1836

Nîmes, 22 mai 1855. Caen, 5 juillet 1857. Dalloz, 1858, 2, 87.

Mais l'opinion suivant laquelle le bailleur peut, sans demander la résiliation du bail et sans en attendre la fin, actionner le fermier en dommages-intérêts pour abus de jouissance , notamment pour défaut d'observation de l'assolement, est consacrée par les autorités suivantes : Bourges, 20 mars 1839. Cass. 20 décembre 1858 et enseigné par Le Page, T. 2, p. 179. Carré, compét. T. 2, p. 379. Curasson, p. 352. Duvergier, T. 1, N° 448. Troplong, louage, N°s 313 et 346. Sachariæ, T. 4, § 702. Marcadé, sous l'art. 1729.

8. — Les labours doivent être faits de manière qu'à sa sortie, il laisse au moins un tiers de la terre labourable en retour de froment. Voir notre art. 1774, N° 2.

9. — Il ne doit pas mettre de bestiaux à pâturer dans les prairies lorsqu'elles sont trop mouillées, de crainte que leurs pieds enfonçant dans la terre détrempée, ne détruisent l'herbe et ne dégradent le sol.

10. — Il doit curer les rigoles des prés, les faire baigner dans la saison convenable et ne pas laisser trop longtemps les eaux séjourner sur le fonds.

11. — Il est tenu d'arracher le chiendent, sarcler les mauvaises herbes, couper les chardons, les doches avant la formation de la graine ; de débarrasser les haies, les talus, les fossés des ronces et autres plantes nuisibles.

12. — Dans les herbages et prairies, il doit enlever les bouses des bœufs et le crottin de cheval, faucher les hautes herbes qui croissent aux endroits ou les matières ont séjourné.

13. — Le 4 février 1742, le parlement de Paris

rendit un arrêt enjoignant aux propriétaires et fermiers d'écheniller ou faire écheniller. Cet arrêt a été transporté dans notre législation par la loi du 26 ventose, an IV, dont nous allons rappeler les principales dispositions, parce qu'elle est très négligée par les maires de nos communes.

Les art. 1 et 6 portent que chaque année, avant le 1er ventose, (21 à 22 février) tous propriétaires et fermiers, locataires ou autres faisant valoir leurs héritages ou ceux d'autrui, seront tenus, chacun en droit soi, d'écheniller ou faire écheniller les arbres étant sur lesdits héritages à peine d'amende que notre code pénal fixe de 1 fr. à 5. Art. 471, N° 8.

L'art. 2 ajoute qu'ils seront tenus sous la même peine, de brûler sur le champ les bourses et toiles tirées des arbres.

L'art. 4 charge les agens des communes (aujourd'hui les maires et leurs adjoints) de surveiller l'exécution de la loi dans leurs arrondissements respectifs.

L'art. 7 porte que dans le cas où on aurait négligé l'échenillage, les maires le feront faire aux dépens de ceux qui l'auront négligé, par des ouvriers de leur choix.

L'art. 8 veut que cette loi soit publiée le 1er pluviose (21 à 22 janvier) de chaque année à la diligence des maires.

14. — Les baux à ferme d'une certaine importance portent généralement que le fermier pour son chauffage aura droit à un ou deux cents de fagot pris dans les endroits qui lui seront indiqués par le propriétaire. Cette clause, malgré sa fréquence, n'est pas un usage reçu ; et dans le silence du bail, le fermier ne peut s'en prévaloir.

En principe il ne peut abattre aucun arbre sans se

rendre passible de l'application de l'art. 445 du c. p.;
et il ne doit pas non plus, de son autorité privée,
émonder les arbres sous peine de se constituer en
dégradation.

Toutefois, l'usage lui confère le droit de couper
des épines et ajoncs pour étouper les brèches. Il peut
aussi, tous les deux ou trois ans, couper les ajoncs
excrus sur les haies. Quant à ceux qui sont culti-
vés en jannières et destinés à servir de fourrage, le
fermier sortant doit les couper avant le 1er mai.
Après cette époque, il ne peut les faire pâturer par
aucuns bestiaux. Commission des usages locaux.

15. — Si le bail accorde au fermier le droit d'é-
monder les arbres ou de disposer des bois courants
et piquants, comme ajoncs ou épines qui se trouvent
sur les rejets, il doit réparer les talus ou rejets après
la coupe et vider le creux; c'est là une obligation
qui dérive du bénéfice de la coupe. Aulanier fils,
nº 35.

16. — La chose louée ne doit pas être employée à
un autre usage que celui auquel elle a été destinée.
Ainsi le fermier ne peut, sans le consentement du
propriétaire. d'une prairie, d'une terre en luzerne ou
en sainfoin, faire une terre labourable. Léopold,
p. 140.

Art. 1774. « Le bail sans écrit d'un fonds
» rural est censé fait pour le temps qui est
» nécessaire afin que le preneur recueille
» tous les fruits de l'héritage affermé. Ainsi
» le bail à ferme d'un pré, d'une vigne et de
» tous autres fonds dont les fruits se recueil-
» lent en entier dans le cours de l'année est
» censé fait pour un an. Le bail des terres

» labourables, lorsqu'elles se divisent par
» soles ou saisons est censé fait pour autant
» d'années qu'il y a de soles. »

On appelle fonds rural, biens ou héritages ruraux ceux qui produisent des fruits que le preneur a le droit de récolter et qui sont l'objet principal de la location. Ainsi, il n'y aurait point bail à ferme, mais bail à loyer, soit dans le louage d'un chantier, soit dans celui d'une maison d'habitation qui aurait comme dépendances un jardin produisant des fruits, un verger, un herbage, un petit bois. Par contre, quand des terres labourables, des prés, des bois, des jardins maraîchers, sont loués comme objet principal de sorte que les bâtimens d'exploitation, si considérables qu'ils puissent être, n'en sont que l'accessoire, le bail est un bail à ferme. Marcadé, 1763. L. 298, ff, de verb, signif.

1. — Il est important de connaître l'assolement suivi dans notre localité pour déterminer la durée des baux sans écrit et celle de la tacite reconduction.

2. — Dans notre arrondissement, les terres sont soumises à l'assolement triennal dont voici la rotation des cultures, Houard, V° bail, N° 3. Flaust, 1, p. 644.

La première année, on sème du blé noir, des pois, du lin, du chanvre, des pommes de terre, des panais, des carrottes, du trèfle, de la vesce et autres plantes analogues.

La seconde année, on sème du froment, du ségle, du méteil.

La troisième, on sème de l'avoine, de l'orge.

Le plus ordinairement, on graisse la terre les deux premières années seulement. Toutefois lorsqu'on sème du trèfle, on fume avant les deuxièmes et troisièmes récoltes, et on ne le fait pas avant la première. Le trèfle se sème sur la récolte qui le précède de manière qu'il soit levé et puisse servir de pâture après l'enlèvement de cette récolte. Aulanier fils. N° 157.

3. — La rotation des cultures est quelquefois intervertie. Si, au commencement du bail, la terre louée verbalement est destinée à être ensemencée en froment, les autres cultures devront se suivre de façon qu'à l'expiration des trois années, elle soit rendue propre à recevoir du froment.

4. — Nous avons vu sous l'art. 1766 que le fermier qui jouit verbalement ou par écrit d'un corps de ferme doit, selon l'usage laisser à sa sortie un tiers de la terre labourable disposée à être ensemencée en froment. Toutefois, il y a dérogation à l'usage, lorsqu'à son entrée, le fermier n'a pas reçu ce tiers. S'il a reçu moins du tiers, il ne doit laisser que la même quantité qu'on lui à livrée; s'il a reçu plus, il doit rendre plus.

Lorsque rien ne constate la quantité de terre que le fermier a trouvée à son entrée en retour à froment, il est censé avoir reçu le tiers selon l'usage.

5. — L'assolement des terres labourables étant triennal, le bail verbal de ces terres et la tacite reconduction sont censés faits pour trois ans. Le bail verbal et la tacite reconduction d'un fonds rural non soumis à l'assolement, comme les prés, les jardins, sont censés faits pour un an. Commission des usages locaux.

6. — Si le bail comprend des terres soumises à l'assolement et des héritages dont les fruits se récoltent en une année, comme cela arrive dans un corps de ferme, il sera censé fait pour 3 ans. Troplong, N° 765.

Art. 1775. — « Le bail des héritages ru-
» raux, quoique fait sans écrit, cesse de plein
» droit à l'expiration du temps pour lequel
» il est censé fait, selon l'article précédent. »

1. — Le bail verbal des héritages ruraux est, comme on le voit, bien différent du bail à loyer verbal,
puisque ce dernier dure tant que l'une des parties
ne donne pas congé à l'autre (1736) ; au lieu que le
bail de biens ruraux cesse de *plein droit* sans congé à
l'expiration du temps nécessaire au preneur pour
recueillir tous les fruits de l'héritage affermé.

C'est donc à tort que les rédacteurs du code ont
placé l'art. 1736 sous la section *des règles communes
aux baux de maisons et d'héritages ruraux.* Cet article
ne s'applique qu'aux baux des maisons ; et l'art.
1775, rédigé postérieurement et placé sous la rubrique *des règles particulières aux baux à ferme*, est spécial pour ces sortes de baux.

M. Carou, T. 1, N° 185, demande si dans certaines
localités il était d'usage de notifier des congés, même
pour les baux ruraux, cet usage devrait être suivi ?
Il répond avec raison négativement. La loi est formelle, elle fait cesser de plein droit le bail à l'expiration du temps déterminé par les présomptions que la
loi elle-même indique ; c'est une présomption de
droit contre laquelle l'usage ne peut prévaloir.

Quand même le bail d'un bien rural serait rédigé
par écrit, si les parties ont oublié de fixer le terme
de sa durée, il finira de plein droit à l'expiration de
la présomption légale établie par l'art. 1774.

Art. 1776. — « Si à l'expiration des baux
» ruraux écrits, le preneur reste et est laissé
» en possession, il s'opère un nouveau bail
» ...'' ''.. ''.. réglé par l'art. 1774.

1. — La décision de cet article serait la même en cas de bail verbal. Duranton, 17, n° 216.

2 — Houard, V° reconduction, nous apprend que la tacite reconduction était admise dans les usages Normands à l'égard des terres labourables. Il cite deux arrêts qui fixèrent la durée de la reconduction à trois ans. Mais il y avait difficulté sur le point de savoir si elle se renouvelait de droit quand le propriétaire n'avait pas fait signifier au preneur d'abandonner l'exploitation avant l'expiration des trois années. Elle fut levée par arrêt du 26 juin 1764, dont voici l'espèce :

M. l'abbé Flavigny, chanoine de la cathédrale de Rouen, trouva dans la succession de son oncle, également abbé, une ferme occupée depuis la St-Michel 1735 par Duval. Le bail, primitivement de 9 ans, était expiré à la St-Michel 1744, et Duval avait toujours continué de jouir jusqu'au 18 septembre 1761. A cette époque, l'abbé Flavigny dit à Duval que la dernière année de la tacite reconduction expirait à la St-Michel 1762, qu'il consentait à lui faire un bail, mais avec augmentation. Duval tirait le temps en longueur; l'abbé, impatienté, fit un bail à un nommé Duquesnay.

Au commencement du mois d'août 1762, ce nouveau fermier commence ses labours. Opposition de Duval. Le 14 octobre sentence par défaut qui condamne Duval à déguerpir. Opposition de Duval à cette sentence, puis enfin appel.

L'abbé soutint qu'un propriétaire qui avait laissé son fermier jouir par tacite reconduction n'avait pas besoin de représenter d'acte juridique pour constater qu'il ne voulait plus que la location continuât, que *dies interpellat pro homine*, que la tacite reconduction à un terme aussi authentique que celui fixé

par un bail écrit ; que ce terme assujettit le propriétaire et le fermier comme un nouveau bail écrit les
aurait assujettis. Ces raisons prévalurent et Duval
fut condamné à quitter la ferme avec dommages-
intérêts et dépens.

Ainsi dans nos anciens usages, comme sous le
code civil le bail à ferme verbal et le bail à ferme
dérivant de la tacite reconduction, cessent de *plein
droit*, sans qu'il soit besoin d'aucun congé à l'expiration du temps pour lequel ils sont censés faits selon
les distinctions de l'art. 1774.

3. — Combien de temps de possession sera nécessaire pour faire présumer la reconduction ? D'après
notre ancien usage, la question se décidait selon les
faits et se réduisait à ceci : examiner si le fermier
avait joui du fonds publiquement et tranquillement
de manière à faire naître la présomption que le propriétaire l'avait reconnu de nouveau pour son fermier.
Houard, ibid. Troplong, N° 776.

Il a été jugé que le simple séjour d'un fermier de
huit jours après l'expiration du bail ne faisait pas
présumer une tacite reconduction. Paris, 9 novembre
1827. Un arrêt de la cour de Lyon du 22 juillet 1833
est allé plus loin ; il a décidé qu'un délai de 36 jours
pendant lequel un fermier avait été laissé en possession après l'expiration du bail écrit n'était pas un
temps suffisant pour imprimer à la possession le
caractère de la tacite reconduction.

ART. 1777. — « Le fermier sortant doit
» laisser à celui qui lui succède dans la cul-
» ture les logements convenables et autres
» facilités pour les travaux de l'année sui-
» vante ; et réciproquement, le fermier en-

» trant doit procurer à celui qui sort des
» logements convenables et autres facilités
» pour la consommation des fourrages et
» pour les récoltes restant à faire. »

1. — Le fermier d'une ou plusieurs pièces de terre isolées doit les laisser à l'expiration du bail.

2. — Celui d'un corps de ferme a droit, après le bail expiré, à un logement pour le batteur et à un foyer pour préparer les alimens; on lui donne ordinairement la boulangerie. Commission des usages locaux.

3. — Le fermier sortant, dans la Hague a droit aux granges jusqu'à Pâques et aux greniers jusqu'à la St Jean. Dans le canton de St-Pierre-Eglise, il conserve le droit aux greniers jusqu'à la Magdeleine qui a lieu le 22 juillet.

4. — La récolte des pommes appartient au fermier sortant. Il a le droit de les brasser au pressoir de la ferme, de conserver la jouissance de ce pressoir et des celliers jusqu'à la Magdeleine, dans le canton de St-Pierre-Eglise, jusqu'à Pâques dans les autres cantons.

5. — En général, les récoltes sont détachées de terre avant la St-Michel; mais depuis l'introduction de la culture de la pomme de terre, qui ne se récolte quelquefois qu'à la fin d'octobre, le fermier sortant conserve le droit de les récolter à leur maturité.

6. — Le fermier entrant peut-il semer sur les blés d'hiver ou sur les mars du fermier sortant des trèfles ou autres fourrages ?

En principe, il ne le peut pas, si le bailleur n'a pas retenu ce droit dans le bail du fermier sortant. Toutefois, dans le silence de la convention, l'usage autorise le fermier entrant à semer sur les mars du fermier sortant, moyennant une indemnité généralement évaluée à 3 francs par vergée (20 ares environ).

ART. 1778. — « Le fermier sortant doit
» aussi laisser les pailles et engrais de l'an-
» née, s'il les a reçus lors de son entrée en
» jouissance; et quand même il ne les aurait
» pas reçus, le propriétaire pourra les rete-
» nir suivant l'estimation. »

1. — Si l'immeuble loué ne constitue pas un corps de ferme, le preneur ne doit ni pailles ni engrais la dernière année; il laisse la terre nue. Aulanier fils, N° 207.

2. — Quand il s'agit d'une ferme, les obligations du fermier au sujet des pailles et engrais diffèrent selon que le bail est en cours d'exécution ou arrivé à la dernière année.

Dans le cours du bail, le fermier, en principe, doit convertir les pailles en fumier; il ne peut pas en vendre, car il n'est guère de terres labourables qui produisent suffisamment de pailles pour les fumer convenablement, il faut toujours ajouter d'autres engrais. Toutefois, si le fermier vendait des pailles pour en convertir le prix en engrais plus fertilisant, en guano, par exemple, le propriétaire ne pourrait pas se plaindre. Merlin, V° fumiers.

La dernière année, le fermier ne peut vendre aucunes pailles ni engrais. Ils appartiennent au propriétaire si le preneur les a reçus lors de son entrée en jouissance; et le bailleur à la faculté de les acheter suivant l'estimation, si le fermier ne les a pas reçus.

3. — Les fourrages doivent en général être consommés sur la ferme, sans cela les pailles ne pourraient être converties en engrais. « Les pailles et fourrages, dit Coquille, sont destinés à faire valoir le domaine. » Néanmoins l'usage accorde au fermier d'en vendre, s'il en a plus qu'il ne lui en faut pour nourrir les bestiaux nécessaires à l'exploitation.

4. — La dernière année, l'usage attesté par Flaust, 1, p. 803, permet au fermier d'enlever les pailles, fourrages et engrais, lorsqu'il ne les a pas reçus, à moins que le propriétaire ne veuille les retenir suivant l'estimation.

Lorsque le fermier les reçoit en entrant, on le mentionne ordinairement dans le bail, ou l'on dresse à part un procès-verbal qui en constate la qualité et la quantité; alors, à la sortie, il doit laisser la même quantité et qualité.

En l'absence de mention dans le bail ou de procès-verbal, s'il y a contestation sur la réception des pailles et engrais, ou sur la quantité livrée, la preuve testimoniale serait admissible, comme preuve d'un simple fait, par argument de l'art. 1731. Duranton, 17, n° 101. Troplong, n° 340.

Art. 1781. — « Le maître est cru sur son
» affirmation pour la quotité des gages; pour
» le paiement des salaires de l'année échus,
» et pour les à-comptes donnés pour l'année
» commencée. »

Ceux qui veulent se rendre compte de nos anciennes lois et usages au sujet des domestiques, peuvent consulter *La conférence des ordonnances royaux*, par Pierre Guenois, p. 526, l'ordonnance du lieutenant-général de police de Paris, du 16 octobre 1720, et

deux arrêts de règlement du Parlement de Rouen,
l'un du 9 juillet 1721, l'autre du 26 juin 1722.

Ces ordonnances et arrêts, qui agravaient outre
mesure la position des domestiques au profit des
maîtres, ont été abrogés par l'art. 7 de la loi du 30
ventose an xii, qui déclare non obligatoires toutes les
ordonnances et usages anciens dans les matières qui
sont l'objet des lois composant le code civil. Carou, 1,
n° 353. Duranton, 17, n° 230.

1. — Actuellement voici nos usages : Les domestiques de ville, comme ceux de la campagne, se louent
à l'année et sur le pied de tant par an. Néanmoins
l'usage des locations au mois et à tant par mois tend
à se généraliser dans la ville

2. — Les domestiques gagés à l'année entrent au
service du maître à la St-Pierre, dans le Val-de-Saire;
à la St-Clair, dans une partie de la Hague et dans la
ville; à la Magdeleine, dans le canton de Beaumont.

3. — Les auteurs admettent généralement que les
domestiques de ville, quoique loués à l'année, peuvent à volonté quitter leur service et les maîtres les
renvoyer sans indemnité de part ni d'autre. Dans les
grandes villes, comme Paris et Orléans, il peut en
être ainsi; mais cet usage n'est pas suivi à Cherbourg.
Commission des usages locaux.

4. — Quand les domestiques de ville ou de campagne se louent à l'année, la convention n'est regardée comme parfaite qu'autant que le domestique a
reçu du vin (des arrhes). Autrement il est autorisé à
soutenir (et le maître a la même faculté) que l'engagement simplement projeté n'était pas encore obligatoire.

Le vin ou arrhes ne s'imputent pas sur les gages
et ne sont point regardés comme la peine de la faculté de se dédire; c'est un don fait aux domestiques;

mais ils doivent les rendre s'ils ne font pas leur année par leur faute. Commission des usages. Troplong, n° 849. Henrion de Pansey, chap. 30.

5. — Une fois l'engagement contracté, le domestique qui refuserait d'entrer chez le maître serait tenu des dommages-intérêts. La preuve de l'engagement peut se faire par témoins, lorsque le prix n'excède pas 150 fr. ; ici ne s'applique pas l'art. 1715. Troplong, n° 851.

6. — Lorsque le domestique entre à l'époque des entrées d'usage, la St-Clair, la St-Pierre, la Magdelaine, selon les localités, la location est censée faite pour un an; s'il est entré dans le courant de l'année, elle est censée faite pour le restant de l'année ou au mois. Le prix convenu servira à déterminer si les parties ont traité au mois ou pour le restant de l'année.

7. — Le domestique ne doit pas quitter sans motifs légitimes avant la fin de son engagement; autrement le maître peut l'assigner pour qu'il retourne à son service, et demander que, faute par lui de le faire dans les 24 heures du jour du jugement qui interviendra, il soit par le même jugement condamné aux dommages-intérêts que ledit maître pourra retenir sur les gages dus pour le service antérieur. Le juge pourra aussi faire à ce serviteur, dans le cas où il retournerait, une diminution d'une partie de ses gages au prorata du temps écoulé depuis sa sortie jusqu'à sa rentrée; ou bien autoriser le maître à retenir ce qu'il a été obligé de donner à une autre personne qu'il a employée à son service en l'absence du domestique, Pothier, n° 169.

8. — Quand même ce serait pour cause honnête qu'un serviteur quitterait avant le temps, par exemple pour se marier, pour aller assister ses parents, il serait tenu des dommages-intérêts; car c'est par

son fait et volontairement qu'il ne remplit pas son obligation ; mais dans ce cas, l'appréciation des dommages-intérêts devrait être faite moins rigoureusement que lorsqu'il quitte sans sujet. Pothier, n° 170, Troplong, n° 876.

9. — Quelque favorable que soit le service de l'Etat, le domestique qui quitte avant le temps pour s'engager volontairement, est obligé aux dommages-intérêts. Il en est autrement du cas où le serviteur est tombé au sort, l'appel sous les drapeaux rompt l'engagement ; c'est une cause de force majeure, et le maître est déchargé des gages pour le temps qui restait à courir. Pothier, n° 171, Troplong, 875.

10. — Lorsque le domestique est empéché par maladie, c'est encore un cas de force majeure. Si la maladie a été de courte durée, le maître ne doit pas faire de réduction ; si elle a été longue, il est en droit, rigoureusement parlant, de diminuer le prix au prorata du temps qu'a duré l'empêchement ; mais un maître qui se respecte ne s'avise jamais de faire cette retenue. Pothier. n° 173, Troplong, N° 874.

Le maître ne peut répéter ni les aliments ni les médicaments qu'il fournit à son serviteur malade ; et à l'égard des tiers, il est responsable des médicaments qui ont été fournis à son vu et su, car le fournisseur est présumé avoir suivi la foi du maître plutôt que celle du domestique. Dict. du Notariat. V° domestique, n° 8.

11. Quand c'est le maître qui renvoie son domestique, on distingue : ou ce renvoi est un acte arbitraire, ou il est fondé sur des causes justes et raisonnables. Dans le premier cas, le domestique peut exiger le paiement de ses gages pour tout le temps de son engagement et en outre une somme suffisante pour sa nourriture pendant le même temps,

déduction faite de ce qu'il pourra vraisemblablement gagner ailleurs. Le juge devrait aussi allouer des frais de route dans le cas où le maître aurait fait venir le domestique d'un lieu éloigné.

Dans le second cas, c'est-à-dire si le renvoi est fondé sur des motifs raisonnables, par exemple, sur l'ivrognerie, l'insolence, la désobéissance, l'improbité, l'incapacité, etc., le maître ne doit que les gages pour le temps écoulé. Pothier, n° 174.

12. — Le maître est-il obligé de justifier les sujets de plainte qu'il allègue, ou le juge doit-il s'en rapporter à sa déclaration ? La décision doit être laissée à l'appréciation du juge qui doit se déterminer par les circonstances et par la dignité du maître. Pothier, n° 175, Henrion de Pensey, compé. chap. 30.

13. — Lorsque c'est par le fait du maître que le domestique quitte son service, par exemple, s'il est mal nourri, mal couché, maltraité, compromis dans son honneur, il peut être admis à la preuve de ces faits ; et s'il les justifie, il ne doit pas de dommages-intérêts, c'est le maître au contraire qui doit en entier tout le temps de l'engagement et même des dommages-intérêts selon les circonstances, Pothier, n° 173.

Si le motif pour lequel le serviteur a quitté n'est pas bien grave, le juge peut ordonner qu'il retournera achever son temps sans faire aucune diminution des gages pour l'absence. Pothier, ibid.

14. — A la ville, le contrat pour les domestiques loués à l'année se forme ordinairement pour commencer à la St-Clair vers Pâques, il se renouvelle chaque année; pour ceux loués aux mois, les congés doivent être donnés 15 jours avant l'expiration du mois Commission des usages locaux.

15. — A la campagne, l'usage le plus général est de traiter avec les domestiques la veille ou le jour

de la St-Clair, de la St-Pierre, de la Magdeleine selon les localités.Celui qui n'est pas redemandé va se louer à l'assemblée, s'il ne s'est pas pourvu antérieurement.

16. — La tacite reconduction est admise pour les services des domestiques. Celui qui après l'expiration du temps de son louage reste chez son maître, est censé avoir contracté un nouvel engagement d'une année ou d'un mois selon la durée du premier engagement. Pothier, N° 372. Troplong, N° 881.

17.— En ce qui concerne les ouvriers, gens de travail et journaliers, voici quelques usages :

A la campagne, dans le temps des moissons ou des foins, il y a ordinairement au bourg le plus voisin une assemblée de journaliers qui se réunissent pour se louer. Ceux qui ont besoin d'hommes de peine se rendent chaque jour à la *louerie*, et engagent moyennant un prix convenu, et pour la journée, le nombre qui leur est nécessaire.

Si avant le travail commencé, le temps s'est mis à la pluie, le locateur doit être déchargé envers ses journaliers de la somme qu'il leur avait promise pour la journée, leurs services n'ayant pu être employés par un cas de force majeure.

Si le mauvais temps n'était survenu que depuis la journée commencée, le maître ne doit le prix qu'au prorata du temps de travail. Toutefois lorsque le temps se met à la pluie vers midi, l'usage est de leur donner à dîner et de leur payer une demi-journée. Pothier, N° 166.

18. — Quant aux ouvriers de main-d'œuvre, comme maçons, menuisiers, couvreurs, le propriétaire qui les emploie ne leur paie que le temps employé sans considération du moment auquel la pluie a empêché le travail.

19. — Le maître est cru sur son affirmation pour la quotité des gages ; pour le paiement du salaire de l'année échue ; pour les à-comptes donnés sur l'année courante. Cette disposition est tellement absolue que le domestique offrirait en vain la preuve par témoins même pour des sommes au-dessous de 150 francs ; l'art. 1781 et une dérogation à l'art. 1341. Carou, 1, N° 352. Curasson, N° 444.

20. — L'affirmation dont parle l'art. 1781 ne consiste pas dans une simple déclaration, mais dans une affirmation assermentée. Toullier, 10, N° 453.

21. — La disposition de la loi qui fait dépendre le gain du procès de l'affirmation du maître étant exceptionnelle, doit être restreinte aux seuls cas prévus par l'art. 1781. Troplong, N° 884. Curasson, T. 1, N° 444.

22. — L'art. 1781 ne concerne que les ouvriers et les domestiques proprement dits ; il ne s'applique pas aux professions libérales, aux clers d'avoué, aux secrétaires, aux commis marchands, etc. Troplong, N° 887. Benech, p. 189, Marcadé. Sachariæ, T. 3, p. 37. Contrà, Curasson, T. 1, N° 441. Carou, N° 339.

23. — Lorsque les gages sont réclamés après le décès du maître, l'art. 1781 ne profite pas aux héritiers, parce qu'ils peuvent n'avoir aucune connaissance de ce qu'a fait le défunt. Cependant si l'héritier vivait avec le maître, par exemple son enfant, sa femme, on pourrait admettre leur affirmation. Troplong, N° 890.

24. — Le maître qui est dans l'usage de remettre à son domestique l'argent nécessaire pour acheter les provisions du ménage n'est pas responsable vis-à-vis des fournisseurs qui ont livré des marchandises à crédit.

Il en est autrement lorsque le maître est dans l'habitude de faire mémoire, le domestique est considéré
comme le mandataire tacite de son maître, et le
fournisseur peut réclamer contre ce dernier le prix
des fournitures faites au domestique.

Toutefois le crédit doit se renfermer dans des limites raisonnables, et le fournisseur qui tarderait trop
longtemps à régler avec le maître ne serait pas
écouté dans ses réclamations, parce qu'il aurait à
s'imputer de ne l'avoir pas prévenu pour savoir si le
domestique se renfermait dans les limites du mandat
tacite qui lui avait été donné. Duranton, T, 18, N°
220. Diction. du nota. V° domestique, N° 10. Cass.
22 janvier 1813. Paris, 13 novembre 1828 — 28
avril 1838.

25. — Les engagemens des maîtres avec leurs
apprentis sont réglementés par la loi du 22 février
1851.